뉴노멀 교양수업

LES IDÉES NOUVELLES

POUR COMPRENDRE LE XXIème SIECLE

by Rémi Noyon & Philippe Vion-Dury

© Allary Éditions 2018

Korean Translation © Moonye Publishing Co., Ltd. 2020

뉴노멀 교양수업

10년 후 정치·경제를 바꿀 10가지 핵심 개념

FEMIN⚡SM

🐝 문예출판사   필리프 비옹뒤리 · 레미 노용 지음 | 이재형 옮김

일러두기
· 생존하지 않는 인물의 경우 생몰년을 표기했고, 살아 있는 인물인 경우 따로 표기하지 않았다.
· 본문의 주는 독자의 이해를 돕기 위해 옮긴이가 추가한 것이다. 원문의 주는 미주로 처리했다.

들어가며

서양에서 지난 2세기 동안의 정치는 민족주의 대 국제주의, 진보 대 반동, 민주주의 대 권위주의, 시장 대 국가라는 굵직굵직한 주제를 중심으로 이루어졌다. 그러나 이 경계선은 지난 10년 동안 그 두께를 잃어버려서 이제는 좌와 우의 대립이 막을 내릴 것으로 예측된다. '오직 하나의 교대로交代路'만 유지한다며 비난받는 어제의 적들은 그들을 정의하기 위한 형용사의 순서('사회주의적-자유주의', '자유주의적-사회주의')나 난민처럼 대상을 한정한 몇 가지 사회적 주제에 대해서는 별다른 열의 없이 말싸움을 벌이면서도 경제적 선택에 대해서는 의견을 일치시킨다. 결정의 투명함은 '거버넌스'라고 불리는 것(여러 기관들이 권한을 공유하는 것)에 의해 불투명해지고, 선거는 오직 마케팅 기술만이 활기를 불어넣을 수 있는 약사의 계산서[×] 같은 것이 되고 만다. 유권자들은 이 같은 혼란에 실망하고 환멸을 느낀다. 그리하여 그들은 권위적 방식으로, 혹은 기권이라는 무거운 침묵 속에서 '항의성' 투표를 하게 된다.

민주주의에 대한 신뢰가 점점 더 위태로워지고 있는 지금, 조금 다급한 목소리로 '새로운 사상'이 출현했다고 외쳐야만 한다. 이런저

× 너무 복잡해서 확인하거나 의심하지 않고 그냥 돈을 줘버리는 것이 나은 계산서.

런 정당이 '재설립'될 때마다 되풀이되는 항상 똑같은 이 목소리에는 뭔가 절망적인 것이 담겨 있다. 그럼에도 불구하고 이런 소리는 반복되는 논쟁(정체성, 세속성, 권위)을 중단하고 세계를 새로운 방식으로 이해하겠다는 욕망을 표현하기도 한다. 버려진 것은 정치가 아니라 정치가 제도화되는 현상이다. 제2차 세계대전으로부터 물려받은 이데올로기적 상황이 해체되는 순간, 사상은 새로운 논쟁과 문제들로 풍요로워진다.

기본소득이 사람들을 게으르게 만든다고 생각해야 할까? 아니면 일자리가 줄어든 데 대한 해결책이라고 생각해야 할까? 동물의 지능에 대해 더 많은 것을 알게 되었으니 이제는 우리의 '종차별주의적' 편견을 버려야 할 때가 온 것일까? '미투운동'이 일으킨 충격파 덕분에 부활한 페미니즘은, 과연 앞으로 어떤 새로운 길을 가게 될까? 경제와 노동권의 질서를 혼란스럽게 만들어놓은 '우버화'의 문제를 해결할 수 있는 정치적 방법은 무엇일까? 트랜스휴머니즘 신봉자들은 우리를 무시무시한 SF의 세계로 데려다놓을까? 아니면 인간존재의 유한성과 결함을 극복한 지상천국으로 옮겨가게 할까? 중앙은행이 필요 없는 암호화폐인 비트코인은 국가 없는 사회를 예고하는 것일까? 소유권에 대한 관점을 쇄신하려고 애쓰는 공유 이론은 더 공정한 경제를 만들 수 있을까? 탈성장의 지지자들은 어떤 논리를 펴고 있을까?

오랫동안 활동가들만이 이 모든 질문을 던졌다. 하지만 지금 이 질문들은 더 이상 지엽적이지 않다. 바로 이 질문들이 정치적 환경에 영향을 미치고 우리의 미래를 그려내는 것이다. 그렇지만 이 의문들과 관련되어 있고, 그것들을 밝혀내거나 해답을 가져다주려고 애쓰는 질문들은 여전히 제대로 평가받지 못하거나 왜곡되어 있다. 트랜스휴머니즘이 수명을 늘리는 목표 하나만 가지고 있다고 생각하는 사람은 많지 않고, 오직 환경론자나 사회주의자들만 기본소득을 지지하는 것도 아니다.

이 책은 명확하지 않은 부분을 해소하기 위해 이 같은 개념들의 지적이며 비판적인 계보를 만들자고 제안한다. 매우 다양한 정치적 전통에 의해 만들어진 이 개념들은 우리로 하여금 우리가 살고 있는 이 세계에 대해 여러 질문을 던지게 할 뿐만 아니라 특히 사회의 변화를 이해하도록 해줄 것이다.

차례

들어가며 • 5

01
기본소득
• 11

기본소득의 간략한 역사 | 하나 혹은 여러 개의 기본소득 | 자유주의적 계획 — 독립과 책임 | 케인즈주의적 계획 — 사회적이며 진보적인 전환점 | 반자본주의적 계획 — 노동 이데올로기에서 빠져나오기

기본소득 제도를 시험적으로 실시한 적이 있는가? | 소득에 대한 음소득세 제도는 어떤 식으로 기능하는가?

02
공유
• 39

호모 이코노미쿠스의 종말 | 공유의 비극에서 어떻게 빠져나올 것인가 | 또 다른 경제를 위한 노벨상 | 공유 정신이 지키고자 하는 것 | 전통적 공유에서 지식의 공유로 | 인클로저란 무엇인가 | 공유는 미래를 어떻게 바꿀 것인가

인류학자들은 공유에 대해 어떻게 생각하는가? | 공유는 투기를 억제하기 위한 해결책인가?

03
21세기 민주주의
• 63

민주주의의 대표성에 관한 질문들 | 참여민주주의를 향한 논란들 | 도시계획으로 실현하는 지역민주주의 | 시민 기술의 비약적 발전 | 시민들에게 권력을 부여하는 추첨 제도 | 혼합 민주주의를 향한 길 위에서

아테네인들은 어떤 정치체제에서 살았는가?

04
동물의 권리
• 85

인간의 속성을 구분할 수 있는가 | 반종차별주의의 탄생 | 동물행동학의 기여 | 피터 싱어의 공리주의 | 톰 리건의 권리 이론 | 동물복지주의 대 동물학대철폐주의 | 동물 윤리 이론의 다양한 결론 | 동물 보호를 위한 생태학적 논거 | 윤리적 육류를 둘러싼 논쟁

동물주의 테러리즘은 존재하는가?

05
트랜스휴머니즘
• 113

우주 정복에서 시작된 사이보그 신화 | NBIC 융합과 미래 시나리오 | 생명무한확장론 — 개인주의적 트랜스휴머니즘 | 기술혁신주의자 — 사회적 트랜스휴머니즘 | 보디 해킹 — 한계를 뛰어넘는 몸 | 트랜스휴머니즘은 인류 종말의 꿈을 꾸는가 | 두 가지 속도를 가지는 인류를 향해 | 인간으로 태어나 느끼는 피곤

트랜스휴머니즘일까 포스트휴머니즘일까? | 트랜스휴머니즘은 우생론일까?

06
대안 화폐
• **139**

거래의 사각지대를 메우는 보완 화폐 | 비트코인과 블록체인

역사적으로 참고할 만한 지역화폐에는 무엇이 있는가? | 비트코인은
어떻게 기능하는가?

07
포퓰리즘
• **161**

역사 속 포퓰리즘과 그 오해들 | 정치학자들은 포퓰리즘을 어떻게
바라보는가 | 포퓰리즘은 대중을 어떻게 인식하는가 | 정치를 보는
방법으로서의 포퓰리즘 | 좌파 포퓰리즘의 등장 | 포퓰리즘이 바꾼
선거운동 | 포퓰리즘에 대한 비판

미국의 알트라이트란 무엇일까?

08
탈성장
• **187**

지속 가능한 발전이라고 불리는 신기루 | 생산제일주의와 소비사
회 깨부수기 | 검소한 풍요사회를 위해

탈성장 개념은 어디서 등장했을까? | 로테크는 새로운 운동의 탄생일
까? | 국민총생산PIB은 어떻게 기능하는가?

09
페미니즘
• **211**

젠더 개념의 탄생과 그 이해 | 유물론적 페미니즘과 가부장제 비판
| 퀴어라는 전환점 | 이분법을 뒤흔든 트랜스젠더 운동 | 젠더 이론
에 대한 비판 | 반젠더 이론 속 섹슈얼리티 | 블랙 페미니즘과 상호
교차성 분석 | 페미니즘의 현재 지형과 실천들

페미니즘 윤리를 향한 '배려'란 무엇일까? | 남권주의는 반페미니즘일
까? | 여성들의 운명은 지구의 운명과 연관되어 있을까?

10
플랫폼
자본주의
• **241**

유니콘의 나라에서 자유를 외치다 | 프롤레타리아에서 프롤레타리
아로 | 법치국가에 저항하는 플랫폼 | 우버 해킹 — 새로운 가치 생
산 모델

어떤 플랫폼이 성공을 거두었나? | 법은 가상공간에도 적용되는가?

나가며 • 263

—더 읽어보면 좋을 책 • 266
—주 • 276

01

기본소득

프랑스를 비롯한 몇몇 국가에서 사회보장제도는 보편적인 것으로 널리 알려져 있다. '능력에 따른 노동, 필요에 따른 분배.' 각자는 자신의 능력에 따라 기여하지만, 필요할 경우 그가 여자든 남자든, 부자든 가난하든, 근로자든 실업자든 그의 이웃과 똑같이 보호받는다. 오늘날 모든 나라의 몇몇 사상가들과 적극적 행동주의자들, 그리고 심지어 정계 인사들은 노동이라는 사회생활의 주요 영역에 동일한 원칙을 적용하고자 한다. 그 원칙이란 더 이상 어떤 일을 하고 있느냐에 따라, 혹은 일을 하고 있다는 사실 자체에 의해서도 결정되지 않는 소득인 기본소득 개념이다. 각 개인은 자신의 능력에 따라, 그리고 어느 정도는 자신의 욕구에 따라 경제활동에 기여하고, 그 대가로 다른 사람들과 똑같이 보호받는다.[×] 많은 사람들은 이 같

× 기본소득(revenu de base = revenu universel = allocation universelle)이란 개인을 기준으로 그 개인의 소득 조건이나 노동 의무, 혹은 휴직 여부에 상관없이 어느 정치공동체가 그 구성원 모두에게 일정한 액수의 돈을 지급하는 것을 말한다. 이 경제적 제도는 일부 국가에, 혹은 일부 지역에 실험적으로 적용된다. 기본소득 제도를 시행하기 위해 언급되는 논거에는 자유와 평등의 원칙이라든가 빈곤의 감소, 나아가서는 빈곤의 폐지, 더 인간적인 노동조건을 위한 투쟁, 교육의 개선, 이농과 지역불균등의 해소가 있다. 또한 기본소득은 지구라는 공유재산이나 유산으로 받는 기술 발전의 공유와 관련해 각 개인이 받는 배당금이나 사회적 신용으로 정당화될 수 있다. 이 기본소득이라는 수단은 (최저소득이나 낮은 소득에 대한 부담금 인하가 만들어내는 비경제활동의 덫에 맞서 싸움으로써) 실업 문제를 해결하고 노동시장의 유연성을 개선할 수도 있다.

은 노동과 수입의 분리를 비정상적인 것으로 여긴다. 즉 받는 월급만큼 일해야 하고, 한 일에 상응하는 월급을 받아야 한다는 것이다. 또 어떤 사람들은 새로운 사회경제적 패러다임에 적응하고 사고방식을 바꿔 사회국가의 수립이라는 새로운 단계로 이행해야 한다고 생각한다. 그리고 이들은 빅토르 위고의 말을 인용해 기본소득이 "실현할 때가 된 개념"이 아니냐고 우리에게 묻는다. 현 상황에서 보면 이 개념은 굳게 결집되어 있다고 믿었던 진영을 분열시켰고, 절대 화합시킬 수 없다고 생각되었던 사람들을 결합시켰다. 우리는 기본소득의 발안자들이나 반대자들처럼 완전히 반대되는 견해를 가진 사람들이 함께 행동하는 것을 볼 수 있다. 신자유주의자들이 사회민주주의자들 옆에 있고, 보수적 우파들이 반자본주의적 좌파와 같은 목표를 위해 함께 행동한다. 이제 기본소득은 유일한 정치적 선택으로 자리 잡았다.

기본소득의
간략한 역사

기본소득을 실현할 때가 되었건 아니건, 그 개념은 매우 오래전에 만들어졌다. 16세기 초에 처음으로 기본소득의 개념을 대략적으로 구상한 것은 영국 철학자 토머스 모어(1478~1535)다. 1516년에 출판된 그의 유명한 저서 《유토피아Utopia》에서 저자는 부가 완전히 균등하게 분배되고 돈과 소유권이 폐지되는 이상적인 사회를 상상한다. 탐험가는 이 작품의 등장인물이며 처음에는 회의적인 태도를 보이는 토머스 모어에게 섬의 유토피아적 제도에 대해 묘사하고, "각자의 생활수단을 마련해주는 것이 더 바람직"하다는 생각을 옹호한다. 하지만 이런 생각은 여전히 좀 막연하다. 미국혁명에 참여했고, 이어 프랑스혁명 당시 국회의원을 지낸 영국인 토머스 페인(1737~1809)이 등장하면서 이 생각은 한층 더 명확해진다. "수입이 없으면 시민이 아니다!" 페인은 정의의 이름으로 각 개인이 성인이 되면 그의 성별이나 수입과는 상관없이 정액 보조금과 소액의 은퇴 연금을 죽을 때까지 받을 수 있도록 할 것을 제안한다.《토지 정의*Agrarian Justice*》(1796)에서 그는 이 같은 생각을 토지에 대해 누려야 할 자연적 권리('토지소유권 제도가 없애버린' 권리)의 근거로 삼음으로써 그것을 옹호한다. 즉 상승하는 부르주아지 권력의 원천인 소유권 제도를 다시 문제시하는 대신, 토지를 소유할 수 없는 사람들에게 보상을 해주자고 제안하는 것이다. 이 같은 생각은 토머스 페인의 그것과 유사한 '토지배당금' 제도를 옹호하게 될 프랑스 철학자이자 사회주의자 샤를 푸리에(1772~1837), 그와 가까운 사이였던 벨기에의 법학자 조제프 샤를리에(1816~1896) 같은 19세기 초의 몇몇 공상적 사회주의자들의 사상에 이론적 토양을 제공했다. 그렇지만 기본소득이 실제로 구체화된 것은 제1차 세계대전 이후다. 우선 노벨문학상을 수상한 철학자 버트런드 러셀(1872~1970)은 "모든 사람이 직업적 여건에 상관없이 적지만 일체의 기본욕구를 충족시킬 수는 있는 소득"[1]을 얻게 하려고 애썼다. 이후에 노벨경제학상을 받은 제임스 미드(1907~1995)가 1930년대에 노동자들과 자본가들이 협력한 결과인 '사회배당금'을 옹호했다. 1962년에는 장차 노벨 경제학상을 받게 될 밀턴 프리드먼(1912~2006)이 각 개인이 자신의 기본적 욕구를 충족시키는 데 드는 비용을 음陰소득세(이것은 일종의 세금 공제로, 기본욕구를 충족시킬 만한 돈이 없는 사람들에게 지급되는 보조금으로 바뀐다)라는 형태로 충당할 수 있는 안전망을 만들자고 제안했다. 15년 뒤에 노벨경제학상을 받게 될 케인즈학파 제임스 토빈(1918~2002)은 1965년에 현존하는 사회보장제도보다 더 관대하다고 여겨지며 자동적으로 지불되는 최저 소득을 제안한다. 경제학계에 속해 있지 않은 마틴 루서 킹(1929~1968)도 "모든 사람에게 연간 소득을 보장할 것"을 요구했다. 경제적·정치적 문제에 정통한 독자는 분명히 케인즈학파 경제학자와 신자유주의자, 예술가, 평등한 시민권을 획득하기 위해 정치적 투쟁을 벌이는 주요 인물들이 이렇게 뒤섞여 있는 것을 보고 놀라서 눈을 동그랗게 뜰 것이다.

실제로 몇몇 대학교수들과 사상가들은 연속적인 기여로 만들어지는 개념인 기본소득을 이처럼 선형적인 방법으로 소개하는 것에 세 가지 근거를 들어 이의를 제기한다. 그 세 가지 근거는 기회주의적 계보, 불확실한 정의, 그리고 의도적으로 무시되는 이념적 다양성이다. 첫 번째로 계보 자체가 확실하지 않아 보인다. 벨기에 사회학자 다니엘 자모라는 기본소득에 반대하는 입장을 취하는 공저에서 "모든 정치적 개념과 마찬가지로 기본소득도 사후에 만들어진 그 자체의 신화를 가지게 되었으며, 오늘날에는 16세기로 거슬러 올라가는 이상화된 역사를 갖고 싶어 한다"고 쓴다. 바꿔 말하자면, 우리는 우리가 원하는 것을 토머스 모어가 말하게 할 수 있으며, 토머스 페인에게서 선구자의 모습을 보는 것은 어려운 일이 아니다. 이처럼 '꾸며낸 전통'은 특히 기본소득에 대해 그럴듯한 영속성의 외관을 부여하는 한편, 그것이 늘 잠재적 상태로 존재하고 있던 하나의 개념으로 보이도록 한다. 또한 이 사회학자에 따르면, "기본소득 개념은 그것이 위기 상황에서 내놓는 해결책의 유형이나 그것이 전파하는 사회적 정의를 이해하는 측면에서 신자유주의의 출현과 밀접한 관계가 있다." 예를 들자면, 프랑스의 사회보장제도는 특히 개인에게 책임이 있다는 주장을 문제 삼는 것으로 시작됐다. 즉 누군가의 가난이 반드시 그 개인의 책임은 아니며, 그가 가난한 이유를 주로 경제, 정치, 사회제도에서 찾아야 한다는 것이다. 자모라는 기본소득 개념에는 그러한 관점에서 반동적인 생각이 담겨 있다고 말한다. 즉 모든 사람은 똑같은 금액과 기회를 가지고 있으니 앞으로는 각자 알아서 혼자 해결해 나가라는 것이다. 자모라에 따르면, 그러므로 기본소득은 먼 옛날의 개념이 아니라 매우 현대적인 개념이다.

하나 혹은 여러 개의 기본소득

기본소득을 옹호하는 사람들의 주장을 반박하는 두 번째 근거는 그 것의 정의가 명확하지 않다는 점이다. 혹은, 서로 다른 여러 가지 제안에 공통되는 정의는 없다는 것이다. 게다가 어떤 명칭을 사용해야 할지도 여전히 알지 못한다! 일반소득, 절대소득, 기본소득, 일반수당, 생활소득, 절대자립보조금…….× 단어의 사용은 결코 중립적이지 않고 서로 다른 정치적 의도를 곧바로 강조한다. 독자의 정신건강을 위해 이 장에서 우리는 '기본소득'이라는 용어와 그것이 자리 잡도록 애쓰는 두 단체, 즉 MFRB(기본소득을 위한 프랑스인들의 운동)와 BIEN(기본소득 지구 네트워크)이 함께 내린 정의를 사용할 것이다. 즉 기본소득은 "침해될 수 없고, 무조건적이며, 다른 수입에 누적될 수 있고, 한 정치공동체가 그 구성원들에게 수입원을 조사하거나 반대급부를 요구하지 않고, 태어나서 죽을 때까지 개인을 기준으로 분배하되 그 금액이나 자금 조달은 민주적으로 조정되는 권리"다.

각 요건에 대해 이야기해보자. 기본소득은 침해될 수 없다. 왜냐하면 양도될 수도, 변경될 수도, 박탈될 수도 없기 때문이다. 그것은 무조건적이다. 왜냐하면 그 혜택을 받는 데 그 어떤 특별한 조건도 요구되지 않기 때문이다. 그것은 누적될 수 있다. 왜냐하면 각자는 계속해서 자신이 일하는 직장에서 급여를 받거나 보조금 혜택을 받을 수 있기 때문이다. 각자는 죽을 때까지 개인을 기준으로 기본소득을 받을 수 있다. 예를 들어 동거인이라는 지위는 전혀 아무 영향

× 프랑스의 경우 이 사회보장제도의 한 형태는 기본소득revenu de base 외에도 일반소득revenu universel, 절대소득revenu inconditionnel, 절대충분소득revenu inconditionnel suffisant, 생존소득revenu d'existence, 최소생존소득revenu minimum d'existence, 사회소득revenu social, 사회보장소득revenu social garanti, 보편적 수당allocation universelle, 생활소득revenu de vie, 시민권소득revenu de citoyennete, 시민소득revenu citoyen, 자립절대보조금dotation inconditionnelle d'autonomie, 일반배당금dividende universel 등 여러 가지 명칭을 가지고 있다.

을 미치지 않으며, 부부는 따로따로 기본소득을 받는다. 이 같은 정의는 여러 가지 기본소득 계획에 공통된 커다란 윤곽을 그릴 수 있다는 장점은 있지만, 불완전하고 잘못되어 있어 수정이 필요하다. 이 권리는 교도소에 갇혀 있는 경우에도 정말 침해될 수 없을까? 후견이 있는 사람도 기본소득을 직접 받을 수 있을까? 어린아이들과 청소년들은 이 금액에 대해 어떤 권한을 가질까? '정치공동체'란 무엇을 의미하는 것일까? 예컨대 프랑스에 사는 외국인들도 기본소득을 받을 수 있을까? 모든 사람이 똑같은 금액의 기본소득을 받지만, 일반적으로 미성년자는 성인보다 덜 받는다.

어떤 방식을 선택하는 일은 세부적인 것에 매달려서 결정되는 것이 아니다. 그것은 사회계획을 규정하고 기본소득의 이면에 자리 잡은 이념을 특징짓는다. 이것은 기본소득을 비판하는 사람들이 내세우는 세 번째 반론이다. 즉 시대를 가로지르는 선형적인 기본소득 이야기는 결국 빠른 속도로 발전하는 하나의 기본소득만 있다는 느낌을 준다는 것이다. 하지만 실제로는 여러 가지 기본소득 계획이 다양한 형태로 존재한다. 여러 정치 집단은 이처럼 세부적인 것을 놓고 대립하고 서로를 구별 짓는다. 금액, 완전한 무조건성, 지급 방식, 공적 부조의 대체나 보완 등. 기본소득은 우파의 것도 아니고 좌파의 것도 아닐까? 아니면, 좌파와 우파의 것일까? 그것도 아니라면 좌파 혹은 우파의 것일까?

하나의 기본소득이 아니라 여러 가지 이념 노선과 일치하는 여러 가지 유형의 소득이 존재한다. 바로 이 사실이 오늘날 기본소득 개념을 매우 독창적으로 만든다. 즉 모든 사람이 이 개념을 되찾으려고 애쓰는 것이다. 기본소득은 제안되는 양상에 따라 자유주의적 계획과 케인즈주의적 계획, 혹은 반자본주의적 계획에 번갈아 쓰일 수 있다.

자유주의적 계획
― 독립과 책임

대표적인 기본소득 이론가 중 한 명은 다름 아닌 미국 경제학자 밀턴 프리드먼으로, 그는 매우 자유주의적인 시카고학파를 대표한다. 프리드먼은 기본소득보다는 '음소득세'를 제안한다. 왜 그와 같은 자유주의자는 모든 사람에게 똑같이 보조금을 지불하고자 하는 것일까? 그는 《자본주의와 자유*Capitalism and Freedom*》(1962)에서 개인의 자유라는 주요 논거를 내세우며 외친다. "돈이 곧 자유다!" 자유주의자들은 음소득세가 기존의 공적부조를 부분적으로, 혹은 완전히 대체할 것이라고 본다. 그러면 모든 사람이 같은 금액을 받게 되고, 빚을 지지 않고 생활해나갈 수 있는 똑같은 기회를 가지게 된다는 것이다. 개인은 자신의 필요와 목표를 그 어떤 행정기관보다 더 잘 정하고 거기에 맞게 지출할 줄 안다. 그러나 사회는 가난의 극단적인 형태인 빈곤을 해결하는 역할에 만족할 뿐, 사회를 평등하게 만들어야 할 사명은 가지고 있지 않다. 그 목적 또한 전략적이다. 즉 극단적인 가난과 불공정을 일소하여 그것으로부터 발생할 수 있을 사회적 폭력을 억제하고, 제도를 현 상황으로 유지하기 위해 애쓰는 것이다. 그리하여 밀턴 프리드먼은 최소한으로 음소득세를 권장한다.

기본소득의 금액은 보편적 소득을 이념적으로 위치시키는 데 가장 결정적인 변수다. 지급액이 아주 낮으면 일반적으로 자유주의나 자유지상주의의 성격을 띤, 시장이 최대한 기능하도록 하고, 세제를 전면적으로 재검토하며, 사회국가와 그것의 관료제를 최대한 약화시키는 것에 주안점을 두는 보편적 소득을 의미한다. 흔히 최초의 효율적인 보편적 소득의 모범으로 소개되는 알래스카주는 석유 판매 대금을 대규모 정치 프로젝트나 사회 프로젝트에 전용하지 않았다. "국회의원들이 사람들에게 직접 지불하는 방식을 선택한 것은 기본적으로 복지국가와 복지국가의 서비스 그리고 관료주의를 발전시키지 않기 위해서다."[2]

프랑스에서는 싱크 탱크인 제네라시옹리브르GenerationLibre가 프리드먼뿐만 아니라 스미스나 하이에크 같은 다른 경제학자들을 앞세워 이 같은 음소득세를 옹호한다. 이 협회는 성인은 매월 480유로, 14세에서 18세의 청소년은 매월 270유로, 14세 이하의 어린아이들은 매월 200유로씩 지불하는 일반 음소득세인 LIBER를 제안한다. "같은 사회의 구성원들에게 생존 수단을 보장해주기 위해서"다. 불행하게도 이 재분배 시스템은 "엄청나게 복잡"하고 "명백히 비효율적"이다. 시장은 결국 다시 최상으로 기능하기 위해 이 모든 사회적 부담을 덜어버릴 수 있다. 그들은 "철학적인 관점에서 LIBER는 방해받지 않고 기능할 수 있는 경제적 메커니즘과, 특히 구조적 실업의 세계에서 일자리와 일상생활의 불확실함에 대한 안전망으로 수립된 복지정책 간의 건전한 분리를 의미한다"라고 쓴다. 이 싱크 탱크가 내세우는 또 다른 근거, 즉 사회국가의 부자父子주의Paternalisme를 거부한다는 논거는 살펴볼 만하다. 이 음소득세는 개인에게 꼬치꼬치 캐물어 죄의식을 느끼게 하는 행정적 미로에서 빠져나오게 함으로써 그들을 해방시킨다. 그들은 더 이상 '빈곤의 함정'에 갇혀 있지 않을 것이다. 즉 실업자들은 보조금을 받기 위해 '일부러' 일을 하지 않는 편을 택하지 않아도 된다. 이 같은 주장은 기본소득이 자율의 담보물이자 자기가 원하는 선택을 할 수 있는 가능성이라고 보는 벨기에 경제학자 필리프 판 파레이스의 주장에서 이끌어낸 좌파 자유주의자들의 논리와 일치한다. 이 같은 자유주의적 접근법은 대체로 프랑스 철학자 미셸 푸코(1926~1984)의 연구에 근거한다. 푸코는 사회부조 시스템 속에서 살아가는 개인들에 대한 '통제dressage'와 규율의 메커니즘을 밝혀냈다. 국가는 보조와 재분배의 메커니즘을 통해 심판관 행세를 하면서 개인들의 사생활과 자유를 침범하고 그들의 행동을 인도하려 할 수 있었다. 그런데 음소득세나 기본소득이 있으면, 사람들의 생활을 캐고 다닐 필요도 없고, 그들이 일자리를 찾거나 생계를 위해 최선을 다해 노력하고 있는지 점검할 필요도 없다. 자유주의자들은 이렇게 정기적으로 자유주의자 푸코가 자신들의 주장에 동조하게 하려고 애쓴다. 그렇지만 1979년 3월

7일에 푸코가 콜레주 드 프랑스에서 했던 강의는, 음소득세를 빈곤의 원인을 없애기보다는 오히려 그것의 결과에 대처하는 조치로 소개하는 것으로 보아, 이 소득세에 반대하는 준엄한 논고처럼 들린다. "이 음소득세는 복지정책에서 수입의 일반적 재분배 효과라는 결과를 가질 수 있는 모든 것, 말하자면 사회주의적 정책으로 간주될 수 있는 모든 것을 피할 수 있는 한 가지 방법이다. '상대적'인 빈곤을 다루는 정책, 즉 수입의 격차를 줄이고자 하는 정책을 사회주의적 정책이라고 부른다면, 가장 부유한 사람들과 가장 가난한 사람들 간의 수입 격차로 인한 상대적 빈곤의 효과를 줄이려고 노력하는 정책이 사회주의적 정책이라고 이해한다면, 음소득세를 전제로 하는 정책이 사회주의적 정책의 정반대라는 것은 명백한 사실이다."

케인즈주의적 계획
— 사회적이며 진보적인 전환점

사회민주주의적(중도 좌파) 전통, 나아가서는 케인즈학파적 전통에 더 가까우며, 불평등의 감소에 관심을 갖는 사상가들과 경제학자들 역시 기본소득을 옹호한다. 이것이야말로 오늘날 미디어를 통해 가장 널리 알려져 있고 정치적으로도 옹호되는 기본소득의 이형異形임이 분명하다. 이 같은 접근 방법을 가장 먼저 진지하게 발전시킨 사람은 아마도 1960년대에 노벨경제학상을 받은 영국 경제학자 제임스 미드일 것이다. 그때 기본소득은 어느 정도의 사회적 정의를 옹호하고, 극심한 빈곤의 결과를 줄이려고 할 뿐 아니라 부의 더 나은 재분배와 연대를 추진하려고 했다. 그럴 때 이 소득은 음소득세의 형태보다는 모든 사람에게 지급되는 수당의 형태를 취한다. 이 소득은 극단적 자유주의자들이 제안하는 소득보다는 많지만, 구직 의욕을 꺾는 효과를 억제하기에는 여전히 매우 적다. 전통적인 사회국가에서는 이 소득에 대한 자금을 조달할 수 있다. 만일 이 소득이 폐지된 몇 가지 수당을 대신한다 해도, 그것은 여전히 사회보장제도나 가족수당 제도 같은 복지국가의 기본제도와 함께 누가累加될 수 있다. 사회정의에 이바지하려는 기본소득 사상가들은 이 소득을 일반적으로 다른 사회적 문제들과 연관시킨다.

이러한 이유로 기본소득은 때로는 페미니즘 투쟁에 동원된다. 여성들, 특히 혼자 아이를 양육하는 여성들은 불확실성에 크게 노출되어 있으며, 기본소득은 그들의 상황을 보다 낫게 만들 수 있을 것이다. 이 소득은 어떤 점에서는 직장에서 임금을 받는 일이 아닌 활동을 노동으로 인정하고 보수를 받을 수 있도록 해준다. 많은 여성들이 집안일과 아이들 교육을 도맡아 하기에 여성들이 기본소득과 더욱 밀접하다. 마지막으로 기본소득은 가정이 아닌 개인에게 지급되기 때문에 아내가 남편으로부터 어느 정도 자립할 수 있게 해준다. 페미니스트 그룹 내에 벌어지는 논쟁은 기본소득의 해방 가능성을 강조하지만, 또 한편으로는 기본소득의 한계, 심지어는 그것이 낳는 역효과까지도 드러낸다. 프랑스 경제학자 안 에두와 라셸 실베라는 이렇게 쓴다. "일반 보조금(원칙적으로 모든 사람이 받을 수 있는)과 가사 수당(주부에게만 지급하는)은 거의 유사한 개념이다."[3] 기본소득은 일을 그만둔 여성과 일을 해서 소득을 올리는 남성이 있는 사회를 성별로 분리시킴으로써 사회적 재생산 과정을 강조하기도 한다.

노동자와 고용주의 관계 역시 고용주가 부담하고 노동자가 혜택을 받는 적절한 기본소득의 영향으로 변화할 수 있을 것이다. 이는 모든 일자리의 '아웃사이더'를 해방시키는 진정한 계기가 될 수 있을 것이다. 요컨대, 만일 노동자들이 일자리를 찾지 못하거나 실직했을 때, 최소한의 자립을 할 수 있도록 보장해주는 안전망을 가진다면 노동자들은 상당한 여유를 갖고 고용주와 협상할 수 있을 것이다. 피고용자는 급여가 적거나 일이 힘들면 큰 망설임 없이 그만둘 것이고, 굳이 구직자는 실직 상태에서 벗어나기 위해 모든 불리한 조건을 감수하지 않아도 될 것이다. 그렇게 되면 고용주는 어쩔 수 없이 노동자를 위해 (이익을) 양보해야 할 것이다. 하지만 반대 효과가 나타날 것이라고 생각하는 경제학자들도 있다. 즉 기본소득이 현대사회의 기준에 따라 풍족하게 살기에는 충분하지 않기 때문에 일자리에 대한 욕구는 여전히 강할 것이고, 결국은 고용주가 급여를 낮추는 데 기본소득이 영향을 끼칠 수 있다는 것이다. 이 경우 기본소득은 고용주에 대한 일종의 은폐된 보조금이 되어 저임금 일자리의 창출을 정당화할 수 있다.

적절한 수준의 기본소득에 찬성하는 마지막 논거(그렇다고 해서 이 논거가 가장 빈약한 것은 아니다)는 기본소득이 노동시장의 변화와 디지털 혁명에 필요한 해결책 중의 하나라는 것이다. 기계가 일자리를 대체하기 때문에, 그로 인한 대규모의 구조적 실업을 극복할 대응책을 찾아야 한다. 탈임금노동 사회의 도래는 두 가지 방식으로 이해된다. 하나는 비교적 좌파적인 것으로, 기술적 실업에 더 집중한다. 디지털 혁신이 초래한 일자리 소멸에 관한 연구도 이루어진다. 그중 2013년 옥스퍼드대학교에서 진행된 한 연구는 미국에서 20년 안에 47퍼센트의 일자리가 자동화될 것이라고 예측했다.[4] 기본소득은 '로봇'에 대한 세금, 즉 인간 노동자 없이 창출되는 가치에 매기는 세금을 재원의 일부로 사용할 수도 있으며, 일자리가 줄어들면서 혁신이 강제하는 리듬을 따라잡기 위해서 실시하는 직업교육과 직종 전환이 그 어느 때보다도 더 필요해진 사회를 실현할 수 있을 것으로 여겨진다.

이 같은 현상을 이해하는 두 번째 방법은 흔히 우파와 모든 자유주의자들이 내세우는 것인데, 이 '지식 사회'에서 나타나는 새로운 형태의 일자리를 유지하기 위해 기본소득 제도를 정당화하는 것이다. 미래의 노동자들은 프리랜서나 자영업자, 그래픽 디자이너, 저널리스트 혹은 '스타트업 운영자'를 모델로 삼아, 1인사업자로서 더 자율적으로 활동하며 프로젝트를 추진해나갈 것이다. 그들은 기본소득이라는 비고정 소득을 계속 유지하면서 정기적으로 직업교육을 받아 직업을 바꾸거나 같은 직업을 유지할 수 있으며, 아니면 위험부담을 안고 일을 그만두는 등 자신의 이력을 더 잘 관리할 수 있게 될 것이다. 말하자면 '창조적인 파괴'[5]다. 불안해할 필요는 없다.

시장은 파괴되었다가 다시 만들어지며, 약간의 지원으로(예를 들면 기본소득) 어제의 노동자들은 내일의 산업 분야로 다시 흘러 들어 갈 것이다. 기본소득 개념이 디지털 혁명의 살아 숨 쉬는 심장이라 고 할 수 있는 실리콘밸리에서 점점 더 많은 지지를 받고 있다는 것 은 조금도 놀라운 일이 아니다. 페이스북의 공동 창업자인 크리스 휴스, 테슬라의 경영자인 일론 머스크, 기술 전문가 팀 오라일리, 위 험자본 투자자인 마크 앤드리슨은 모두 기본소득 제도를 지지한다. 벨라루스 출신인 미국인 칼럼니스트 예브게니 모로조프는 기본소 득 제도에 대한 실리콘밸리의 열광에 비판적인데, 그는 기본소득이 "하이테크를 혐오하는 대중들이 봉기할 위험", 즉 19세기 전반에 그 랬던 것처럼 기계를 파괴하려는 폭동이 일어날 위험을 미리 제거하 려는 하나의 수단이라고 주장한다. 예컨대 기본소득이 실리콘밸리 의 꿈에서 소외된 샌프란시스코 시민들이 구글 버스에 돌을 던진 것에 대한 대응책일 수 있다는 것이다. 또한 이 테크노크라트 칼럼 니스트는 기본소득이 실제로는 일용노동, 게다가 도급노동의 형태 (일반적으로 낮은 임금이 지급되는)를 띠는 소위 '공유'경제가 실현되도 록 하려는 전략이라고 주장한다. "만일 피고용자가 다른 방법으로 안정적인 수입원을 가지게 되면, 불안정한 성격의 일자리를 더 잘 감내할 수 있을 것이다. 그렇게 되면 우버에서 운전하는 것은 적게 나마 물질적 이익을 얻을 수 있는 하나의 여가 활동으로 여겨질 수 있으며, 이는 낚시랑 조금 비슷하지만 사회적이기까지 한 활동이 된다."[6]

사회적 최소 수당과 최저임금 사이에서, 케인즈식 생각이 다수는 아니어도 통일된 선택지로서 가장 널리 퍼져 있는 듯하다. 따라서 이 선택지가 가장 많이 공격받는데, 그렇다고 해서 기본소득 개념에 어떤 이념적 토대가 있는 것은 아니다. 몇몇 좌파 및 우파 비평가들은 기본소득 제도의 본질에 이의를 제기하는 것이 아니라 기본소득 제도를 시행하는 것이 현실적으로 가능하지 않다고 판단한다. 그들의 몇 가지 실질적인 비판을 인용할 수 있다. 기본소득 제도는 경제를 망칠 수 있다. 예를 들어 프랑스 경제학자 장 가드레나 사회학자 쥘리앵 다몽은 1인당 800유로가량의 기본소득을 지불하려면 총 4000~4500억 유로가 필요하며, 이 금액은 프랑스의 사회보장을 위한 예산과 맞먹을 것이라고 추산한다. 그렇게 되면 과세를 해야 하는데 일부 사람들은 수입이나 소비에 과세하기보다는 자산에 과세할 것을 권장한다. 프랑스 대통령 후보였던 브누아 아몽을 비롯한 또 다른 사람들은 자동화된 노동이 만들어내는 가치에 과세해 (인간을 대신해서 일을 하는)로봇이 세금을 내게 해야 한다고 제안한다. 다른 방법도 있다. 예를 들면, 인터넷 사용자들의 무보수 노동과 연관된 데이터 경제 분야를 찾아서 조세포탈의 주범인 해당 플랫폼에 과세를 하거나 아니면 그들의 금전 거래에 과세하는 것이다. 또 하나의 선택지는 지불 쪽에서 방법을 찾는 것이다. 거주 지역에 활기를 불어넣는 일[7]에 왜 지역 화폐를 지불하거나 무료 공공서비스를 제공하지 않고 내화內貨를(경우에 따라서는 유럽화로) 지불한단 말인가?

다른 한편으로 기본소득이 '노동가치'를 하락시키고, 도저히 참을 수 없는 백수들의 사회를 만들 위험이 있다고 걱정한다. 이에 대한 첫 번째 대응책은 '노동 의욕을 꺾지 않을' 정도로 낮은 기본소득을 지불하는 것이다. 그렇게 되면 개인들은 일을 덜 하고, 일을 병행하면서 시간을 내 다른 활동에 전념할 수 있다. 그렇지만 잘 살기 위해서는 항상 일을 해야 하는데, 그 때문에 노동시간은 더 잘게 쪼개져 실업자들이 일자리를 다시 찾을 수도 있을 것이다. 그렇지만 이 같은 제안은 만일 기본소득의 금액이 너무 높으면 사람들이 더 이상 일을 하지 않을 것이라는 사실을 은연중에 인정하는 셈이다. 두 번째 대응책은 소득을 넘어서 일 자체의 매력을 부각하는 것이다. 사람들은 돈을 벌기 위해 일을 구하기도 하지만, 가족과 친구들의 테두리에서 벗어나 사회에 적응하기 위해 일을 찾기도 한다. 실제로는 어떨까? 말하기 쉽지 않다. 경험이 노동 의욕을 꺾는 효과를 증명하지는 못하는 듯하다. 하지만 이 기본소득 실험에 반대하지 않더라도, 여기에는 시간의 제약이 있기 때문에 사람들이 평생 기본소득을 받는다면 무엇을 할 것인지에 대해서는 거의 알 수 없다.[8] 2008년과 2009년 나미비아의 오트지베로Otjivero에서 행한 실험은, 상대적 사회보장제도로 이 마을의 경제활동에서 주로 자영업이 급증했다는 사실을 보여주는 듯하다.[9] 그럼 아무도 원하지 않는 허드렛일은 누가 하게 될까? 이런 일은 자동화되거나 사람들이 일하고 싶도록 그 일에 충분히 높은 보수를 지급해야 할 것이다.

반자본주의적 계획
— 노동 이데올로기에서 빠져나오기

급진적인 반자본주의적 계획은 우선 그것에 대한 비판 작업으로 정의된다. 즉 그것은 자유주의적 혹은 자유지상주의적 모델에 대한 거부일 뿐만 아니라 위기에 처한 '자본주의의 스페어타이어'[10]로 이해되는 사회민주주의에 대한 거부이기도 하다. 오스트리아 출신의 프랑스 사상가 앙드레 고르츠(1923~2007)는 이 급진적인 접근법을 대표하는 인물이다. 이 철학자는 1970년대까지만 해도 노동으로부터 자신을 해방시켜야 하는 것이 아니라 자본주의 체제의 노동을 해방시켜야 한다는 매우 전통적인 마르크스주의적 분석에 만족했다. 노동자 계급은 자본주의적 생산방식이 야기하는 소외에서 벗어나고 생산수단을 더 많이 소유해야 한다. 1980년대 초에 그의 저서 《프롤레타리아여 안녕Adieu au proletariat》(1980), 《천국으로 가는 길Les chemins du paradis》(1983)과 그 뒤에 출간된 《노동의 변모Metamorphose du travail》(1988)는 지성계에 폭탄을 떨어뜨린 듯한 효과를 발휘했다. 앙드레 고르츠는 이원화된 사회, 즉 대량 실업이 하나의 규범이 되어 한쪽에는 보호받는 소수의 정규직 노동자가 있고 또 한쪽에는 불안정한 상황에 처한 모든 부류의 사람이 있는 사회의 출현을 예측했다. 고르츠는 그때까지는 현대적인 의미에서의 기본소득을 권장하지 않지만, 노동시간의 축소와 재분배를 통해 노동의 길을 재발견할 것을 제안한다. 그는 노동권 및 개인과 결합된 사회적 소득에 찬성하는데, 개인은 임금과는 별도로 보조금을 받을 권리를 가지고 있지만 이 보조금은 오직 그가 생산적 활동을 할 때만 지급되어야 한다. 각 개인이 일자리를 가질 수 있으려면 노동을 분배해 "모든 사람이 일을 하되 매우 적게 일할 수 있는" 사회를, "시간을 자유롭게 쓸 수 있고 다형적이며 매우 자주적으로 관리되는 사회"를 만들어야 한다는 것이다. 1997년에서야 고르츠는《현재의 비참, 가능한 것의 풍요*Miseres du present, richesse du possible*》에서 무슨 일을 하든 상관없이 모든 사람에게 지급하는 기본소득에 찬성하고, 몇 년 뒤에는 그 기준을 정한다. 이 기본소득은 완전히 무조건적이며, 특히 그 금액은 최소한 최저임금에 준해야 한다. 그는 또한 기본소득 제도가 점진적으로는 정착될 수 없다는 점을 분명히 한다. 처음에는 금액을 낮게 책정했다가 임금제 이후의 사회로 이행하면서 다시 인상해서는 안 된다는 것이다. 그는 사회가 기본소득의 유용성을 점차 확신하게 되어 이 과정의 종착지에 다다를 것이라고 믿지 않는다. 그는 반대로 '충분한' 기본소득은 영원히 지급되지 않을 것이고, 결국은 많은 사람들의 불안정성만 제도화하는 결과를 낳을 것이라고 믿는다.

기본소득 개념에 호의적인 사상가들과 반자본주의 활동가들은 가까이에서든 멀리서든 앙드레 고르츠의 분석 주위를 맴돌면서 노동 이데올로기와 자본주의적 소외, 파괴적인 공리주의, 무한한 성장이라는 환상, 환경친화적 관점에서 도저히 받아들일 수 없는 생산제일주의에서 벗어나기를 바란다. 단 하나의 수단으로 모든 것을! 높은 기본소득은 실직을 매력적인 것으로 만들 수도 있을 것이다. "일자리를 잃는 것이 기회를 창조하고 사회에 기여하기 위해서는, 그리고 실업자가 스스로 무익한 사람이라는 죄의식과 실패할지 모른다는 두려움에서 해방되기 위해서는 기본소득이 지불되어야 한다."[1] 그러나 이 새로운 실업자들은 시간을 내서 주말에 소비와 여가 활동에 몰두하기보다는 자본주의적 현대성의 원자화에 의해 사회관계가 파괴된 바로 그 자리에서 다시 관계를 만들어낼 것이다. 그들은 수입을 보충하기 위해 어느 정도 일을 하겠지만, 노인들을 돌본다거나 비영리단체를 만드는 등, 물질적으로는 간소하지만 인간적으로나 정치적으로는 훨씬 더 풍요한 생활을 할 수도 있을 것이다. 그들은 단순 반복 작업이나 개방된 공간에서의 잡일이 주는 소외를 더 이상 견뎌내려 하지 않을 것이다. 결과적으로, 수입이 줄어들더라도 필요한 것도 줄어들기 때문에 그만큼 덜 소비한다. 이것이 바로 행복한 간소함이다. 더 적은 돈을 벌더라도 직접 더 많은 일을 하므로 서비스에 돈을 지불할 일은 줄어든다. 이것이 바로 반反공리주의다. 소비를 덜 하므로 생산도 덜 한다. 이것이 바로 탈성장이다.

그렇지만 고르츠의 지적 도정道程은 그의 현재를 보고 추측할 수 있는 것보다 더 복잡하다. 이 지식인은 실제로는 전통적 마르크스주의가 권장하는 것처럼 사람들이 '노동에 의해' 해방되기를 바라지 않고 스스로를 노동으로부터 해방시키기를 바랐다. 하지만 이 같은 해방의 양상은 그가 저서를 한 권 두 권 출판함에 따라 조금씩 변해왔다. 1980년대에 고르츠는 무엇보다도 주당 노동시간을 점차 축소시켜 전체적인 노동시간을 줄이는 한편, 이제 막 발생하기 시작하는 대량 실업을 억제하기 위해 이 노동시간을 사회 구성원에게 분배할 것을 권장했다. 이때 그는 기본소득 개념처럼 노동시간과 연관되지 않는 모든 형태의 소득에 적대적이었다. 그는 1990년대 내내 이 같은 현상이 증가하고 거의 자격을 갖추지 못한 노동자들의 상황이 점점 더 불안정해지는 것을 보면서 입장을 조금씩 바꿔왔지만, 1990년대 중반까지만 해도 그는 기본소득 개념에 매우 부정적이었다.[12] 전환은 2002년에 이루어진다. "나는 각 개인에게 소득을 보장해주는 것이 그가 (그의 소득에 따른) 부를 생산하는 데 필요한 시간만큼 노동을 하는 것과 연관되기를 바랐다. 예를 들어 각 개인은 2만 시간을 (어떤 일을 하다가 그만두고 다른 일을 시작할 때까지의 간격이 너무 길지 않다는 조건에서)평생 동안 그가 원하는 만큼의 부분으로 배분할 수 있으리라고 생각했다."[13] 이제 고르츠는 이 같은 제안을 그만두고 무조건성과 '충분한 사회적 소득'에 대해 호의적인 태도를 취한다(그렇다고 해서 노동시간 감소와 배분의 개념을 부정하지는 않는다).

몇몇 비평가는 고르츠가 (높은 기본소득을 옹호하는 모든 사람도 고르츠를 통해) 초기의 학문적 궤적에서 벗어났다고 생각한다. 사람들은 대체로 노동시간이 단축되고 공유된 사회를 주장하는 고르츠를 "노동 밖으로의 망명"[14]을 주장하는 고르츠보다 선호한다. 지급액이 낮은 기본소득은 실업과 불안정이 자리 잡은 사회, 나아가서는 어떤 사람들은 일을 하고 또 어떤 사람들은 일을 하지 않는 이원화된 사회의 부수적 결과와 동일한 반면, 지급액이 높은 기본소득은 이 소득이 생활에 대한 사용자의 주도권과 그로 인해 생길 수 있는 소외를 제거하려는 좌파의 계획과 같다는 사실을 상기하자. 그런데 바로 이 비평가들은 이렇게 말한다. "높은 기본소득이 이 소득에 대해 유일하게 혁신적이거나 전복적인 힘을 부여한다 치자. 그렇다고 해도 이 소득을 지불할 자금을 조달하는 것은, 즉 기본소득 제도를 실시하는 것은 사회경제적·정치적 맥락을 고려한다면 불가능할 것이다." 논리적으로 볼 때, 만일 소득이 있다 하더라도 너무 적을 수밖에 없어서 신자유주의적인 반대 논리가 유리해질 것이다. 따라서 이 같은 논거는 기본소득의 정당성보다는 이 소득의 정치적 실현 가능성을 근거로 하며, 기본소득을 오직 사회보장제도를 파괴하려는 전쟁기계로만 생각하는 경향이 있다. 그러므로 이 같은 입장은 기본소득의 원칙을 비난하는 것이 아니라 그것의 실행 방법을 비난한다.

또 다른 비판은, 충분한 기본소득이 자본주의 체제에서의 새로운 해방과 새로운 권리를 획득하기 위해, 노동과 고용을 그 모태로 삼는 사회적 투쟁의 전통을 가진 사회와의 단절을 의미한다는 것이다. 사회보장제도와 공공서비스는 모든 사람에게 지불되는 소득과 직접적으로 충돌하게 되며, 각 개인은 이 기본소득을 자기가 원하는 용도로 자유롭게 사용할 수 있다. 게다가 앞으로는 환경 변화가 급격하게 이루어지고 엄청난 규모의 프로젝트들이 매우 강도 높게 추진될 것이다. 그렇다면 이런 도전에 집단적으로 대응해야 할 텐데, 노동에서 벗어나려는 것이 과연 좋은 생각일까?[15]

마지막으로 일부 사상가들은 비판적이지만 신중한 접근 방법을 취한다. 반反공리주의자인 알랭 카이에는 증여와 반증여의 논리에 기초한 그의 사회적 프로젝트와 기본소득 간에 많은 유사성을 밝혀낼 수 있다고 믿는다. 이 사회학자와 《MAUSS》(사회과학 반공리주의 운동)에서 그와 협력하는 파트너들은 사회적 관계가 단지 상업적 관계에만 기초하는 것이 아니라 "주고, 받고, 돌려주는" 세 가지 의무에도 기초한다는 사실을 보여준 프랑스 인류학자 마르셀 모스(1872~1950)의 연구에 준해서, 더 이상 경제 논리에 따르지 않는 사회를 만들기 위해 활동한다. 하지만 기본소득을 하나의 권리로 받는 것이 해방의 요인이 될 수 있다 하더라도, 그것을 빚으로 받았다가는 어려움에 처할 수도 있다. "그렇게 되면 증여와 정치적인 것의 마술은 더 이상 효과를 발휘하지 못하고 모든 것이 빈약해진다."[16] 이 사회학자는 기본소득의 '조건부 무조건성'을 받아들인다. "기본소득이 대다수의 사람들을 집단적인 사회생활 밖으로 끌어내기보다는 일반적으로 창의성을 더욱더 발휘하도록 도와줌으로써 긍정적인 효과를 낳으려면, 그들이 단체활동에 참여할 수 있도록 엄밀한 의미의 기본소득 외에 별도의 자금을 지원해주어야 할 것이다. 이제는 무조건성의 몫과 조건성의 몫이 정치적·재정적으로 적절한 균형을 이루도록 해야 하는 일이 남아 있다." 그리하여 알랭 카이에는 기본소득에 관한 논쟁을 풍요롭게 하고 쇄신하기 위해 중간의 길을 제안하려고 애쓴다. 실제로 사회적 정의는 오늘날 여전히 두 개의 난관 사이에서 꼼짝 못하고 있다. 한쪽에는 계급도 갈등도 없고, 기회가 균등하게 주어지며, 우리를 능력주의의 길로 이끄는 개인적 책임의 사회에 대해 환상을 품는, 신자유주의에 매혹당한 상상의 세계가 있다. 그리고 또 한편에는 프롤레타리아 계급과 결별하고 난 뒤에 계급의식이 결여된 개인들을 동원하려고 애쓰는 사회적 투쟁의 전통이 자리하고 있다.

기본소득 제도를 시험적으로 실시한 적이 있는가?

1990년대에 미국의 여러 주에서 빈곤을 퇴치하기 위한 대책의 일환으로 기본소득 제도를 시험적으로 실시했고, 캐나다의 마니토바주도 여기에서 착상을 얻어 시험적으로 민컴 프로젝트를 시행했다. 1982년에 알래스카주는 이 주를 부유하게 만드는 석유판매대금의 일부를 세금으로 거두어 모든 주민에게 똑같은 금액의 배당금을 매년 지급하기 시작했다. 그렇지만 금액이 많지는 않아서 2015년에 1년에 2072달러, 1개월에 153유로로 올랐다. 기본소득은 또다시, 특히 유럽에서 논쟁을 불러일으켰다. 2016년 6월 5일, 스위스 국민의 76.9퍼센트는 무조건적 기본소득 제도를 도입하자고 제안하는 국민 발의를 국민투표로 부결시켰다. 투표율은 46퍼센트로 낮았다. 이 제안이 이처럼 압도적으로 부결된 것이 종종 이기본소득의 금액이 정해지지 않은 탓으로 돌려지기도 하지만, 이같은 실패 덕분에 이 기본소득의 개념을, 특히 이 같은 조치를 시행할 경우의 재원 조달 방식을 토론에 붙일 수 있었다. 네덜란드가 사회제도와 구직 제도를 개혁하여 실업자들에게 훨씬 더 많은 것을 강제하자 위트레흐트에서는 일자리가 없는 사람들을 대상으로 2017년 1월에 기본소득 제도를 시범 실시했다. 핀란드에서도 유사한 제도가 실시되었는데, 이 나라에서도 이 제도가 실업자들을 지원하기 위한 것이기는 했지만 일반화될 가능성을 어느 정도 가지고 있었다. 또한 프랑스나 캐나다에서 몇몇 포커스 그룹이 발족했다. 스페인의 포데모스와 스코틀랜드 국민당, 2017년 대통령 선거당시의 프랑스 사회당 등 몇몇 정당은 최근에 이 문제에 대해 언급하거나 이와 비슷한 내용의 제안을 했다. 기본소득 제도는 부유한나라들 너머로 반향을 불러일으켜 많은 개발도상국이 자체적으로이 제도를 실험하고 있다. 2010년부터 이란은 에너지와 식료품에대한 보조금 제도를 폐지하고 대신 모든 가족에게 현금으로 보조금을 지불하기 시작했다.

소득에 대한 음소득세 제도는 어떤 식으로 기능하는가?

이것은 전통적인 양소득세와 연동되어 모든 사람에게 똑같은 금액의 세금을 감면해주는 제도로, 제대로 세금을 낼 수 없는, 즉 소득이 적거나 없는 사람들에게 보조금 형태로 지급된다. 예를 들어 음소득세가 1년에 3000유로로 정해졌다고 치자. 만일 당신이 세금을 내지 않는다면 당신은 이 3000유로를 받게 될 것이다. 만약에 1년에 2000유로의 세금을 내야 한다면 국가는 당신에게 1000유로를 지급할 것이다. 그리고 만일 당신이 세금 1만 유로를 내야 한다면 그중에서 9700유로만 내면 된다. 기본소득과 음소득세는 회계의 관점에서 보면 거의 유사한 결과를 낳지만, "하나는 국민적 연대를 나타내는 뜨거운 표현처럼 보이는 반면 또 하나는 차가운 조세 정의의 영역에 속한다."[17]

02

공유

'공유'라는 단어는 공청회에서 그 광채를 잃어버렸다. '공화주의자'나 '시민', '참여적' 같은 단어와 마찬가지로 이 단어는 대상이 없는 상투어를 미화하는 데 쓰인다. '정치가 공공의 복지에 기여한다'라든가 '함께하는 미래를 건설한다', '꿈', '운명공동체' 같은 표현을 쓰지만, 이런 계획들의 내용은 명확히 설명되지 않는다. 이 주술은 2009년 노벨경제학상 수상자인 미국의 엘리너 오스트롬(1933~2012)에 의해 폭넓게 정의된 '공유 이론'의 윤곽을 흐릿하게 만든다. 인간이 동류에 대해 항상 늑대처럼 행동하지는 않는다는 사실을 보여주고 사유재산은 침범할 수 없는 경제 영역이 아니라는 가설을 제기함으로써, 이 여성 연구자는 협동조합과 지역화폐, 혹은 시간은행× 등을 다루는 연구 영역이 출현하는 데 기여했다. 이렇게 해서 공유는 수많은 계획이 포함된 이론적 프레임을 이룬다. 몇몇 사람에 따르면, 이 같은 이유로 공유는 '21세기 혁명'의 이념적 기반이기까지 하다.

공유를 옹호하는 사람들의 입장에서 볼 때 공유가 혁신적인 것은, 그것이 이미 포기한 원칙들을 되살리고 우리의 고정관념을 갑작스럽게 변화시키기 때문이다. 그들은 자유주의자들에게 반대하며 독점적인 사유재산권보다는 사용권에 토대를 둔 재산권 개념

×   돈이 아니라 서비스와 노하우를 제공해 서로 돕는 시스템.

에 다시 활기를 불어넣는다. 또 그들은 마르크스주의자들에게 반대하며 '과학적 사회주의'라고 가정되는 것을 지지하는 사람들이 '유토피아적'이라고 이름 붙인 사회주의적 전통을 회복시켰다. 마지막으로 그들은 언제 어느 때 어느 곳에서나 유효한 추상적 규정들을 만들어 계획을 세우고 개입하는 중앙집권적 국가에 반대하는 반면, 자주적으로 관리되는 지역에서의 경험과 계속해서 쇄신되는 개별적 권리를 옹호한다. 공유는 다른 측면을 통해서도 우리의 세계를 만들어낼 수 있다. 그러므로 공유가 이렇게까지 크게 유행하는 것을 보고 놀라서는 안 된다. 그들은 '위에서 내려보내는' 결정보다 '현장에서 내려지는' 결정을 더 중요시한다. 또 그들은 공무원들의 평가보다는 실무 경험을, 인가증이나 제한적인 면허증보다는 '함께 건설해나가는 것'을 더 중요하게 여긴다. 더 근본적으로 얘기하자면, 그들은 좌파와 우파의 정치적 분열을 정당화하는 국가와 시장의 대립에서 벗어나려고 노력한다.

호모 이코노미쿠스의 종말

공유는 시장에 지나치게 호의적이라고 여겨지는 소위 '정통' 경제학의 전제들을 재검토하고자 한다. 따라서 무엇이 인간관계를 건조하게 만드는 데 책임이 있는 이 사고의 틀을 구성하는지를 잊지 말아야 한다.

경제 이론은 다양해지고 복잡해졌다. 그럼에도 불구하고 경제 이론은 인간이 자신의 '효용성', 즉 자신의 만족감을 증가시키는 행위나 소비를 극대화하려고 애쓰는 '합리적'인 존재라는 생각을 중심으로 구체화되었다. 호모 이코노미쿠스는 자신을 둘러싸고 있는 세계를 냉철하게 분석할 수 있는 회계원이나 마찬가지다. '비정통적'이라고 일컬어지는 경제학자들은 이 사고 틀이 인간의 정신으로부터 오직 '계산 기능[2]'만 취함으로써 인간을 빈약하게 만든다고 생각한다. 예측 가능성이 매우 높으며 똑같은 동기에 의해 움직이는 이 개인에 대한 이미지는 자유주의에서 유래한다. 18세기 이후로 이 같은 철학적 흐름은 수없이 많은 변화를 거쳤다. 그러나 그것의 길잡이가 되는 생각 중 하나는, 네덜란드 의사 버나드 맨더빌(1670~1733)의 표현을 빌려 쓰자면 "개인의 악덕이 공공의 이익을 만든다"는 것이다.[3] 인간의 나쁜 성향은 원하는 방향으로 향하기만 하다면, 마치 각 개인이 자신의 이익을 지칠 줄 모르고 추구하는 것처럼, 지속적인 발전이 가능한 사회적 질서를 뒷받침할 수 있다. 정치적 경쟁은 대의민주주의에 의해 이루어지고, 경제적 경쟁은 시장에 의해 이루어진다. 탐욕은 좋은 것이다Greed is good!

경제학자들은 이 가설에 따라 식품이건, 설비건, 일상적인 소모품이건 간에 우리가 사용하는 여러 가지 재화들을 분류한다. 몇몇 재화는 자유로운 공급과 수요의 균형에 의해 생산될 수 없다. 왜냐하면 '밀항자'의 행동(어떤 재화를 값을 지불하지 않고 이용하는 것)을 쉽게 할 수 있어서 그 누구도 그 재화를 통해 이익을 얻을 수 있으리라고는 생각하지 않기 때문이다. 공권력이 책임을 지고 세금으로 비용을 부담해야 하는 가로등이 그런 경우다. 반대로, 예를 들어 주차장 같은 다른 재화들은 시장에서 완벽하게 해결된다. 주차장 사용료를 지불하는 것은 어려운 일이 아니고, 접근을 통제하는 것은 어렵지만 일단 주차를 하면 다른 사람이 당신의 자리를 사용할 수 없다. 물론 너무 많이 사용하면 고갈될 수도 있는 재화의 경우에는 여전히 불확실성이 존재한다. 하지만 이 같은 분류는 국가와 시장 중에서 누가 어떤 자원을 관리해야 하는지를 거의 대부분 결정한다. 예를 들어 어업 영역은 감시하기가 어렵고 집약적 조업에 취약하다. 이 경우엔 어떻게 해야 할까? '좌파'냐 '우파'냐에 따라 공공의 개입에 동조하든지 민영화에 동조할 것이다.

공유의 비극에서 어떻게 빠져나올 것인가

우리는 이렇게 해서 국가나 시장에 의해 관리되지 않는 자원은 결국 호모 이코노미쿠스에 의해 과도하게 이용될 것이라고 생각하게 되었다. 미국의 생물학자 개릿 하딘(1915~2003)은 이것을 '공유의 비극'이라고 불렀다. 1968년에 그는 미국과학진흥협회 회원들 앞에서 연설을 했다. 하딘은 회원들에게 모든 사람들이 마음대로 가축을 끌고 와서 풀을 뜯어 먹게 할 수 있도록 허용된 목초지를 상상해 보라고 말했다. 그에 따르면, "모든 사육자들이 이 공동 목초지에서 최대한 많은 가축이 풀을 뜯어 먹게 할 것"으로 예상할 수 있다. 실제로 가축을 팔아서 생긴 이익은 바로 사육자의 주머니로 들어가는 반면 과밀 방목으로 인한 피해는 공동체 구성원들이 떠안게 된다. 사육자가 할 수 있는 '단 하나의 합리적인 선택'은 "자신의 가축 떼에 가축 한 마리를 덧붙이는 것"이다. 그런 다음 또 한 마리를……. 이것은 또한 이 공유 방목지를 나누어 쓰는 모든 사람들이 도달한 결론이기도 하다. 하딘은 말한다. "비극은 바로 여기에 있다. 이 사람들 한 명 한 명은 그들 자신의 무제한적인 가축 떼를 제한된 세계 속에서 증가시켜야만 하는 시스템에 갇혀 있는 것이다."[4] 하딘은 자신의 주장에 상당한 자부심을 가지고 있었기 때문에 연설이 끝나고 청중들이 그다지 환호하지 않는 것을 보고 놀랐다. 그는 사람들이 왜 그토록 냉랭한 반응을 보였다고 생각했을까? "제가 방금 매우 중요한 얘기를 했다는 사실을 아무도 눈치채지 못했던 것 같습니다."[5] 어쩌면 청중들은 반대로 그가 평범한 얘기를 한다는 느낌을 받은 건 아니었을까? 기원전 4세기에 아리스토텔레스는 사람들이 "가장 많은 수의 사람에게 공유되는 것에 대해서는 가장 덜 신경을 쓰고 관심을 가진다"[6]는 사실을 이미 깨달았다.

하딘의 주장은 수정되어 《사이언스》에 실리고 난 후에야 '공유의 비극'이라는 이름으로 반향을 불러일으켰다. 이 비극에서 어떻게 빠져나올 것인가? 하딘은 방문객들이 오염시킨 미국 국립공원들의 예를 들면서 "그것들을 사유재산으로 팔거나" "공적재산으로 보유하되" "그곳에 들어갈 수 있는 권리는 부여하라"[7]라고 권유한다. 물론 하딘은 공공의 개입에 적대적이지 않았지만, '공유의 비극'은 1970년대에 그것이 숲이든 어장이든 아니면 주파수든 간에 자원을

관리할 수 있는 유일한 합리적 수단으로서 민영화를 옹호하기 위해 사용되었다.[8]

또 다른 경제를 위한 노벨상

이 같은 관점이 실제로 다시 검토되기 위해서는 2009년 10월 12일을 기다려야만 했다. 이날 스웨덴 왕립과학아카데미는 처음으로 여성에게 경제학상을 수여했는데, 그녀가 바로 미국인 엘리너 오스트롬이다.[9] 이 수상은 이 여성 경제학자가 거의 알려지지 않은 대학(인디아나주의 블루밍턴대학) 정치학과 소속이었던 데다가 '고상하다'고 판단된 경제학의 주제들에 관해 연구하지도 않았기 때문에 더더욱 뜻밖이었다. 오스트롬은 추상적인 수학적 모델을 만들어내기보다는 아마존에서 고무를 수집하는 사람들과 필리핀에서 고기를 잡는 어부들, 혹은 밭에 물을 대는 스페인의 마을 사람들에게 질문을 던지며 시간을 보냈다.

세계경제가 서브프라임 모기지 사태로 인한 위기 속으로 빠져들었던 당시, 심사위원들은 오스트롬에게 상을 수여함으로써 마음이 좀 편해지고 싶었는지도 모른다. 한림원은 성명을 내어 "공유재산이 잘못 관리되어 중앙권력에 의해 제어되든지 아니면 민영화되기를" 바라는 "사회적 통념"에 "도전했다"며 그녀를 치하했다.[10] 실제로 엘리너 오스트롬의 연구는 개릿 하딘에 대한 논리적 반박으로 읽을 수 있다. 제2차 세계대전 중에 공동 채소밭을 일굼으로써 상부상조의 미덕을 배웠던 그녀는 《공유의 비극을 넘어*Governing the Commons*》(1990)에서 자신이 하는 연구의 주요 목표를 요약한다. 즉, "각 개인이 돈을 지불하지 않고 무엇인가를 얻거나, 힘든 일을 하지 않으려고 꾀를 부리거나, 기회주의자로 행동하고 싶은 유혹에 맞서야 하는 상황에서, 어느 집단이 공동의 이익을 지속적으로 얻기 위해 어떤 방법으로 자신들을 조직하고 감독할 수 있는지를 알아내는 것이다."[11] 그녀는 이렇게 집단을 적절한 방향으로 조직화하는 데 필요한 조건들이 무엇인가를 평생 연구했다.

오스트롬이 노벨상을 받아 널리 알려지면서 영어권 사람들이 '커먼스commons'라고 부르는 것에 관심을 가지고 있던 학계도 활력을 되찾게 되었다. 많은 사람들이 혼동하고 있는 것이 있는데 여기서 그 혼란을 해소해보자. 공유는 공기나 물 혹은 침묵처럼 '본래' 소유하기 힘든 자원과 연관되어 있지 않다. 그렇지만 이 같은 생각이 정치적 연설에서 빈번하게 사용되는 '공유재'의 개념을 믿게 할 수도 있을 것이다. 공유는 오히려 조직의 형태와 함께하는 방식이다. 즉 하나의 제도로 이해해야 한다. '공유'가 이루어지려면 자원뿐만 아니라 사람들의 공동체와 사회적 규칙도 필요하다.[12] '공유재'는 어느 집단이 그것을 장기적으로 보존하기 위해 규칙과 규범, 제재 방법을 만들어낼 때 '공유'된다. 공기는 '공유재'가 될 수 있으며, 오직 대기오염을 극복하기 위한 대책이 가장 적절한 단계, 즉 전 세계적인 단계에서 시행될 때만 공유된다.

지중해 연안에서 프뤼돔Prud'homme으로 조직된 어민들을 예로 들어 보자. '프뤼돔'이라는 단어는 분명히 피고용자와 고용주 간의 분쟁을 해결하는 일을 하는 '노동심판관'을 상기시킬 것이다. 하지만 여기서 우리의 관심을 끄는 프뤼돔은 그보다는 어민들 및 공동 규칙과 관련된 관할구역을 가리킨다. 이 단체들은 중세 때의 직업단체에서 유래했으며, 국가와 개인 사이에서 중개 역할을 하는 모든 기구를 폐지하는 경향이 있었던 프랑스혁명을 견뎌냈다. 거의 유명무실한 상태로 축소된 이 단체들은 프랑스와 유럽의 규제에 맞서 인정을 받기까지 많은 어려움을 겪었다. 여전히 활동하고 있는 이 프뤼돔 단체들은 자신의 관할권에 속해 있는 해안을 따라 조업을 준비한다. 어떤 물고기를 잡을 수 있는가? 얼마나 잡을 수 있는가? 물고기가 가장 많이 모여드는 포인트는 어떻게 배분하는가? 만일 비양심적인 어민이 번식하기 힘든 어종을 잡거나, 너무 많은 그물을 가지고 바다로 나가거나, 다른 어민에게 배분된 지역에서 배를 세우거나 할 경우, 다른 동료 어부들이 항구에서 그에게 압력을 가하면 그는 보다 협조적인 자세를 취할 것이다. 만일 이것으로 충분하지 않으면 프뤼돔 단체의 법정을 소집해 말을 잘 듣지 않는 이 어민에게, 그가 그것을 제정하는 데 참여했기 때문에 알고 있을 것이라고 짐작되는 헌장을 상기시켜야 할 것이다. 그러므로 우리는 (그 누구도 조업 포인트를 소유하지 않는다는) 권리의 분배를 보장하는 관할권 구조(항구, 헌장, 법원)를 이용해 집단으로 감독하는 자원(어류)을 가지고 있다. 하딘의 주장에 따르면, 단기적인 이익을 추구할 경우 어민들의 남획이 계속되어 어류 자원이 고갈될 것이다. 하지만 지금 그 반대의 일이 일어나고 있다. 이 수공업적 어업은 "지속적 발전의 완벽한 실례로 여겨진다. 즉 어민들이 자원을 고갈시키지 않고도 먹고살 수 있게 되었다."[13]

공유 정신이 지키고자 하는 것

조금 무미건조하게 느껴지는 이 같은 정의(자원, 공동체, 규칙)를 넘어서, 공유가 살려내고자 하는 원칙은 무엇일까? 우선은 지방조직 중심주의가 있다. 영국 시인 알렉산더 포프(1688~1744)는 "그 지방의 정령에게 뭐든지 다 물어보시오"라고 했다. 이 문구는 이 문제에 관한 최초의 연구에서 경찰 조직은 동네 파출소를 없애고 단일화·집중화되어야 한다는 생각을 공격했던 오스트롬에 의해 기꺼이 다시 사용될 수도 있을 것이다. 그녀는 "중앙에서 활동하는 큰 규모의 경찰서가 똑같은 유형의 환경에서 개입하는 작은 규모나 중간 규모의 경찰서보다 더 잘 기능하는 것을 결코 보지 못했다"[14]라고 단언한다. 그녀는 아시아나 아프리카 국가에서 펼치는 성장 정책에 관심을 가지면서, 이 정책을 추진하는 과정에서 부딪치는 어려움의 많은 부분이 이 나라에 존재하는 사회적 관계를 소홀히 해서 발생했다는 결론을 내린다. 마찬가지로 프뤼돔 단체에 속한 어민들은 '지도에 네모나 그리고 앉아 있는 파리 사람들'을 불신한다. 그들은 자기들이야말로 바다를 가장 잘 '느끼고' 여러 가지 어종의 변화를 평가하기에 가장 좋은 위치에 있다고 단언한다. 더 확대해서 얘기하자면, 중앙으로 집중되었던 경제와 식품 생산을 지방으로 다시 분산시키는 것을 목적으로 하는 슬로푸드 운동과 대안 화폐는 공유의 실례로 간주될 수 있다.

지역적인 것에 대한 이 같은 취향은 흔히 '관습'화된 실용 지식의 형태를 다시금 높이 평가한다. "계몽주의 시대에는 진리가 실천되는 행위보다는 책 속에 있다는 생각이 널리 퍼져 있었"[15]지만, 이제는 실무가가 복권되고 있다. 역사는 중요하지만 경험도 중요한 것이다. 자유 소프트웨어를 오랫동안 다루어서 그것의 결점과 장점, 스타일을 잘 알고 있는 해커처럼, 지중해의 어민들도 자기들이 '바다를 한 번도 본 적이 없는 환경학자' 한 명보다 참치의 개체 수 변화를 더 잘 알 수 있다고 분명하게 말한다. 이 같은 양상이 공유에 조금 보수적인 뉘앙스를 부여할 수도 있지만, 공유를 옹호하는 사람들 대부분은 이 조직이 그 당시의 필요에 따라 변화할 뿐 과거의 권위를 무작정 추종하지는 않는다는 사실을 보여주고자 한다.

마지막으로 공유는 공적인 것과 사적인 것의 대립에 기초해 있는 소유권보다 더 유연한 사법체제를 시행한다. 우리는 산업혁명이 일어나기 전, 유럽의 농촌에서 실행되던 대로 사용권에 대해 생각하기 어렵다. 그 당시 농민들의 일상생활은 숲(토탄으로 난방을 했고, 고

사리로 비누를 만들었다), 수확이 끝난 뒤 들판에 버려진 밀 이삭을 주울 수 있는 권리, 혹은 자신이 소유한 가축들이 휴경지에서 풀을 뜯어 먹도록 할 수 있는 권리에 크게 의존했다. 소유권이 있다고 해서 공동체의 다른 구성원들이 자기 땅에 접근하는 것을 완전히 막을 수는 없었다. 공유는 이 같은 '일련의 권리'에 토대를 두고 있다. 이것은 매우 자주 변화하고, 실천을 통해 획득되며, 반드시 문서화되지는 않고, 여러 공동체 간에 중복되는 권리다. 예를 들어 강에 대해 생각해보자. 농민들은 자기 밭에 물을 대기 위해 강을 이용하고, 어민들은 통발을 놓기 위해 강을 이용하며, 뱃사공들은 화물을 운송하기 위해 강을 이용한다. 이들이 갈등을 벌이지 않도록 하기 위해서 통행과 조업, 징수에 관한 규칙에 합의해야만 한다. 많은 공동체들이 점점 더 '커지는' 문제들에 접근하기 위해 연합한다. 물론 여기서 엘리너 오스트롬이 과격한 성향의 인물이 아니었고, 그녀가 '다多중심주의적 거버넌스polycentric governance'를, 즉 자원을 관리하는 규칙을 여러 단계(지역적인 단계에서 국제적인 단계까지)에 걸쳐 공유하는 것을 중요하게 여겼다는 사실을 다시 상기해야 한다. 그럼에도 불구하고 무정부주의적 전통에서 옹호되는 연합 체제가 머지않아 등장하게 된다.

이 정신은 소유권에 새로운 개념을 부여한다. 비행기에서 미국의 적극적 행동주의자인 데이비드 볼리어의 옆자리에 앉아 그가 이 문제를 어떻게 연구하고 있는지를 들은 한 여성은 이렇게 요약한다. "공유는 그 누구에게도 속하지 않으며 모든 사람이 다 함께 쓰는 것이다."[16] 데이비드 볼리어는 공유가 경제제도와 정치제도의 전제들 중에서 "가장 덜 의문시되고 가장 깊숙이 감추어져 있는 전제들"을 재검토함으로써 "새로운 눈으로 세계를 보게 하는 프리즘"이라는 생각을 옹호한다. "우리들 대부분은 은연중에 치열하게 경쟁하는 투쟁으로서 삶을 바라보고, 수많은 개인들은 그들의 부와 개인적 이점을 극대화하려고 애쓰는 기계라는 관점에서 경제를 이해한다."[17] 그는 공유에서 가장 중요한 것이 "우리가 우리의 공유된 자원을 관리하기 위해 발달시키는 사회적 실천과 가치"[18]라고 주장한다. 이 가치는 사회진화론의 한 형태를 떠올리게 할 수도 있을 것이다. 하지만 그와 반대로 이 가치는 인간의 역사에서 협동이 경쟁만큼이나 결정적이라는 사실을 증언한다. 그리하여 역사학자와 경제학자는 지중해에서 어업을 하는 어민들의 동업조합들이 확보한 '생존권'에 관심을 기울였다. 각 어민들은 자신에게 알맞은 방법으로 물고기를 잡지만 치어를 보호하기 위해 고기잡이에 매우 생산적인 몇 가지 방법은 사용하지 못한다. 이 같은 자율 규제는 왜 1960년대에 프뤼돔 단체들이 정어리 어장 전체를 강한 불빛으로 유인하여 잡는 기술인 집어등 고기잡이에 반대해 투쟁했는지 그 이유를 설명해준다.

여기서 문제는 이 조직이 그 구성원들이 은퇴를 할 때까지 함께 살지 않아도 되는 더 큰 규모의 공동체에서(혹은 디지털 공동체에서) 기능할 수 있느냐이다. 공유는 '다수의 독재'(그의 동료들이 내리는 결정에 따르기를 거부하는 개인은 어떤 수단을 가지고 있는가?)와 '마을의 반목'(공동체에서 살아본 사람이라면 누구든지 개인적인 원한으로 힘들어질 수도 있다는 사실을 알고 있다)으로 인한 문제들을 때로 지나칠 정도로 간과해버린다. 마지막으로 '공유의 비극'은 '공유주의자들의 정신'에 늘 존재하는 위협이다. 모든 사회적 관계가 돈의 사회적 관계 바깥에서는 파괴되기 때문에, 허구의 인물이었던 호모 이코노미쿠스가 하나의 현실이 될 위험이 있어서다. 한 어민은 그 위험을 이렇게 표현했다. "전에는 태양이 모든 사람을 위해 떠오르곤 했다. 그러나 이제 그것은 경쟁이 되었다."

전통적 공유에서 지식의 공유로

어장은 '역사적으로 실재한 공유'지만, 이 개념이 다시 현재의 관심사로 떠오른 것은 주로 '디지털 혁명' 덕분이다. 위키피디아의 기여자나 오픈소스의 활동가들은 자신들의 행위에 질문을 던지면서 자기들이 아주 오래된 협력과 소유권 관리의 형태들을 되살리고 있을 뿐이라는 사실을 깨달았다. 운영 규약으로서의 웹 자체는 네트워크 내에서 웹 표준과 상호작용 규칙을 정한 연구자들에 의해 하나의 공유물로 구상되었다. 2005년 프랑스의 정보과학자인 필리프 애그랭은 '새로운 대륙'에 대해서, 즉 '그 누구에게도 속하지 않기 때문에 모두에게 속하는 창작의 대륙'에 대해 말하면서 이렇게 소개한다. "이것은 자유 소프트웨어와 열린 과학, 자유 백과사전, 새로운 예술 형태, 각자가 정보를 만들어내고 그것에 주석을 다는 협동 미디어의 대륙이다."[19]

물론 '1세대' 공유와 '지식 공유' 혹은 '디지털 공유'라고 이름 붙여진 '정보 관련 공유' 간에는 차이가 있다. 무엇보다 지식 공유는 대부분 고갈되지 않는다(지식은 비경쟁 재산이다). 어떤 자유 소프트웨어를 사용한다고 해서 다른 사람이 그것을 사용할 수 없는 것은 아니다. 그것을 복제하는 데는 돈이 거의 들지 않기 때문이다. '2세대' 공유는 비록 체증(네트워크 통신량이 그것이 기능하는 속도를 늦출 수도 있다)이나 오염(위키피디아에서의 파괴행위) 등 역사적으로 실재했던 공유의 그것과 유사한 문제를 만나기는 하지만, 오직 자원의 보존보다는 그것의 성장과 확대를 보장하기 위해 이루어진다. 특히 1세대와 2세대 공유는 '인클로저'라는 공동의 적을 만났다.

인클로저란 무엇인가

인클로저라는 용어는 공유자원이 (그 뒤로는 하나의 상품으로 취급되는) 사유재산으로 전환되는 것을 설명할 때 사용된다. 역사적으로 볼 때 이 용어는 울타리를 둘러치는 것, 즉 16세기에서 18세기 사이에 집단의 소유지가 독점되면서 유럽의 농촌에서 적용되던 사용권이 폐지되는 것을 가리킨다. 경제사에서 매우 중요한 이 과정은 특히 에드워드 P. 톰슨(1924~1993)에 의해 연구되었다. 이 영국 역사학자는 고문서를 읽고 영국의 숲들을 돌아다니다가 이 숲들이 그 당시 오랫동안 하찮은 산적 정도로 여겨지던 밀렵꾼인 '블랙'들과 영국을 싸우게 만든 사회적 분쟁에 휩싸여 있었다는 사실을 알게 되었다. 톰슨은 이 '블랙'들이 사실은 단순한 약탈보다 더 "고상한" 동기를 가지고 행동했다고 주장한다. 그에 따르면, 이 "숲의 주민들"은 "그들이 경작지와 열원熱源, 방목장을 자유롭게 사용하는 것을 위협하는 이 울타리 설치"에 저항했다.[20] 이 같은 행위는 숲 지대를 독점적으로 이용하기 위해 이곳에 접근하는 것을 금지하려는 소유자와 숲 관리 당국의 위협을 받았다. 자본주의의 전개(마르크스주의자라면 '자본축적'이라고 말할 것이다)는 농민들을 양모 방적공장에서 일하도록 만들었다. '인클로저'는 이 같은 경제적 단계의 역사적 면모가 될 것이었다.

토지나 자연의 공유에 대한 비판은 사라지지 않았다. 이와 관련해 볼리비아에 있는 코차밤바라는 도시의 이름은 민간 컨소시엄에 의한 물의 민영화에 반대하는 현지인 공동체의 투쟁을 상징하게 되었다.[21] 또한 '도시형 공유'가 발달했던 이탈리아의 사례도 자주 인용된다. 2011년에 국민투표가 실시되어 베를루스코니가 추진한 물 민영화 정책이 무산되고, '소비자들과 노동자들, 환경주의자들, 시의회의원들로 구성된 물 의회'[22]가 설립되었다.

그러나 민영화를 지지하는 사람들과 인클로저에 반대하는 사람들 간에 새로운 싸움이 시작되었다. 그것은 몬산토의 농업용 종자 독점과 마이크로소프트 같은 거대 독점기업에 의한 소프트웨어의 지배 혹은 생체인증 특허의 개발에 대한 싸움이기도 하다. 저작권 전문가인 제임스 보일은 이렇게 해서 우리가 이번에는 창작품과 정보, 지식에 관련된 '제2의 인클로저 운동'을 목도하는 중이라고 주장한다. 그렇지만 디지털적인 것이 진입장벽을 무너뜨렸다고 생각할 수도 있을 것이다. 음악 산업은 불법 다운로드 문제에 직면해 있지 않은가? 이 같은 선험적 추리는 전자책의 예가 보여주는 것처럼 미묘한 차이를 고려해야 한다. 전자책 구매자는 실제로 디지털 파일의 '소유자'는 아니며, 일반적으로 제한된 사용권만을 획득한다. 디지털 잠금장치는 구매자가 자신의 전자책을 다른 사람과 공유하거나 복사하지 못하도록 한다. 전자책을 공유·대여·전매할 가능성은 '종이'책을 그렇게 할 가능성보다 훨씬 적다.

새로운 '블랙'들은 이 울타리를 부수려고 한다. 그들 중에 가장 유명한 사람은 예수처럼 머리털이 더부룩해서 금방 알아볼 수 있는 전설적인 정보학자 리처드 스톨먼이다. 그는 자신이 일하는 사무실의 프린터에 자주 종이가 걸리자 이 문제를 해결하기 위한 프로그램을 짜려다가, 프린터 제조 회사에서 프린터 드라이브의 소스코드에 접근하는 것을 차단해놓는 바람에 오류를 바로잡을 수도, 코드를 개선할 수도, 그것을 유포할 수도 없다는 사실을 알게 되었다. 스톨먼은 협력과 공유의 윤리가 소프트웨어의 인클로저에 의해 약화되어 가고 있다는 사실을 깨닫고 '자유' 소프트웨어에 적용되는 '일반 공중 사용허가서GNU'를 만들었다. 코드는 계속 접근이 가능해서 각 개인이 그것을 분석하고 검토하고 이전 버전들과 비교할 수 있어야만 한다. 또한 코드는 공개되어, 이용하고 수정하고 개선할 수 있어야 한다. 유일한 조건은 수정된 파일을 같은 조건에서 전환시키는 것이다. 이렇게 해서 공유의 윤리가 보존되고, 공유의 영역이 확대된다. 스톨먼은 창작자들의 권리를 보장하는 '저작권copyright'과 대립되는 사용자들의 권리인 '공개 저작권copyleft'의 개념을 대중화했다. 가장 잘 알려진 소프트웨어는 핀란드계 미국인인 리누스 토르발스가 1991년에 최초 버전을 개발한 리눅스다. 당시 21세였던 그는 당시 지배적인 운영체제였던 유닉스에 대한 대안을 제공하기 위해 그 자신의 운영체제를 만들기로 결심한다. 정보과학자들의 커뮤니티는 토르발스가 리눅스(리누스라는 이름과 유닉스의 조합)를 만들기 위해 배포했던 최초 버전을 개선했다. 이 개발 모델은 위키피디아 백과사전에서 '공개 디자인'까지 수많은 협업 작업에 영감을 제공했다. 데이비드 볼리어에 따르면, 이렇게 해서 "디지털적인 것과 '함께 태어난' 세대에게" 사적 소유권에 관한 수많은 관념(사적 소유권의 배타성, 상업적 강박, 공익에 대한 무관심)은 (반사회적인 것은 아니지만) 완전히 유행에 뒤진 것처럼 보인다.[23] 그는 심지어 이 '디지털 공유의 윤리'를 아랍의 봄이나 스페인의 인디그나도스(Indignados, 분노한 사람들)운동, 혹은 점령Occupy운동처럼 다양한 운동과 연관시켰다.

공유는 미래를 어떻게 바꿀 것인가

공유가 세상을 바꿀 수 있을까? 온건한 사람들은 공유가 지배적 시스템의 틈(봉건제도에서의 공유지나 자본주의에서의 증여 경제를 생각해보라)에서 꽃을 피운다고 생각한다. 공유경제의 대부분이 그랬던 것처럼, 국가나 시장에 의해 파괴되도록 방임하지 않는다는 조건으로 공유는 협동 은행과 공제조합, 혹은 협동참여회사Scop를 포함하는 분야인 사회연대 경제에 대한 영혼의 보충제로 쓰일 수도 있을 것이다. 열성적인 사람들은 조금 더 멀리 나가는데, 그들은 칼 폴라니(1886~1964)의 연구를 근거로 삼는다. 이 헝가리 출신 인류학자는 어떻게 해서 경제가 하나의 독립적인 힘으로 변화했는지를 기술한다. 옛날에는 사회가 시장을 포함하고 있었다. 그 이후로는 반대가 되었다. 시장은 자신의 논리에 따라 사회를 종속시키고, 인간관계를 자신의 명령을 중심으로 재조직했다. 그렇지만 시장과 사회는 공유에 의해 반대 방향으로 움직일 수 있게 될 것이다. 경제를 "복종시키기" 위해서는 경제학자들이 "부정적 외부성"×이라고 부르는 것을 감소시키고, "개인이 소비를 선택할 수 있는 자유가 집단적인 결정의 범위에서만 발휘되게 해야 한다(특히 지역의 수준에서는).ʺ[24]

많은 경제학자들이 이렇게 해서 '후기자본주의' 세계의 도래를 이론화한다. 우리는 '한계비용 제로'(디지털 파일 복제는 비용이 거의 들지 않는다) 사회를 향하고 있기 때문에, 기업들은 자신들의 이익을 유지하기 위해 점점 더 공격적인 독점권을 형성해야만 한다. 그렇지

× 어떤 경제주체의 생산과 소비가 다른 경제주체에게 의도하지 않은 혜택이나 손해를 미치지만 이에 대한 보상이 이루어지지 않는 것을 외부성이라고 부르고, 그것의 불리한 영향력을 부정적 외부성이라고 한다.

만 이렇게 방어의 노력을 기울인다고 해서 이 새로운 동력, 즉 풍요·조직화·협동의 동력을 멈출 수 있는 것은 아니다. 미국의 평론가 제러미 리프킨[25]이나 영국의 저널리스트 폴 메이슨[26]과 더불어, '공유경제'를 향한 이 같은 엄청난 변화를 이론화시킨 주요 인물 중 한 사람은 벨기에인 미셸 바우웬스다. 그가 상상하는 세계에서 공유는 "사회적·경제적 조직의 핵심"[27]을 이룬다. 국가는 "기여하는 시민들의 자립 여건"을 만듦으로써(예를 들면 기본소득에 의해) 공유가 수월하게 이루어지도록 하는 역할을 해낼 것이다. 여러 가지 메커니즘이 "상호성의 원칙"(마르크스를 패러디하자면, '능력에 따른 노동, 필요에 따른 분배')을 통해 공유자가 살아갈 수 있게 발달할 것이다. 사용자가 만들어내는 가치를 이용해 자신들의 이익을 극대화하는 페이스북과 아마존, 애어비앤비의 '네트워크netarchique'자본주의[×] 를 무너뜨려야 한다. 바우웬스는 이 같은 '추출' 논리에 협동의 '생성' 형태들을 대립시킨다. 그는 2011년에 설립되어 "어떤 상품에 대한 각자의 기여를 알아내고 그 기여를 평가하며 최종 상품에서 상응하는 몫을 계산해 각자에게 일정 비율을 지급하는, 창조된 가치의 회계 시스템을 발전시키고 이용하는" 센소리카Sensorica 네트워크를 예로 든다. 바우웬스에 의하면, 공유는 또한 환경 위기에 대처하도록 해줄 것이다. 실제로 공유자들은 "계획적 구식화라는 메커니즘을 그들의 설계와 프로젝트 연구에 포함해야 할 아무런 이유"도 가지

[×] 통상적인 중개물을 사유화된 플랫폼으로 대체해 어떤 플랫폼을 수단으로 삼아 상업적 관계를 만들어내는 것.

고 있지 않다. 그는 "비물질적(지식처럼 비경쟁적)인 모든 것이 포괄적인 것이 되고, 물질적(생산도구처럼 경쟁적)인 모든 것이 국지적인 것이 되는 세계-현지화cosmo-localisation"를 옹호한다.

모든 사람이 이 같은 열의에 동참하는 것은 아니다. 저성장이나 사회주의에 더 가까운 이론가들의 분파는 이 새로운 '피어투피어peer to peer식' 경제가 기술적 자본주의의 상상세계에, 즉 가치를 창조하기 위해 국가로부터 거리를 두고 자유롭게 결합하는 자율적 개인들의 상상세계에 너무나 잘 맞는다고 생각한다. 한편 이들은 어떤 사람들이 다른 사람들보다 더 잘 협력할 수 있게(왜냐하면 그럴 수 있는 수단을 가지고 있으므로) 만드는 사회적 결정인자와 생산의 생태학적 한계에 대해서는 간과할 것이다. 포르투갈 출신의 평론가 샤를 리브는 이렇게 쓴다. "자유 소프트웨어의 경우는 이 점에서 본보기가 된다. 이 소프트웨어들이 반자본주의적 실천에 제공하는 가능성과 이용에 관한 논의는 그것들의 물질 매체인 테크놀로지에 대한 비판을 포함해야만 한다. 테크놀로지의 생산 개발 조건과 파괴적인 생태적 결과에 대한 비판을 무시해서는 안 되는 것이다."[28] 공유 이론은 합리적 개인이라는 경제적 패러다임에 지나치게 뒤얽히게 될 것이다. "시장의 법칙도, 가격 결정도, 생산자들의 이탈도, 상품도 없는 시장을 어떻게 생각할 수 있단 말인가?"[29] 이 같은 비판에 맞서 공유 이론가들은 그들의 기본 전제, 즉 '시장'은 자연적이고 일사불란한 실체가 아니며, 더 공정하고 투명한 방식으로 가치를 생산하고 분배하는 것이 가능하다는 전제를 다시 확언한다. 이렇게 해서 바우웬스와 그의 동료들은 호모 이코노미쿠스에게 인간다운 색채를 다시 부여하고자 한다.

인류학자들은 공유에 대해 어떻게 생각하는가?

엘리너 오스트롬은 인류학이 자유주의에 행한 비판을 경제의 프리즘으로 환원했을 뿐이다. 프랑스의 마르셀 모스처럼 '전통적' 공동체에 관심을 가진 인류학자들은 개인들 간의 '수학적' 보고서로 인정된 물물교환의 허구는 실현 불가능했다는 것을 보여주었다. 사회는 의식과 선물, 교환, 상징적 인식, 작은 귀속, 세부적인 상관성으로 이루어져 있다. 증여와 의무를 동시에 의미하는 '공유'의 어원은 그 자체로 교환의 의무를 암시한다. 그러나 자본주의가 이 사회 조직에 기생하고, 자율적인 시장경제가 조직되어 사회적 관계로부터 유리된다. 그런데 이게 무슨 뜻일까? 전통적 사회에서는 인간 간의 관계가 사물 간의 관계보다 더 중요하다. 그런데 세계가 상품으로 변하면 서열이 바뀐다. 즉 사회가 경제 속에 묻어 들어가는 것이다. 경제는 사람들이 이기주의적이고 계산적이라는 냉정한 인간관과 돈이라는 단 하나의 공용어를 받아들일 수밖에 없도록 만들었다. '탐욕스러운 시장'에서는 토지, 노동, 돈이라는 상품이 필요하다. 무엇인가가 당신 머릿속에 떠오르지 않는가? 그렇다, 인클로저! 공유의 목적은 경제를 다시 사회 속에 묻어 들어가게 하는 것이다. 시장은 만들어진 것이며, 인간 역사의 거의 대부분은 시장의 지배에서 벗어나 있었다는 사실을 기억해야 한다.

공유는 투기를 억제하기 위한 해결책인가?

공동체 토지신탁제도는 미국에서 처음 생겼다. 부동산 투기를 근절하기 위해, 가족들은 그들이 거주하고 있는 집의 소유자가 될 뿐 그 집이 서 있는 땅의 주인이 되지는 않는다. 공증인의 은어로는 "집값에 항상 접근 가능하도록 지어진 집과 토지를 분리한다." 토지를 사적 소유권 관계로부터 분리해(토지), 신탁자에게 맡기고 (신탁), 신탁자는 가장 많은 숫자의 사람들(공동체)의 이익에 부합하도록 토지를 관리한다. 우리는 여기서 공유의 논리를 발견할 수 있다. 집주인인 가난한 가족은 부가가치를 제한하고 적절한 가격에 집을 다시 팔겠다고 약속한다. 공동체 토지신탁 센터에서 일하는 토머스 다윈스는 열광하며 이렇게 말한다. "내가 경이적이라고 생각하는 것은, 작은 메커니즘(사법적 메커니즘, 경제적 메커니즘, 거버넌스의 메커니즘)이 모여서 이렇게 소유권에 새로운 모습을, 토지에 새로운 관계를 부여할 수 있다는 사실이다."[30]

03

21세기 민주주의

우리 사회는 하나의 역설에 직면했다. 즉 자유민주주의가 전 세계에 이처럼 널리 퍼진 적이 없었는데도 불구하고 겉으로 보기에 매우 심각한 위기를 지속적으로 겪고 있다는 것이다. 자유민주주의는 그것이 정말 '가장 훌륭한 제도'인가 하는 의문에 다시 불을 붙이는 외부의 경쟁 모델들과 충돌한다. 한쪽에는 민주주의에서 그 외관만 빌려오는 권위주의적 체제인 '독재민주주의démocrature'가 있고, 다른 쪽에는 글로벌화된 경제의 새로운 규칙에 더 잘 적응하는 듯 보이는 권위적인 공산주의 이후의 체제(예를 들면 중화인민공화국)가 있다. 서구 모델 역시 안으로부터 조금씩 갉아먹히고 있다. 지나친 선거 마케팅과 조직의 결합, 민주주의의 부정否定, 기록적인 기권, 정치 계급에 대한 지지 철회, 신뢰 상실, 스스로를 '반反정치체제'(정치 체제의 정의는 일반적으로 상당히 애매모호하다)로 소개하는 정당들의 부상浮上이 대응한다.

이 같은 현상에 직면한 정당들은 일반적으로 대표자들과 유권자들을 연결하려는 목적에서 공적 생활의 도덕성을 높이고자 하는 바람과 제도 개혁의 요구로 대응한다. 우파에서는 국민과 위정자들 간의 직접적인 관계를 이 위정자들의 성실함과 권력 강화를 통해, 혹은 주민투표를 통해, 나아가서는 국민투표를 거친 통치 방식을 통해 다시 만들어내야 한다는 점을 더욱 강조한다. 이렇게 해서 지도자들은 그들의 행위가 법적으로 유효한지를 시민들에게 정기적으로 물어야 한다. 좌파에서는 의원들의 도덕성과 그들이 하는 일의 질質이 우선시된다. 임기 중의 비非겸업 원칙은 의원들이 그가 대표하는 시민들에게 더욱더 헌신할 수 있도록 한다. 단 한 번의 임기, 혹은 이전에 한 차례 갱신된 임기는 정치를 '탈脫직업화'시켜 그것을 직업보다는 임무로 만든다. 주민들은 유죄 선고를 받거나 공약을 지키지 않는 대표자를 주민투표에 부쳐 해임할 수 있다. 시민들은 청원권과 국민 발의 국민투표를 통해 자신들의 힘을 강화함으로써 의회에서 영향력을 발휘할 수 있다. 그럼에도 불구하고 이 모든 행위는 조정되고 쇄신된 대의민주주의의 범주에 속한다. 그렇지만 사회에서 점점 더 커지는 목소리, 즉 시민의 더 많은 참여를 요구하는 목소리와 이를 반영하는 마지막 선택이 존재한다. 제도의 개선, 나아가 민주주의의 재정립이 그것이다. 이 장에서는 바로 이 목소리에 대해 이야기한다.

민주주의의 대표성에 관한 질문들

우리는 정말 민주주의 시대를 살고 있는 것일까? 이것이 바로 점점 더 그 숫자가 증가하는 사상가와 연구자들이 품는 의문이다. 현대 민주주의의 핵심은 선거다. 우리는 나라를 다스리는 특별한 역할을 맡겠다고 나선 같은 국적의 사람들 가운데서 여러 대표자를 정기적으로 선출한다. 그런데 이 선거 모델의 발명자로 여겨지는 아테네 사람들도 우리와 똑같이 했을까? 아니다. 민주주의가 선거제도에 반대해 만들어졌다고 말해도 될 정도로 초기의 민주주의는 선거를 크게 배제한다. 아리스토텔레스는 민주주의의 토대를 다른 제도와 비교하고 분석하면서 선거를 통해 어떤 행정관직을 누군가에게 맡기는 것은 과두제라고, 즉 적은 숫자가 많은 숫자를 지배하는 제도라고 주장했다. 선거는 선택이며, 선택은 필연적으로 지적 엘리트(귀족정치)와 돈의 엘리트(금권정치), 기술의 엘리트(기술자 정치), 혹은 노인들의 엘리트(노인 정치)에게 권력을 부여하게 되어 있다. 몽테스키외는《법의 정신De l'esprit des lois》(1748)에서 이 같은 분석을 되풀이한다. "선택에 의한 선거는 귀족정치의 성격을 품고 있다."[1] 만일 이러한 이데올로기적인 해석을 따른다면, 오늘날 민주주의라고 부르는 것은 실제로 일종의 보통선거로 선출하는 귀족정치가 될 것이다. 즉 우리는 거의 대부분 부유하고 교육받은(부유하다는 것과 교육받았다는 것은 보통 뒤섞인다) 계급에서 뽑힌 '가장 훌륭한 소수(귀족)'를 정기적으로 선택하는 것이다. 그러므로 오늘날 민주주의는 시민들이 교대로 통치자가 되기도 하고 피통치자가 되기도 해야 하며, 대중의 '양식'이 더 높은 가치를 부여받고, 정치에서의 '훌륭한 결정'은 가르칠 수가 없다고 여기는 아테네 정신과는 거리가 매우 멀다.

만일 민주주의가 선거에 반대해 만들어졌다는 주장을 받아들인다면, 반대로 현재의 대의제가 민주주의에 반대해 만들어졌다고 말할 수 있을까? 프랑스 정치학자이자 교수인 베르나르 마냉은 그의 저서 《대의정부의 원칙*Principes du gouvernement representatif*》(1995) 첫 장에서부터 이렇게 확언한다. "현대 민주주의는 그 창설자들이 민주주의에 대립시킨 정부 형태에서 비롯되었다." 마냉의 설명에 따르면, 프랑스·미국·영국혁명을 일으킨 사람들은 인민이 스스로 통치하기보다는 엘리트에 의해 통치받는 제도를 구상했는데, 기본적으로 귀족적인 이 제도에 그리스인들의 직접민주주의와 상반되는 '간접민주주의'라는 이름이 나중에 붙여졌다. 아테네인들의 경우에 정치가 역량을 요구하는, 즉 전문가가 필요한 영역이 아니었던 반면, 혁명가들은 현대적 국가의 규모와 복합성, 혹은 시간과 인민들의 교육 부족을 언급하며 권력은 기술의 대상이며 하나의 계급이 그 역할에 헌신할 수 있다며 그들의 주장을 정당화했다. 그리고 이 대의제는 민주적 요소들을 그것의 기능에 서서히 통합해나가기도(베르나르 마냉은 '민주적 귀족정치'에 대해 말한다) 했지만 또한 인민을 권력으로부터 배제하는 수단으로 쓰이기도 했다. 미국 헌법을 만든 사람 중 한 명인 제임스 매디슨(1751~1836)은 "그들의 지혜로써 나라의 진정한 이익을 가장 잘 구분해낼 수 있는 선택된 시민 집단"인 부르주아지 대표단의 우수한 자질을 내세운다. 프랑스 혁명가이며 제1차 헌법의 바탕을 마련한 주요 인물 중 한 사람인 에마뉘엘 조제프 시어예스(1748~1836)는 1789년 9월 7일에 행한 연설에서 확실히 대표자와 시민 사이에 경계를 짓는다. "스스로를 대표자라고 부르는 시민들은 그들 자신이 법을 만드는 것을 포기하고, 또 포기해야만 한다. 그들은 다른 사람이 받아들이도록 강제할 특별한 의지를 가지고 있지 않다. 만일 그들이 의지를 강제한다면 프랑스는 더 이상 대의국가가 아니라 민주국가가 될 것이다. 다시 한번 말하건대, 민주국가가 아닌 나라(프랑스는 민주국가가 될 수 없을 것이다)의 인민은 오직 그들의 대표자를 통해서만 말하고 행동할 수 있다."

참여민주주의를 향한 논란들

1960년대 초가 되어서야 사람들은 엘리트 집단이 나라를 다스리는 것에 의문을 던지기 시작했고, 민주주의적 도구로서 선거의 독점성에 이의가 제기되었다. 1962년에 피에르 망데스 프랑스는 "참여민주주의를 실현하겠다"라는 생각을 가지고 "민주주의란 이따금씩 투표용지를 투표함 속에 넣고, 권력을 한 명이나 여러 명의 선량들에게 위임한 다음 5년 동안 무관심으로 일관하며 아무것도 하지 않고 침묵을 지키는 것이 아니"[2]라고 말했다. 그는 전통적인 제도 밖에서 각종 단체를 통해 집단적으로 참여할 필요성을 강조하면서, 프랑스에서 공산주의를 제외한 모든 좌파의 사조뿐만 아니라 미국에서도 다른 맥락에서 출현한 참여의 개념을 되풀이해서 말한다.

'참여민주주의'는 중복 표현인가? 참여민주주의를 옹호하는 사람들은 일반적으로 이 명칭을 '더 참여적인 민주주의'로 수정한다. 대표자들을 선출하고 나서 5년 동안 침묵하는 것으로는 충분하지 않다.

즉 대의제는 시민들의 적극적 참여를 전제로 하는 구조를 통해 풍요로워져야 한다. 그것은 심지어 '공급의 민주주의'에서 단순한 소비자–유권자가 아닌 시민들을 실제로 만들어낼 수 있는 수단, 즉 대중들로부터 정치적 공동체를 만들어낼 수 있는 방법이 될 것이다. 미국 정치학자 벤자민 바버(1939~2017)는 이러한 생각을 다음과 같이 요약했다. "대중들은 시끄럽게 떠들고, 시민들은 토론한다. 대중들은 처신하고, 시민들은 행동한다. 대중들은 서로 부딪치고 교차하며, 시민들은 참여하고 공유하고 기여한다."[3]

참여한다는 것, 그것은 말로는 그럴듯하지만, 사실은 '주술적 사고'인 것은 아닐까? 참여가 모든 것이 전처럼 계속되도록 하기 위한 겉치레가 될 위험은 없을까? 혹은 그 반대로 사회의 미립자화를 강화하고, 포퓰리즘을 유지하며, 협동 작업이 일반화되도록 할 위험은 없는 것일까? 이러한 추상화 수준에서 민주주의의 참여 형태를 규정하는 것은 매우 중요해 보인다. 지난 수십 년 동안 이 토론은 이따금 서로 교차하기도 하는 세 개의 축, 즉 민주주의를 지역에 재주입하는 것, 새로운 정보통신기술이 제공하는 기회를 포착하는 것, 고대인들의 제도, 특히 추첨이라는 제도를 연구하는 것을 중심으로 이루어졌다.

도시계획으로 실현하는
지역민주주의

역사적으로 볼 때, 도시계획 문제와 관련해 시민들의 적극적인 참여 욕구가 가장 먼저 표현된 것은 주로 지역, 나아가서는 소小지역 수준에서다. 1962년 미국의 도시계획 전공 교수인 폴 다비도프는 옹호적 도시계획 이론을 만들어낸다.[4] 그에 따르면, 단 하나의 건축회사가 설계하는 도시계획에 대한 수직적 접근은 대면하는 여러 사회집단의 이해관계를 고려하지 않으며, 최빈곤층에 대해서는 완전히 불평등한 방식으로 드러날 수 있다. 실제로, 옹호적 도시계획은 가장 빈곤한 집단의 이익을 보호하는 데 필요한 자원과 정보, 전문적 능력, 수단을 그들에게 제공함으로써 그들이 참여할 수 있는 방법론을 만들어낸다. 흔히 이 개념은 1960년대에 미국에서 대중화된 용어인 '권한 부여empowerment'의 개념과 뒤섞여서 쓰인다.[5] 아이디어는 유사하다. 진정한 정치적 참여자가 되기 위해서 시민들은 행동하는 힘을 부여받아야만 하고, 특히 사회적으로나 심리적으로 수동성의 형태 속에 갇혀 있는 가장 빈곤한 시민들은 참여 의식과 욕구를 발전시켜야만 한다는 것이다. 미국에서 크게 발전한 '권한 부여'의 더욱 혁신적인 형태는 지역사회를 조직하는 것이다. 미국의 사회학자 솔 앨린스키(1909~1972)가 1940년대에 만들어낸 이 용어는 "사람들이 실질적인 이득을 얻음으로써 최빈곤층에 혜택이 돌아가도록 하기 위해 자발적으로 모이게 만드는" 과정을 가리킨다.[6]

이 이론들은 유럽에서의 '도시 투쟁'에 크게 영향을 미쳤고, 시민에 의해 부분적으로 정의된 '참여적 도시계획'에 대한 서로 다른 접근법을 더욱더 발전시켰다. 이 참여적 도시계획은 1980년대 초 베를린의 크로이츠베르크와 구舊동베를린의 마르잔 대규모 집단주택단지 등 최초로 '생태적'이며 지속 가능한 지구를 탄생시켰다. 프랑스에서도 1970년대 초 루베라는 도시의 노동자 지구 알마가레에서 서민지구 도시계획APU이 추진되었다. 거의 10여 년에 걸쳐 활동가, 주민, 건축가, 사회학자 들이 매주 수요일에 모여 지역 민주주의에 참여하고 활동한 결과, APU가 발전시킨 대안적 도시계획 개요를 바탕으로 한 루베의 통합적 도시계획안이 1978년에 채택되었다. 이 APU는 정당과 무관하며, 시민들의 참여로 도시를 관리하는 방식을 옹호하는 협회들이 포함된 도시활동집단GAM과 짝을 이룬다. 최초의 GAM은 1960년대 중반 그르노블에서 엔지니어인 위베르 두베두(1922~1986)에 의해 발족되었는데, 그는 "민주주의에 다시 인간적인 얼굴과 활기찬 내용, 지속적인 표현을 부여하는 기회가 될 새로운 프로젝트"[7]를 추진하겠다는 슬로건을 내세워 단숨에 이 도시의 시장이 되었다. 이 GAM은 의원들이 시민들에게 직접 대답하는 앵글로색슨 세계의 전통적 공공집회인 시공회당 회의를 연상시킨다. 직접민주주의의 형태에 가까운 이 지역적 관점은 스페인에서도 명확하게 구현되었다. '복종하지 않는다'라고 알려진 많은 시市들이 '분노한 이들Indignados' 운동과 '우리는 할 수 있다Podemos' 운동을 뒤좇아 시민들에게 행동하는 힘을 다시 부여하려 한다.[8] 예를 들어, 2015년 5월 선거 때 시민 플랫폼인 '지금 마드리드Ahora Madrid'는 시민의 법안발의권과 직접민주주의 절차를 추진하겠다는 공약으로 시장에 당선되었다. 이러한 요소는 직접민주주의와 사이버민주주의를 추진하는 이탈리아 정당인 '오성운동'에도 존재했으며, 이 정당은 2016년 시의회 선거에서 로마와 토리노 시장을 배출했다.

여전히 지역 수준이지만 주민참여예산제도는 뒤늦게나마 많은 사람에게 알려졌다. 주민참여예산제도란 시읍면이 가지고 있는 재정적 수단의 일부를 하나 혹은 여러 작업에 할당할 수 있는 권한을 주민들에게 양도하는 것을 말한다. 이를 실행하는 과정은 매우 복잡하다. 시읍면은 일반적으로 가지고 있는 권한을 주민에게 완전히 이양하지는 않으며, 여러 가지 프로젝트를 수립하는 과정에서 전문가들과 의원들을 정기적으로 동원하기 때문이다.

포르투알레그리의 경험은 주민참여예산제도를 널리 알리는 계기가 되었다. 1980년대 말, 브라질이 독재체제에서 벗어나 민주화되면서 포르투알레그리의 주민협회연합 내에 구역 협회들이 조직되었다. 이 연합은 그 직전에 시의회 선거에서 승리를 거둔 노동당의 지원을 받았으며, 그 이전 시의회의 부패와 포퓰리즘 전술을 근절시키기 위해 주민에게 의지했다. 포르투알레그리 17개 지역의 주민들은 이 백지 위임장을 가지고 해마다 모였고, 그들과 관련된 우선 조처들을 결정하기 위해 총회에 참석했으며, 각 프로젝트의 고문들을 선출했다. 1989년, 주민참여예산제도가 시작되었다. 첫해에 수백 명의 주민이 여기에 참여했다. 이 제도에 참여한 주민 수는 2001년에 1만 8000명 이상으로 늘어났고, 그 이후로 참여예산은 전

유럽에 전파되어 프랑스와 벨기에, 포르투갈, 스페인, 독일, 핀란드의 대도시에 자리를 잡았다.[9] 2017년, 파리에서 이 예산 금액은 시투자 예산의 5퍼센트를 차지하는 1억 유로에 달했으며, 219개 작업에 재정이 지원되었고 주민 15만 9000명이 참여했다. 예로 '서민지구에 일자리를 찾는 청년과 대학생을 위한 작업공간 만들기' 프로젝트에는 230만 유로 규모의 재정지원이 이루어졌다. 그럼에도 불구하고 이 제도의 몇몇 전문가들은 본래의 구상이 변질되는 것은 아닐까 불안해한다. 라틴아메리카에서 이 제도는 주로 최빈곤층 주민들이 그들과 관련된 위생과 주택, 공공서비스의 문제에 대응하도록 하기 위해 이들에게 권한을 주려는 목적에서 마련되었다. "유럽에서의 시민 참여는 주민들을 위해 극히 적은 금액의 '포괄예산'을 책정해 흔히 소지역에 투자하는 수준에서 이루어진다."[10]

시민 기술의 비약적 발전

민주주의의 문제점을 제기하고 그것을 다시 구체적으로 재정립하게 만드는 두 번째 축은 새로운 정보통신 기술이다. 이따금 조금 성급하게 '시민 기술(민주적 생활의 개선을 목표로 하는 기술적 혁신)'이라고 불리기도 하는 이러한 변화는, 시민들이 디지털 네트워크를 가능하게 하는 기술혁신과 탈脫중개화 덕분에 더욱더 직접적이고 지속적으로 행동할 수 있다는 생각을 옹호한다. 여기서 종종 뒤섞이기도 하는 여러 가지 접근법을 구분할 수 있다. 첫 번째 접근법은 아래로부터 유래하며 시민들에게 (청원을 하거나 법안을 제의하도록 하는 수단을 시행할 때처럼)정치 게임을 장악하라고 요구한다. 더욱 수평적인 두 번째 접근법은 새로운 의견을 교환하고 회의에 참여할 수 있는 수단을 마련함으로써 동원된 시민들에게 스스로를 조직할 수 있는 능력을 부여하고자 한다. 마지막 접근법은 상명하달식으로, 공권력에 의지한다. 이때 공권력은 시민들에게 특정 법안에 대한 수정안을 제안하도록 함으로써 그 프로젝트에 기여하게 한다.

2017년 프랑스에서 치러진 대통령 선거와 국회의원 선거 때, 전통적인 절차를 건너뛰고 후보자들을 곧바로 소개하기 위한 디지털 플랫폼이 여러 개 설치되었다. 전 세계의 몇몇 조직들은 서명이 정해진 숫자를 넘어서면 의회에 안건을 상정하게 하고, 나아가서는 국민투표를 실시할 수 있게 해주는, 청원으로 실현되는 발의 제도를 도입하였다.

2012년 핀란드에서는 '오픈 미니스트리' 플랫폼이 생겼다. 이 플랫폼은 6개월 안에 서명이 5만 명을 넘어설 경우 의회에 회부할 수 있도록 허용하는 절차를 지원한다. 이 플랫폼은 법안 발의에서 토의와 건의, 수정을 거쳐 서명 모집에 이르기까지 일련의 절차를 용이하게 해준다.

2000년대에 생겨나서 주로 유럽에서 확산된 해적당은 이 같은 운동을 상징한다. 이 국제적인 정당은 디지털 도구로 가능해진 유동liquide민주주의, 혹은 위임민주주의가 뿌리내릴 수 있도록 투쟁한다. 중심 개념은 대표하는 자들을 '위임받은 자들'로 교체하는 것이다. 일반적으로 각 시민은 주제 전체에 대해, 혹은 명확한 몇몇 주제에 대해 직접 투표를 하거나, 아니면 자신의 투표권을 그가 가진 능력이나 이념 때문에 선택된 어떤 사람에게 위임할 수 있다. 예를 들어 나는 모든 환경문제에 대한 투표권을 그린피스에서 활동하는 친구에게 위임할 수 있을 뿐만 아니라 디지털적인 것과 연관된 경제문제에 대해서는 기업가 친구에게 투표권을 위임할 수도 있다. 이 제도는 자신의 투표권을 위임한 시민이 언제든지 그것을 회수하거나 양도할 수 있기 때문에 더욱 유동적이다. 집단들이 더 수월하게 자기조직화 할 수 있도록 도와주는 많은 도구들이 나타났다. 예를 들어 루미오 프로그램은 2012년의 '월가를 점령하라' 운동에 뒤이어 출현했다. 이 프로그램 덕분에 이용자들은 의논하고 토론할 수 있을 뿐만 아니라, 토론의 장 바깥에서 투표에 부칠 생각을 제안할 수 있게 되었다. 즉 찬성표를 던지거나 반대표를 던질 수 있으며, 거부권을 행사하거나 기권할 수 있다. 또한 소집 장소와 시간을 제안할 수도 있고, 혹은 어떤 행동을 우선적으로 해야 할지 정할 수도 있다. 각 개인은 여러 가지 선택지 중에서 선택 가능한 항목을 상당히 많이 가지고 있다. 스페인에서는 시민 2만 7000명이 동원된 시민과 포데모스를 연결하기 위해 루미오 프로그램을 사용했다.[11]

마지막 접근법은 필요할 때마다 시민들의 직접 참여를 요청하는 것이다. 예를 들어 의회나 정부는 플랫폼에서 법안을 토의 안건에 붙일 수 있고, 심지어 시민들이 법안을 함께 작성하게 할 수도 있다(일반적으로는 최종 단계에서 개입하도록 함으로써). 프랑스에서는 2015년에 이 같은 '상의하달'식 접근법이 적용되었다. 예를 들어 '디지털 공화국을 위하여' 법안은 이를 위해 마련된 플랫폼에서 토론에 부쳐졌고, 2만 1000명에 달하는 참여자가 1400건이 넘는 수정안을 제안했다. 하지만 이 수정안 중 많은 숫자가 의회에 제출되는 최종 단계에서 폐기되었다. 그로 인해 민주적 세탁이라는 어두운 그림자가 드리워지게 되었다. (항상 높은 곳에서 통제하는 과정을 방해하는) 작위적인 공동 건설 메커니즘에 의해 시민들이 도구화된 것이다. 이 방식에 제기되는 많은 비판 가운데 하나는 이러하다. '하려는' 의지만 강하다면 민주주의의 쇄신이라는 목표나 그렇게 하기 위한 수단에 대해서는 덜 '생각해도' 되지 않을까? 그런데 이것이야말로 정치적·사회적 힘의 형성과 발전을 단순화하는 관점은 아닐까? 계속해서 투표를 하는 것이 실현 가능한 일일까? 많은 대표자들을 연결시키는 위임은 과연 좋은 것일까? 우리는 프로젝트와 비전을 포기하고 그때그때마다 투표를 함으로써 민주주의를 개인주의적이고 인기영합주의적인 전망에 가두어야 하는 것일까?

시민들에게 권력을 부여하는 추첨 제도

추첨은 민주주의의 재정립이라는 관점에서 볼 때 분명히 가장 독창적이고 혁신적인 제안이다. 위에서 본 것처럼 추첨은 선거를 통해 구체화되는 귀족정치의 원칙과는 대조적으로 민주주의 원칙의 본

질을 이룬다. 고대 그리스에서 입법 체계의 주춧돌이었던 불레Boule
는 원하는 시민들 가운데서 추첨으로 선정했는데, 이것이 바로 호
불로메노ho boulomeno, 즉 '원하는 사람'의 원칙이다. 시민 법정인 엘
리에Heliee 역시 추첨을 통해 뽑힌 시민들로 구성되었다. 아테네 시
민의 거의 70퍼센트가 일생에 최소한 한 번은 불레 의장으로 선출
되었고, 그보다 훨씬 더 자주 불레 의장의 뜻을 따랐다. 아테네인들
에게 추첨은 인민들에게 권력을 부여하는 유일한 수단이었다. 정치
가인 페리클레스(B.C. 495?~429)는 정치에 적극적으로 참여하지 않
는 아테네인은 '무익한 시민'이라고 생각했다. 그러나 과연 무능한
시민은 없을까? 그리스 사상가 프로타고라스(B.C.485?~410)는 도시
국가의 일에 관한 토론은 터득되지 않는다고 대답한다. 다른 시민
들보다 더 현명하고 교양 있는 시민들은 어떨까? 아테네의 정치가
인 클레온(B.C. ?~422)은 변덕스럽고 까다로운 성격보다는 '현명한
절제와 결합된 무지'가, '경쟁심'보다는 '상식'이 더 낫다고 반박한
다.[12] 이 같은 관점에서 보면 민주주의는 추첨 없이 실현될 수 없다.
하지만 추첨만으로는 민주주의를 실현하는 데 충분하지 않다. 중세
에는 여러 개의 정치공동체가 추첨 기술을 사용했는데, 그중에서
13세기 말부터 이루어진 베니스의 총독 선출과 15세기 중반부터 아
라곤 연합왕국에서 이루어진 추첨 구슬 넣기가 가장 유명하다. 첫
번째 경우에 추첨은 베니스 귀족 가문들 간의 경쟁과 그들의 권력
쟁취가 평화롭게 이루어지도록 하는 데에만 소용이 있었다. 두 번
째 경우에 왕권은 여러 사회집단 간의 갈등을 중재하고 사회적 평
화를 얻기 위해서 추첨을 이용했다. 그러므로 두 경우에 추첨은 도

시국가에 의한 도시국가의 자발적 통치 형태가 아니다. 오직 추첨이 전체 시민을 대상으로 이루어지고, 시민권이 폭넓게 주어지며, 이렇게 부여된 권력이 커질 때에만 민주주의가 싹을 틔울 수 있다.

추첨 제도는 오랫동안의 부재(예외적으로 많은 서양국가의 중죄 재판에서 시민배심원제도는 계속 유지되었다) 이후에 1970년대부터 서서히 다시 도입되고 논의되었다. 전 세계에서 최근에 이루어진 실험은 시민의 주권을 직접적으로 표현하는 이 새로운 방식을 전통과 혁신 사이에서 찾으려고 했다. 예컨대 추첨으로 뽑힌 시민 심사단이 도시계획에서부터 사회적·생태적·생명윤리적 주제와 관련해 여러 사회집단을 동원하는 복잡한 문제에 답변하겠다는 목표를 정하는 것이다. 2004년 말 캐나다의 브리티시컬럼비아주에서 추첨으로 뽑힌 시민의회는 선거의 투표 방식과 관련한 개정안을 의회에 보내고, 수정 없이 국민투표에 부치도록 했다. 2년 뒤에 온타리오주도 같은 시도를 했다. 추첨이 진정한 반향을 불러일으킨 것은 아이슬란드에서였다. 2008년의 서브프라임 모기지 사태로 심각한 타격을 입은 아이슬란드 국민들은 이 같은 상황에 책임이 있다고 판단되는 기존 여당을 축출하자마자 자신들의 상황에 대해 전면적으로 성찰하기 시작했다. 추첨으로 뽑힌 의회가 헌법 개정에 대한 준비 작업을 함으로써 절차를 밟기 시작했고, 아이슬란드인들이 선출한 헌법제정의회가 그 뒤를 이었다. 일부 국민이 토론이 활발하게 벌어지는 협업 플랫폼에 적극적으로 참여했던 이 절차는, 그 후에 들어선 의회에 의해 무기한 중단되었다. 이렇게 새로운 헌법의 법적 유효성을 인정했던 2012년의 국민투표 결과는 무시되었다.

또 다른 실험은 토론을 통한 여론조사다. 전통적인 여론조사는 이런저런 주제에 대해 대표 패널의 의견을 묻는 것으로 만족하는 반면, 토론에 의한 여론조사는 식견을 갖춘 의견을 묻는 데 적합하다. 토론식 여론조사를 고안해낸 스탠포드대학교 교수 제임스 피시킨은 이 여론조사를 다음과 같이 요약한다. "유권자를 대표하는 전국 표본을 추출한 다음 전국 각지에서 온 이 사람들을 한 장소에 모은다. 세밀하게 균형을 맞춘 정보 매체와 소그룹으로 나누어서 하는 집중 토론, 서로 다른 의견을 가진 정치 전문가와 책임자들의 이야기를 들어볼 수 있는 가능성과 함께 이 추출 표본을 문제시되는 주제에 대입해보라. 서로 얼굴을 마주 보고 며칠 동안 일을 하고 난 다음 참여자들을 아주 꼼꼼하게 조사한다. 그 결과를 통해 국민들의 식견 있는 판단이 무엇인지를 알 수 있다."[13] 결국 중요한 것은 어떤 특별한 주제에 대해 대중의 생각을 살피는 것이 아니라 시민들의 생각을 살피는 것이다. 토론을 통한 여론조사의 한 예로, 2001년에 오스트레일리아에서 추첨으로 뽑힌 시민 344명을 대상으로 실시한 원주민과 비원주민의 화해 문제가 있다. 처음에는 시민들의 30퍼센트만 두 집단 간 화해가 중요한 목표라고 생각했지만 최종적으로는 60퍼센트가 같은 생각을 가지게 됐으며, 원주민들이 겪는 불평등을 명확히 지각하는 사람들의 비율도 51퍼센트에서 80퍼센트로 늘어났다.

마지막 실험은 시민 회의다. 시민 회의는 특별히 기술적이거나 과학적인 범주의 질문에 대답하는 것을 목표로 한다. 즉 시민들을 추첨으로 뽑아 모은 후, 그들에게 쟁점을 알려주고 토론하게 한다.

그런 다음 그들이 전문가들을 선택하여 질문을 던지고 보고서를 작성하게 하는 것이다.

시민의회, 토의를 통한 여론조사, 시민배심원, 시민 회의 등, 여러 가지 실험이 이루어졌다. 그런데 이 실험들을 통해 어떤 정치적 결과를 기대하는 것일까? 첫 번째로 이 실험들에서 정당의 논리나 인기영합적 논리에 이의를 제기하는 수단을 발견할 수 있다. 즉 추첨으로 뽑힌 시민은 어떤 결정을 내릴 때 이 결정이 자신의 재선출이나 직업적 인맥에 미칠 영향에 대해 걱정하지 않아도 된다. 그때 추첨은 더 이상 의원들의 개인적 야망과 연관되지 않는 '자율 통치'의 수단이 되어, 추첨 제도가 없었다면 아마도 이 같은 책임에 접근하지 못할 일반인들에게 '통치' 수단을 제공해준다. 이렇게 해서 결정은 더 대표적이거나 사회의 현실에 더 충실한 집단에 의해 내려진다. 이것은 또한 시민배심원단이나 시민 회의에서 때로는 지나치게 복잡하다고 판단되거나 혹은 감정을 폭발시킬 수 있는 명확한 문제에 관한(특히 사회적이거나 생명윤리적인 주제에 관한) 갈등을 더 평화롭게 해결할 수 있는 수단이기도 하다. 토론을 통한 여론조사의 경우, 추첨으로 뽑힌 집단에서뿐만 아니라 사회 전체에서도(만일 사회가 토론을 들을 수 있다면) 식견 있는 여론이 형성됨으로써 동향을 살피는 것으로 만족하는 여론 민주주의에서 벗어날 수 있다. 마지막으로 정식으로 내세워지는 논거는, 추첨이 일상생활의 현실로부터 너무 멀리 떨어져 있는 엘리트 계층보다는 보통사람들이 더 많이 알고 있는 일반적이며 관습적인 지식(때로는 대중의 '상식'을 덧붙이는 지식)

을 전수하는 수단이라는 것이다.

또한 추첨은 그것의 원칙 자체 혹은 그것의 실행 방법에 대한 많은 비판에 맞서야 한다. 추첨으로 뽑힌 시민은 우연에 의해 그렇게 된 것에 불과하므로 무책임한 태도를 보일 수도 있고, 혹은 이 장치를 안에서부터 무너뜨릴 수도 있다. (최소한 선거로써)선출되었으므로 자신의 결정에 책임을 지는 의원과는 다르다. 추첨은 선거인 명부상에서 이루어져야 할까, 아니면 단지 그것을 원하는 사람들 사이에서 이루어져야 할까? 그것은 의무적이어야 할까, 아니면 선택적이어야 할까? 보수를 받아야 할까, 아니면 보상을 받아야 할까? 만일 규칙을 지키지 않으면 처벌을 받게 될까? 또 제기되는 질문 하나는 독자성에 관한 것이다. 만일 선험적으로 이해관계로 인한 갈등이 일어나지 않는다고 가정한다면, 시민들은 압력단체들의 매우 교묘한 로비에 전문가들보다 더 쉽게 영향을 받을까? 이 경우에 토론은 공개적으로 이루어져야 할까, 아니면 비공개적으로 이루어져야 할까? '숨겨진 선거납입금'[14]은 없을까? 또한 사회 계급의 위계가 추첨으로 뽑힌 집단 내에서 다시 생겨나서, 빈곤한 사람들은 발언을 하거나 자기 의견을 개진하는 것을 주저하는 상황이 있을 수 있다. 그럴 경우 각자의 의견은 '식견을 갖춘' 합의로 나아가지 못하고 오늘날 사회연결망에서 볼 수 있듯 한층 더 양극화될 위험도 있다.

다른 비판은 급진적인 집단에서 나온다. 추첨으로 뽑힌 시민 집단은 진정으로 독립적이고 민주적으로 유용할까? 결국, 만일 시민들이 회의나 집회에서 배심원들을 추첨으로 뽑아 집결시키겠다는 결정을 스스로 할 수 없다면, '언제'와 '무엇'이라는 선택은 추첨을 부차적인 문제들만으로 제한할 수 있는 공권력의 재량에 맡겨진다. 우리는 또한 그것이 지나치게 비정치적인 접근법이어서 정당이나 사회운동 단체들의 권위를 떨어뜨린다고 생각할 수도 있다. 정당이나 사회운동 단체들은 비전과 프로젝트, 이념을 만들어내고 대중의 연합을 만든다고 여겨지지만, 추첨은 몇 가지 조치에 대해 소비자 시민들을 집결시키는 세분화된 접근으로 보일 수 있다.

혼합 민주주의를 향한 길 위에서

이 민주주의의 '재건'이 취해야 하는 방식에 관한 토론은 열려 있다. 점점 많은 수의 활동가들과 사상가들이 여러 가지 메커니즘의 '교배'를 지향한다. 국가의 대표는 여러 사회 집단에 대해 더 투쟁적이고 포괄적인 지역 민주주의와 공존할 수도 있고, 디지털 네트워크와 플랫폼을 통해 시민들의 참여를 독려할 수도 있고, 추첨으로 뽑혀 토론을 벌이게 될 소수의 시민을 소집할 수도 있고, 혹은 추첨으로 진정한 "제3의 방"을 마련할 수도 있을 것이다. 일부 지식인들은 이 같은 민주주의의 재정립이 생태계를 보호해야 할 절대적 필요성[15]과 생명윤리의 쟁점[16], 혹은 기술혁신을 제어할 필요성[17]에 야심 찬 해답을 내놓을 수 있는 기회라고 여기기까지 한다.

아테네인들은 어떤 정치체제에서 살았는가?

기원전 7세기에서 6세기 사이에 솔론과 클레이스테네스는 고대 민주주의의 토대를 건설했다. 이 제도는 시민들(도시국가의 주민들)이 중재나 대표 없이 직접 권력을 행사하기 때문에 보통 '직접민주주의'라고 불린다. 여러 수단이 인민이 권력을 행사하는 것을 가능하게 했다. 인민의회인 민회民會는 모든 시민들(아테네인 아버지에게서 태어난 18세 이상의 자유인)에게 열려 있었고, 이 도시국가에서 일어난 사건에 대해 '이세고리아', 즉 평등하게 말하기의 원칙에 따라 판결을 내리기 위해 정기적으로 모였다. 이 회기 때 논의되는 법안은 후보로 나서는 사람들 가운데서 추첨으로 선출되고, 500명으로 구성되는 의회인 불레를 통해 매년 새로 준비되었다. 또한 해마다 시민 6000명이 추첨으로 뽑혀 시민 법정인 엘리에를 구성했다. 이렇게 해서 일반 시민들은 그 어떤 선택이나 투표도 이루어지지 않은 상태에서 아테네 인민들의 주요한 입법적·사법적 요소 속에 존재하게 된다. 그렇지만 이 말은 어느 정도 완화될 필요가 있다. 즉 아테네는 직접민주주의의 요소와 대의민주주의의 요소를 동시에 그 내부에 받아들이는 '혼합 체제'라는 것이다. 이 도시국가의 모든 중요한 행정관직(전략가, 즉 사령관, 서기, 건축가, 혹은 재정 관리인)은 가장 능력 있는 사람들이 그들의 동료들 가운데서 선출되어야 한다는 원칙을 따르는 선거 절차로 배분되었다. 따라서 우리는 그리스 체제를, 입법·사법권은 인민에 의해 직접적으로 행사된 반면 행정권은(비록 임기는 짧지만) 선출되었다고 단순화해서 말할 수 있다.

04

동물의 권리

오늘날 채식주의와 비거니즘(가죽과 달걀을 포함해 '동물 착취'로 인한 모든 생산물을 거부하는 행위)은 과거보다 덜 이상하게 느껴지는 듯하다. 고기를 먹는 것이 지구의 건강을 지키는 좋은 방법이 아니라는 사실은 폭넓게 받아들여진다. 돼지, 닭, 토끼 들에게 가혹 행위가 가해진다는 것을 증언하는 야만적인 비디오를 보며 느끼는 동정심이 이 같은 사실에 덧붙는다. 그러나 동물들도 권리를 가질 수 있다거나, 혹은 우리가 인간을 존중하듯 동물도 존중해야 한다는 생각은, 많은 독자들에게 위험하지는 않더라도 상당히 터무니없어 보일 것이다. 동물 착취에 대한 비난은 인간을 돼지나 돌고래의 수준으로 낮춤으로써 인간의 신성神性을 박탈하는 결과에 이르는 것은 아닐까? 동물권 옹호자들('비인간 동물들'의 권리를 옹호하는 활동가들)은 이 문제가 자기애적 상처를 감추고 있다고 생각한다. 즉 다윈이 인간과 동물의 동류성을 확립한 이후로 인간은 올라서 있던 받침대에서 굴러떨어지지 않기 위해 모든 종류의 알리바이를 만들어냈다는 것이다. 그때 그는 자기가 다른 동물들과 똑같은 동물이 아니라고 주장함으로써 기만적인 태도를 보이고, 입속에 스테이크 한 조각을 집어넣은 채 사람들이 개나 고양이에게 나쁜 짓을 한다고 분노하면서 도덕적 정신분열증에 걸려 있다는 사실을 증명해 보인다.[1] 이러한 태도는 '동물 해방'운동 활동가들이 육식과잉carnisme이라고 이름 붙인 것, 즉 프랑스나 이탈리아처럼 인간주의적 전통이 깊은 영향을 미친 나라에서 특히 강한 이념을 반영한다. 르네상스는 인간을 우주의 중심에 위치시킴으로써 자연에 묶여 있는 동물과 유일하게 문화를 만들 수 있는 능력을 가졌다고 여겨지는 인간 사이에 더 굳건한 장벽을 쌓아 올렸다. 종에 근거를 둔 자의적 차별을 비난하는 반反종차별주의자들은 이 같은 구분을 문제 삼는다.

동물의 상황에 기울이는 지대한 관심은 많은 의문을 불러일으킨다. 우리의 배려를 받을 만한 동물은 어떤 동물일까? '윤리적' 농가에서 생산한 고기를 구입하는 것은 허용할 만한 행동일까, 아니면 양털로 만든 옷을 입고 다니는 것을 거부할 정도가 되어야 할까? 굴을 먹거나 곤충을 죽이는 것은 어떨까? 우리가 더 이상 사육용 동물을 도살하지 않는다면 그들은 어떻게 될까? 이 같은 의문에 대답하기 위해서는 동물의 권리를 조직화하는 지적 영향에 관심을 가져야 한다. 나중에 보게 되겠지만, 공리주의적 접근법의 지지자들은 오스트레일리아 철학자 피터 싱어의 뒤를 이어 생명체들이 고통을 느낄 수 있는 능력에 근거를 둔 윤리 이론을 발달시켰다. 이 분석은 미국의 톰 리건(1938~2017)이 옹호하는 '권리 이론'에서 멀어진다. 이 첫 번째 차이에 두 번째 차이가 덧붙여진다. 더 급진적인 '동물학대철폐주의자'들은 노예제도와 동물 착취가 유사하다고 주장한다. 그들은 동물들을 가두었던 '우리'를 비우고자 한다. '동물복지주의자'들은 일반적으로 더 온건하고 더 점진적이다. 그들은 동물들의 고통을 줄이기 위해 사육과 도살 조건을 개선하려고 노력한다.

동물의 권리는 그것을 옹호하는 사람들 사이에 견해가 어떻게 다르건 간에 '동물을 윤리적으로 대하는 사람들PETA' 같은 단체 덕분에 공론장으로 들어오게 되었다. 1980년대 초에 미국에서 설립된 이 단체는 실험실에서 학대받는 원숭이들의 사진을 배포하면서 알려졌다. 다른 단체들도 이 같은 활동 방식을 택했다. 2008년에 프랑스에 설립된 L214가 이런 경우다. 그와 유사하게 동물행동학도 여러 가지 종들의 인지 활동이 복합적이라는 사실을 알려준다. 그러자 육류와 어류 소비를 비난하는 발언도 크게 늘어났다. 옛날에는 지엽적이거나 우스꽝스러운 것으로 여겨졌던 이 주제는 그 이후로 정치 프로그램에서 온전하게 한 자리를 차지하게 되었다. 그 과정을 살펴보자.

인간의 속성을 구분할 수 있는가

유럽인들은 인간이 그들 스스로 동물과 완전히 구분되는 고유의 자질을 가지고 있다는 생각에 깊은 영향을 받았다. 기독교에서 그 뿌리를 발견하는('모든 움직이는 것과 모든 산 것은 너희들의 먹을거리가 되리라', 〈창세기〉[2]) 이 개념은 동물을 영혼이 없는 기계로 만들어버린 데카르트 철학으로 공고해졌다.[3] 인간존재는 이렇게 해서 자연으로부터 빠져나와 문화에 접근할 수 있는 유일한 종인 것처럼 보인다. '동물 해방'운동에 대해 매우 비판적인 베스트셀러《생태학적 신질서《Le Nouvel Ordre ecologique》(1992)의 저자인 프랑스 철학자 뤽 페리는 "동물들은 문화가 아닌 습성과 생활 방식만을 가지고 있는" 반면 인간은 그가 "자유롭다"는 사실로 인해 역사를 만들 수 있는데 "그것은 개인의 역사(교육)이거나 종의 역사(정치)"라고 주장한다. 그는 결과적으로 동물과 인간이 "깊은 심연에 의해 분리되었다"[4]고 생각한다. 다른 저자들은 도덕심과 타인의 입장에서 생각할 수 있는 능력, 혹은 우리로 하여금 믿음을, 따라서 욕망을 가질 수 있도록 해주는 언어를 강조한다.

"무슨 말도 안 되는 소리!" 반종차별주의자들은 이렇게 소리친다. 그들은 인간존재 고유의 형이상학적 자질은 존재하지 않는다고 주장한다. 반종차별주의자들은 그들이 '신창조론'이라고 부르는 것을 비판하면서 만일 우리가 진화론을 받아들인다면 어떻게 인간이 나머지 동물의 세계와 다를 수 있겠느냐는 논리적 추론을 내세운다. 인간도 다른 동물들과 똑같은 물질로 이루어져 있다. 프랑스 생물학자 이브 크리스탱은 "인간의 뇌 속에는 특별히 인간만의 것이라고 할 수 있는 종류의 세포가 존재하지 않고, 유일하게 인간 종에만 고유한 영역도, 심지어는 특별한 유형의 신경회로망도 발견할 수 없다."[5]라고 말한다. 물론 인간 종은 어떤 한계를 통과하거나 매우 강력한 능력이 변이되었을 수 있지만, 동물권 옹호자들은 이 같은 가정이 과연 타당성을 가지고 있는지 의심한다.[6] 그들은 어떤 종이 다른 종보다 '더 진화했다'라고 판단하는 기준을 선택하는 것은 결국 인간이라고 말한다. 만일 인간이 우월하다고 주장하는 근거가 인간 뇌의 복합성이라고 치자. 그렇다면 인간보다 지능이 높은 화성인들은 당연히 지구인을 셀로판지로 싸서 판매할 권리가 있다고 추론해야 할 것이다.

심지어 일부 저자들은 인간이 동물보다 우월하다는 생각이 사육과 길들이기에 토대를 두고 있는 사회가 사람들이 동물권에 둔감해지도록 만들기 위한 선전의 일종이라는 견해를 제시하기까지 한다.[7] 동물권 옹호론자들은 이렇게 해서 인간성과 동물성의 경계선이 철학적·종교적 전통과 시대에 따라 변화되어왔다는 사실을 지적한다. 굳이 동물 세계와 전혀 다른 관계를 유지해온 아시아나 인도 문화에서 예를 가져오지 않더라도, 우리는 '육류를 삼가고 피가 흐르는 제물을 비도덕적이고 심지어는 경건하지 못하다고 판단했던'[8] 테오프라스토스와 엠페도클레스, 포르피리오스, 환생한 친구의 영혼을 먹게 될까봐 두려워 채식주의자가 된 피타고라스, 혹은 "어떤 동물과 다른 동물의 차이보다는 어떤 인간과 다른 인간의 차이가 더 크다"[9]고 주장한 몽테뉴도 인용할 수 있다.

우리가 알고 있는 동물권 운동은 19세기부터 시작되었다. 처음에 이 운동은 1824년 영국에서 사회개혁가들이 설립한 '동물들에 대한 가혹 행위를 방지하기 위한 왕립협회RSPCA' 같은 보호단체에 의해 이루어졌다. 그 당시에는 동물들에 대한 가혹 행위가 인간존재로 하여금 폭력에 익숙해지도록 한다는 것이 지배적인 생각이었다. 그것은 수십 년 전에 윌리엄 호가스(1697~1764)가 어릴 때 개를 괴롭히던 한 소년이 어른이 된 후 살인을 저질러 결국은 처형되어 해부되는 장면을 그린 네 점의 판화 작품 〈폭력의 네 단계〉(1751)에서 표현했던 두려움이다. 프랑스에서는 이 같은 사고방식이 1859년 "가축을 공개적으로 함부로 학대하는" 사람들을 처벌하는 그라몽 법으로 표현된다. 그러나 이 사고방식은 오늘날 동물권 옹호론자들이 가지고 있는 그것과는 매우 거리가 멀다. 왜냐하면 인간들이 동물들에 대해 의무를 가지고 있다는 생각에서 (동물들에 대한 가혹 행위는 인간들 간의 가혹 행위를 조장하기 때문에) '인간 동물들'은 '비인간 동물들'의 권리나 도덕적 지위를 존중해야 한다는 생각으로 옮겨가야 하는데, 이 일은 1970년대에나 이루어졌다.

반종차별주의의 탄생

실제로 1970년대에 옥스퍼드대학교의 채식주의 연구자와 학생들은 공장 사육과 동물실험을 비판하고 나섰다. 그들 중에는 장차 동물 윤리학 분야에서 명성을 떨치게 될 리처드 D. 라이더도 포함되어 있었다. 그는 1970년에 '종차별주의'라는 단어를 만들어냈고, 캠퍼스 내에서 유인물을 나눠주며 종차별주의를 이렇게 설명했다. "다윈 이후로 과학자들은 생물학적으로 인간과 다른 동물들 사이에 그 어떤 본질적 차이도 없다는 사실을 인정하고 있다. 그렇다면 우리는 왜 이렇게 인간과 동물을 도덕적으로 철저히 구분하는 것일까? 만일 모든 유기체가 오직 하나의 생물학적 연속체 위에 있다면 우리 역시 이 같은 연속체 위에 있어야 할 것이다."[10] 그러므로 반反종차별주의의 기저에는, 인간과 동물 간에 본질적인 차이가 있는 것이 아니라 그 연속성에서 정도의 차이가 있을 뿐이라는 생각이 깔려 있다. 물론 이 같은 관점은 1859년 다윈에 의해 개진되었지만, 그것으로부터 항상 도덕적 결과를 끌어내기는 어려울 것이다.

실제로, '인간 동물'과 '비인간 동물' 간에 본질의 차이가 없다면, 단지 인간이라는 이유로 그에게 몇 가지 특권을 부여하는 태도는 성차별주의나 인종차별주의와 유사하다. 프랑스에서 반종차별주의를 대중화시킨 저널리스트 에므리크 카롱은 이렇게 말한다. "우리는 이성의 검토를 거치지 않은 범주화에 근거해 일부 인간을 학대한다. 흑인들이나 아메리카 인디언들은 그들의 피부색 때문에 노예로 전락했고, 여성들은 그들이 여성이라는 이유로 남성들과 똑같은 권리를 갖지 못했으며, 이제 동물들은 그들이 '닭'이나 '돼지', 혹은 '담비' 종에 속한다는 이유로 학대받고 죽는다."[11] 반종차별주의는 어떤 종에 소속된다는 사실을 도덕적 배려의 조건으로 삼지 않는 것이다. 피터 싱어는 이러한 생각이 터무니없거나 충격적으로 느껴지는 것은, 우리가 항상 "실존적 의식의 충격 상태"[12]에 있기 때문이라고 한다. 과거의 도덕적 태도는 "우리의 생각과 행위 속에 너무 깊이 뿌리박고 있어서 단순히 우리가 우리 자신과 다른 동물들에 대해 가지고 있는 지식을 변화시켜서는 바뀌지 않는다."[13]

동물권 옹호론자들의 열의는 더 잘 이해된다. 왜냐하면 그것은 도덕적 위선과 무감각의 벽을 무너뜨리는 일이기 때문이다. 그렇지만 활동가들 중에서 아주 급진적인 인물로 간주되지는 않는 피터 싱어는 '동물 해방'을 옹호하면서 이따금 "노예제도가 정당한 것이라고 생각했던 사람들로 둘러싸여 있던 18세기 초 미국 남부"[14]에 와 있는 듯한 느낌을 받았다고 이야기한다. 다소 생경해 보일 수도 있는 이 같은 대조는 육류 산업체가 내세우는 논거와 노예제도 지지자들이 내세우는 논거의 비교에 그 근거를 두고 있다.[15] 즉 노예제는 뭘 먹거나 먹히는 행위처럼 '자연적'이라는 것, 노예제는 고기를 소비하는 행위처럼 '늘 존재했다는' 것, 우리가 키우지 않으면 동물들이 존재하지 않는 것처럼 노예도 주인이 없으면 존재하지 않을 거라는 것 등등.[16] '일반 대중'을 위한 생태학과는 반대로 동물권 옹호론자들은 멸종될 위기에 처한 종의 보호를 중심으로 활동하지는 않는다는 사실 또한 유의하기로 하자. 그들은 사자가 멸종될 위기에 처해 있기 때문에 보호하자는 것이 아니라, 이 사자가 고유의 정체성을 가지고 있으며 감수성을 갖추고 복합적인 정신생활을 하고 있기 때문에 보호하자고 주장한다.

동물행동학의 기여

반종차별주의는 동물행동학에 근거하고 있다. 이 분야는 1973년이 되어서야 카를 폰 프리슈(1886~1982)와 콘래드 로렌츠(1903~1989), 니콜라스 틴베르헌(1907~1988)이 노벨생리의학상을 받은 이후에 비로소 학문적으로 인정을 받게 되었기 때문에 비교적 새로운 학문이라고 할 수 있다. 오랫동안 동물을 그들의 자연환경 속에서보다 실험실에서 관찰했으며, 그들의 인식 능력을 인간들이 행한 실험의 결과를 근거로 판단했다. 쥐들은 실험실 안에서 그들이 얼마나 능숙하게 단추를 누르고 미로를 뚫고 지나가느냐에 따라 다른 강도로 자극을 받는다. 이 방법은 이미 1940년대부터 생물학자인 야코프 폰 우엑스퀼(1864~1944)의 '환세계環世界(Umwelt, 각 종에 고유한 환경)' 개념에 대해 깊이 생각한 동물행동학자들에 의해 비판받았다. 우엑스퀼은 모든 생물체가 자신에게 고유한 감각 세계를 가지고 있다고 주장했다. 그러므로 진드기의 세계는 인간의 세계가 아니고, 진드기의 '논리'는 인간의 논리와 같지 않다는 것이다. 인류학자들과 비슷하게 동물행동학자들은 자신의 눈앞에서 이루어지는 상호작용을 이해하기 위해 인간의 관점을 버려야만 한다. 실험실에서 나와 동물들을 그들의 자연환경 속에서 관찰하는 것이 더 바람직하다.

영국의 저명한 영장류학자 제인 구달은 이러한 관점으로 연구를 진행했다. 1960년, 이 젊은 여성 연구자는 침팬지들의 생활을 연구하기 위해 탄자니아의 곰베 국립공원에 도착했다. 그녀는 그곳에서 원숭이 한 마리가 잔가지 하나를 꺾더니 그걸 이용해서 흰개미를 잡는 모습을 보았다. 그녀는 나중에 이렇게 썼다. "나는 그때 내가 동물 행동 연구에서 매우 중요한 순간의 증인이 되었다는 것을 알고 있었다. 이 사실은 그 당시 오직 인간만이 도구를 사용할 수 있다고 규정했던 우리의 '인간 개념'을 뒤바꾸어놓았다."[17] 그녀의 연구에 힘입어 동물들의 능력을 보여주는 사례들이 대거 발견되었다. 물개는 삼단논법(A=B이고 B=C면 A=C다)을 이해하고, 쥐는 이따금 미친 듯이 웃으며, 박새는 복잡한 연락 체계를 가지고 있고, 침팬지는 거울에 비친 자기 모습을 알아보며, 비비류 원숭이는 감자 씻는 법을 배웠고, 어떤 숲에 사는 원숭이의 습관은 그 옆의 숲에 사는 원숭이와 습관과 같지 않다.[18] 요컨대 동물들은 이성과 의식, 사회성, 기억, 그리고 심지어는 문화도 가질 수 있다는 것이다. 한 생물학자는 "동물들에게 부족한 건 아무것도 없다!"라고 외쳤지만,[19] 어떤 동물 행동학자는 많은 철학자들이 진화는 "머리에서 멈추었다"라고 주장하는 것과 같이, 우리의 정신은 너무나 "독창적이어서 (그것이 인간 정신의 예외적인 지위를 확인하려는 것이 아니라면)그것을 다른 종들의 정신과 비교하는 것은 터무니없는 일로 여겨진다"[20]며 몹시 유감스러워한다.

피터 싱어의
공리주의

동물들이 우리의 관심과 배려를 받을 자격이 있다면, 어떻게 그들을 윤리 이론에 포함할 것인가? 이 질문에 대답하기 위해서는 옥스퍼드대학교 캠퍼스로 돌아가서 시민 불복종이라는 문제를 연구하고 있는 젊은 대학생 피터 싱어를 만나야 한다. 채식주의자가 된 그는 스물아홉 살 때 《동물 해방La liberation animale》이라는 책을 써서 출판했다. 물론 싱어가 동물의 문제에 관해 처음으로 관심을 가진 것은 아니지만(헨리 솔트라는 사람은 이미 1892년에 유사한 내용의 논문을 발표했다[21]), 《동물 해방》은 엄청난 반응을 불러일으키면서 공리주의를 동물 윤리학의 주요한 이론적 토대 중 하나로 만들었다.

공리주의는 19세기 영국 철학자 제러미 벤담(1748~1832)이 체계화한 사상이다. 칸트는 윤리학의 큰 흐름 중 하나인 의무론에 큰 영감을 불어넣은 것으로 소개된다. 공리주의는 도덕적 규범이나 의무가 선험적으로 존재해 어떤 행동이 그 자체로 선하거나 악할 수 있다는 생각을 경계하는데, 공리주의자에게 어떤 행동은 그것이 초래하는 결과에 따라 평가되어야 하기 때문이다. 만일 어떤 사이코패스가 자기가 뒤쫓고 있는 아이가 어디 숨어 있는지를 당신에게 물으면 어떻게 할 것인가? 거짓말은 도덕적으로 비난받는 행동이기 때문에 그에게 사실대로 말해주어야 할까? 아니면 거짓말을 해야 할까? 어떤 행동은 그것이 최대다수의 최대행복(공리주의자들에게는 기호의 만족이나 쾌락과 동일시되는)을 실현하는 것을 목표로 해야 좋은 행동이다. 따라서 공리주의는 매우 '수학적'인 도덕 사상이다. 왜냐하면 일체의 윤리적 선택은 계산을(예를 들면 고통과 쾌락의 계산) 전제로 하기 때문이다.[22]

싱어는 윤리학의 토대를 이루는 것은 고통이라는 사실을 뒷받침하기 위해 '주변적 경우'라고 이름 붙여진 사유 체험을 근본으로 삼는다. 즉 도덕적 권리를 합리성이라든가 자율, 자의식 같은 몇몇 특징을 소유하는 것으로 증명할 수 없는데, 이는 결국 지적장애인이나 어린아이들을 배제하는 결과를 낳게 되기 때문이다. 그러므로 고통을 느낄 수 있는 능력처럼 훨씬 더 최소한의 특징에 관심을 가져야 한다. 말하자면 싱어는 동물권 옹호론자들 사이에서 매우 잘 알려진 제러미 벤담의 책 페이지 하단의 주석 하나를 정리했을 뿐이다. 1789년에 벤담은 동물에 대해 이야기하면서 문제는 "그들이 추론을 할 수 있느냐?" 혹은 "말을 할 수 있느냐?"가 아니라 "고통을 느낄 수 있느냐?"라고 단언했다.[23]

그런데 동물이 고통스러워한다는 것을 어떻게 알 수 있을까? 결국 우리는 데카르트의 한 제자가 그랬던 것처럼 바퀴를 돌리면 삐걱거리듯 동물이 고함을 내지른다고 주장할 수 있을 것이다.[24] 피터 싱어는 최소한 두 개의 지표를 제시하는데, 존재 행동(통증의 원인에서 벗어나려는 동물의 시도인 몸 비틀기와 고함) 및 동물의 신경계와 우리의 신경계가 가지고 있는 유사성(우리가 같은 성분으로 이루어져 있다는 사실을 기억하라)이다. 싱어는 실제로 연구해보면 동물의 육체적 고통과 인간의 심리적 고통 간에는 차이가 없다고 주장한다. 동물은 고통스러워한다. 따라서 동물은 그들을 윤리의 범위에 위치시키는 '이익'(고통받지 않는 이익)을 가지고 있다. 인간들의 이익에 기울이는 것과 똑같은 관심을 그들의 이익에도 기울여야 한다. "두 존재의 실제적 차이를 근거로 그들의 욕구와 이익을 만족시키는 데 기울여야 하는 배려의 양에 어떤 차이를 둘"[25] 이유는 없다. 그렇다고 해서 이 배려의 평등이 취급의 평등으로 이어지는 것은 아니다. 남성들이 여성들과 똑같이 배려받을 권리를 가지고 있다는 이유로 남성들에게 낙태의 권리를 부여하는 것 역시 터무니없는 일이다. 싱어는 모든 것이 우리의 행동에 영향받는 존재들의 '특징'에 달려 있다고 주장한다. 아이들의 안락함에 대한 염려로 "그들에게 읽는 법을 가르치기"를 요구할 수 있지만, 돼지들의 안락함에 대한 염려는 "오직 그들을 충분한 먹을거리와 자유롭게 뛰어다닐 수 있는 공간이 있는 장소에서 다른 돼지들과 함께 있도록 내버려 두는 것 말고는 어떤 것도 전제하지 않을 수 있다."[26]

또한 이 배려의 평등은 한 인간의 삶이 어떤 동물의 삶과 똑같다는 것을 의미하는 것이 아니다. 이 오스트레일리아 철학자는 오직 고통만을 근거로 삼기보다는 기호의 충족을 그 바탕에 두고 공리주의적 계산을 한다. 풍요한 정신생활을 하는 존재는 "추상적으로 사고할 수 있고, 미래의 계획을 구상할 수 있으며, 복잡한 방식으로 소통할 수 있고,"[27] 특별한 삶을 살 수 있다. 따라서 인간존재의 삶은 어떤 돼지의 삶 이상이다. 싱어는 삶의 이익이 종의 경계에 한정되지 않기 때문에 이 같은 입장에는 종차별주의적인 요소가 전혀 없다고 말한다. "어떤 기준을 적용하더라도 그 삶이 몇몇 인간들보다 더 큰 가치를 가지게 될 몇몇 비인간 동물들이 분명히 존재할 것이다."[28] 이렇게 침팬지는 심각한 지적장애를 가진 어린아이보다 "더 높은 정도의 자의식과 관계를 유지할 수 있는 능력"[29]을 가질 수 있다. 이러한 유의 결론 때문에 몇몇 나라에서는 피터 싱어가 위험한 인물로 간주된다.

톰 리건의
권리 이론

동물권 운동의 또 다른 주요 흐름은 '권리 이론'이다. 즉 최소한 충분히 공들여 만들어진 정신생활을 하는 동물들은 인간들과 똑같이 여러 가지 권리를 갖는다는 것이다. 노스캘리포니아대학교 교수인 톰 리건은 1983년에《동물권의 옹호 *The Case for Animal Rights*》가 출판된 이후 이 운동의 주요 이론가 중 한 명이 되었다. 이 책은 피터 싱어의 책과 더불어 동물 윤리학의 주요 근거 중 하나로 여겨진다. 이 두 인물은 서로 가깝게 지냈지만, 그들의 접근 방법은 결국엔 분명하게 달라졌다.

리건은 의무론에 가까워지는 이론, 즉 보편적 의무에 근거를 둔 윤리학을 발전시켰다. 그에 따르면, 어떤 존재들은 우리로 하여금 그들을 경의를 갖고 대하도록, 즉 그들을 어떤 목적을 위한 수단으로 사용하지 못하도록 도덕적 의무를 지우는 내재적 가치를 가지고 있다. 그렇지만 '고전적' 의무론과는 다르게 리건은 "삶의 주체"로서 "믿음과 욕망, 지각, 기억, 그들 자신을 포함한 미래에 대한 감각, 쾌감과 고통 같은 감정들을 포함하는 감정생활, 기호 및 복지 등과 연관된 이익을 가지고 있는"[30] 동물까지 그 배려의 범위를 확대했다. 한 살이 넘은 포유동물들은 확실히 관련되지만, 리건은 다른 동물들도 "도덕적 환자"가, 즉 도덕적 평가를 통해 치료받는 존재가 될 수 있다는 사실을 배제하지 않았다. 리건의 제안은 싱어의 제안보다 더 제한적으로 보일 수 있다. 왜냐하면 감수성은 더 이상 윤리의 영역으로 들어갈 수 있는 충분한 기준이 아니기 때문이다. 리건의 제안은 또한 더 '까다롭다.' 왜냐하면 동물들은 "정중한 대우를 받을 권리"[31]를 가지고 있기 때문이다. 리건은 만일 그것이 최대다수의 행복을 증가시킨다면 소수를 희생시킬 수도 있는 공리주의의 '결집' 원칙을 비판한다.[32]

동물들에게 부여되는 권리는 대부분 부정의 형태로 정의된다. 죽임을 당하지 않을 권리, 신체를 절단당하지 않을 권리, 고문당하지 않을 권리, 갇혀 있지 않을 권리 등.《주폴리스*Zoopolis*》의 저자인 캐나다인 윌 킴리카와 수 도널드슨은 한 걸음 더 나아가 인간 공동체 내에서 유지되는 정치적 관계에 투사되는 긍정적 권리를 상상한다. 반려동물을 위한 시민권, 야생동물을 위한 주권, 그리고 길들지는 않았지만 인간과 같은 구역에서 살고 있는 '동역同域 동물'(예를 들면 비둘기나 박쥐)에 대한 주거권 등이다. 목적은 '다양한 종이 사는 사회'가 출현하도록 만드는 것이다. 실제로 이렇게 해서 동물들은 여러 제도에서 인간 대리인을 가지거나, 혹은 의학 치료에 더 잘 접근할 수 있게 될 것이다. 야생동물이 사는 장소의 파괴는 법규와는 반대로 그들의 주권을 침해하는 행위로 간주될 것이다. "합리적으로 성찰할 수는 없지만", "사회적 협동 규칙을 존중하며", "그들이 사회생활에 참여할 수 있도록 해주는 행위성"[33]을 가질 수 있기 때문에 시민의 자격을 갖는 지적장애인들을 위해 존재하는 권리에서 영감을 얻어야 한다. 네덜란드에서처럼 의회에서 의석을 획득한 동물권 옹호 정당들은 이 같은 제안을 할 수 있을 것이다.

동물복지주의 대 동물학대철폐주의

따라서 우리는 실용주의적이거나 의무론적인 관점에서 동물의 권리를 옹호할 수 있다.[34] '동물복지주의자'와 '동물학대철폐주의자'도 구분해야 한다. 동물복지주의자는 특히 동물의 고통을 줄여주려고 노력한다. 예를 들면, 그들은 알 낳는 닭의 닭장을 넓히는 등 동물복지를 개선하려는 모든 의지를 주저 없이 지지한다. 이 운동은 공리주의와 잘 어울린다. 더 급진적이라고 여겨지는 동물학대철폐주의자는 동물들의 자유를 빼앗는 것에 반대한다. 즉 동물들은 결코 인간들에게 봉사하는 수단이 되어서는 안 된다는 것이다.

'우리를 비우기' 위해 투쟁하는 톰 리건과 더불어 이 동물학대철폐주의의 주요 이론가는 미국의 개리 프란치오네다. 이 변호사는 1990년대 미국에서 처음으로 동물의 권리를 다루는 대학 학과를 개설했다. 그는 모든 '지각 능력(어떤 존재가 "경험을 하고, 통증, 쾌감, 고통을 주관적으로 느낄 수 있는 능력"[35]을 이렇게 지칭한다)을 가진' 존재들은 인간이든 비인간이든 다른 사람의 소유물로 취급되지 않을 기본 권리를 가지고 있다고 주장한다. 그런데 오늘날에는 동물을 법적 소유자를 가지고 있는 사물res propria로 간주하고 있다. 그래서 싱어처럼 프란치오네도 고통을 충분히 도덕적으로 간주할 수 있는 기준으로 만든다. 그러나 프란치오네는 어떤 존재들은 삶을 선호하지 않고 영원한 현재 속에서 살기 때문에 그들을 고통 없이 죽여도 괜찮다는 생각을 비난함으로써 자신을 싱어와 구분한다. 그가 볼 때 "지각 능력을 가진 존재들은 죽음에 영향받지 않는다"라고 말하는 것은 "조금 이상해" 보인다. 지각 능력이 "존재들이 그들의 생존을 위협하는 위험한 상황을 인식할 수 있도록 해주는 진화적 특징"이기 때문이다. 이 존재들이 살아 보았자 이익이 없다고 말하는 것은 곧 "눈을 가지고 있는 존재가 계속해서 무엇인가를 본다 한들 아무 이익이 없다고 말하는 것이나 마찬가지다."[36]

프란치오네는 노예제도와의 비교를 강조하면서 동물복지주의자를 격렬하게 비난한다. 그가 볼 때 동물복지주의자는 인간들 자신의 양심을 속임으로써 동물 착취를 영속화하고 있을 뿐이다. 그들은 불공정함을 개선하지 않는다. 속박을 완화하기 위해 동물학대철폐주의자와 싸우는 것 역시 터무니없다. 보다 최근에 동물학대철폐주의자는 농산물 가공 산업이 비거니즘 분야에 뛰어든 것을 비난하고 있다. 동물권 옹호 운동은 일반 대중을 상대로 정치적 투쟁보다는 개인의 소비 변화에 더 초점을 맞추면서 원래의 급진성을 잃어버렸다. 그렇다고 해도 몇몇 동물학대철폐주의자들은 '점진주의자'처럼 살고 있다. 그들은 동물 착취가 끝나기를 기다리며, 타협도 마다하지 않는다.

동물 윤리 이론의 다양한 결론

이 같은 접근법 간의 차이는 지엽적이지 않다. 우리가 채택한 윤리 이론에 따르면, 육류나 모피 산업, 어업, 동물에 대한 의학 실험, 짐승의 가축화, 사냥, 동물원이나 투우 경기 같은 오락을 대하는 방식은 접근법마다 서로 다를 것이다.

예를 들어, 피터 싱어는 동물들이 고통 없이 사육될 수 있다는 사실을 배제하지는 않지만, 산업사회에서 우리가 먹는 동물들이 고통 없이 사육되고 도축되었다는 사실을 확인하는 것은 불가능하다는 사실을 그대로 인정한다. 따라서 그의 채식주의는 실용적이다. 그는 자신을 '유연한 채식주의자'[37]로 규정하고, '야외에서 사육되는 닭의 산란'[38]에 반대하지 않는다. 게리 프란치오네는 훨씬 더 급진적인 입장을 취한다. 그는 비거니즘이 원칙의 문제라고 주장한다. 동물들이 제대로 취급받는 '윤리적' 농장을 구상하는 것은 불가능하다. 왜냐하면 그들은 여전히 상품처럼 사용되기 때문이다. 마찬가지로 동물학대철폐주의자는 일체의 동물실험을 거부하는 반면 공리주의자는 모든 형태의 동물실험에 반대하지는 않는다. 하지만 공리주의자는 극단적인 경우에만 실험을 해야 하고, 가능한 한 대체물을 이용해야 하며, 전혀 필요하지 않은 화장품을 테스트해서는 안 된다는 사실을 강조한다. 동물권 옹호론자들은 일반적으로 입을 모아 동물원과 투우 경기를 비난하고 또한 가축 문제에 대해서도 반대한다. 게리 프란치오네는 동물의 가축화를 반대한다. 그는 어떤 동물을 가족처럼 취급하고 이 동물에게 '시민권'의 형태를 부여한다는 생각은 이 동물이 식음과 관련해 "우리에게 의존하기"[39] 때문에 실현 가능하지 않다고 주장한다.

물고기나 식용 갑각류를 먹거나 곤충을 죽이는 것이 가능하냐는 문제 역시 끝없이 이어지는 논쟁의 대상이다. 물고기가 지각 능력을 가진 생물체라는 것은 동물권 옹호론자들 사이에서 널리 인정된 사실이다. 연구 결과에 따르면, 바닷가재 같은 식용 갑각류 역시 고통을 느낀다고 여겨진다. 톰 리건이 정의한 '삶의 주체'의 위치까지 올라서지 못한 것이 확실해 보이는 곤충의 경우에는 상황이 더 복잡하다. 한 공리주의자는 자기 팔에 내려앉는 모기가 고통을 느낄 수 없다고 생각해 별 망설임 없이 죽이곤 했다. 아마도 지금은 그러한 생각이 바뀌어가고 있는 듯하다. 피터 싱어는 곤충의 권리를 옹호하기 위해 캠페인에 나서는 것이 어쩌면 시의적절하지는 않을지 모르지만, 그렇다고 해서 길 위를 기어 다니는 바퀴벌레, 송충이, 개미를 밟지 않으려고 조심하며 걸어가는 자이나교 승려 앞에서 웃어서는 안 된다고 결론지었다.[40] 한편 게리 프란치오네는 "곤충들이 지각 가능한지 어떤지 모르기 때문에" "걸으면서 그들을 죽이거나 다치게 하지 않으려고 조심한다"[41]라고 말한다.

동물 보호를 위한
생태학적 논거

윤리학과 연관된 추론이 지지를 얻어내지 못할 경우, 동물권 옹호론자들은 생태학적 논거를 내세울 수도 있다. 피터 싱어는 만일 "당신이 채식주의자가 되는 것과 자동차 운전을 그만두는 것 중에서 선택해야 한다면, 당신은 자동차 타는 걸 포기할 때보다는 고기 먹는 걸 중단할 때 탄소발자국(온실효과를 유발하는 이산화탄소의 배출량)을 더 많이 줄일 수 있다는 사실을 알아야 한다"[42]고 주저 없이 말한다. 반종차별주의자들이 쓴 글에는 고기 소비를 줄이면 물과 에너지를 절약하고, 과일과 곡물, 채소 재배에 엄청난 면적의 농업용지를 돌려주어 전 세계의 식량 안전을 더 잘 보장할 수 있으리라는 사실을 보여주는 수치들이 수없이 등장한다. 2006년에 작성된 식량과 농업을 위한 유엔보고서FAO는 "목축은 가장 시급하게 해결해야 할 환경문제들, 즉 지구온난화와 토양 악화, 대기와 수질 오염, 그리고 생물다양성의 감소 같은 문제들을 야기하는 주요 원인 중 하나"[43]라고 단언했다. 미국 소설가 조너선 사프란 포어는 "공장식 목축으로 생산되는 동물성 제품을 정기적으로 소비하는 사람들은 이 단어를 그 의미로부터 완전히 분리시키지 않고는 자신을 생태론자라고 말할 수 없다"[44]라고 말했다.

이 논거는 세계의 기계화 및 미적 변형에 반대해 투쟁하는 생태학의 흐름을 상기킨다. 이 같은 입장은 산업적 거대함에 대한 비난을 수반하고, 거대한 시카고 도축장과 그것의 분업 체제(도살하는 사람, 피 뽑는 사람, 꼬리 자르는 사람, 뼈 발라내는 사람 등등)에서 영감을 얻어 자동차 생산 라인을 구축했다고 알려진 미국 기업가 헨리 포드의 예를 자주 언급한다.[45] 포어는 "군사기술이 어업에 그대로, 그리고 체계적으로 적용되었"으며, 유전과학은 더 생산적인 동물들을 만들어냈다고 쓴다.[46] 예를 들면 코린 펠뤼숑은 동물권 운동이 반생산성을 야기하는 발전 모델에 반대하는 투쟁의 일환이라고 주장한다.[47] 관련 서적과 인터넷 사이트, 활동가들의 전단지는 동물들이 사육될 때 어떻게 취급되는지를 상세히 다루는 내용으로 가득하다. 자기 꼬리를 먹는 돼지, 육식을 하는 암탉, 똥에서 흘러나오는 암모니아수에 화상을 입거나 혼비백산하는 가금, 달걀을 낳는 닭들의 체내 시간을 변경시키기 위한 꺼지지 않는 조명, 고기가 그럴듯한 색깔을 띠도록 철분 결핍 상태로 키우는 송아지 등, 산업사회의 특징인 노동 분업을 이유로 은폐된 이미지들은 얼마든지 많다.

윤리적 육류를
둘러싼 논쟁

비건들이나 채식주의자들만 사육 산업을 비난하는 것은 아니다. 가장 급진적인 사람들이 볼 때 궁극적으로는 육식주의의 변형에 불과한 '합리적 육류' 혹은 '윤리적 육류'의 움직임 또한 발전했다. 프랑스에서는 조슬린 포르셰르가 이 같은 접근법을 취한다. 이 사회학자는 동물 사육을 "산업자본주의의 가장 탐욕스럽고 해로운 자손"인 "동물 생산"과 구분해 옹호한다.[48] 그녀는 살짝 도발적인 어조로 '동물 해방'의 지지자들이 자신들도 모르는 사이에 기업가들의 이익을 옹호한다고 비판한다. 실제로 기업가들은 "오늘날 동물들의 도살과 가공이 안고 있는 어려움을 고려"해 "동물 없이 동물성 물질을 생산(예를 들면, 생체 외 육류 생산 방식)"하려는 생각을 가지고 있다.[49] 조슬린 포르셰르에 따르면, 동물들과의 동행을 포기하고 자연을 추월하겠다는 이 같은 생각은, 우리로 하여금 인류를 구성하는 주요한 요소 한 가지를 잃어버리게 만든다. 포르셰르는 '동물 착취'라는 표현이 동물과 사육자 간의 관계를 고려하지 않는다고 주장한다. 양을 치는 사람들은 양들을 노예로 만들지 않고 이들을 안심시키며, 심지어는 양들이 포식동물에 대한 두려움 없이 살아가도록 만들 수 있는 우호적 관계를 구축했다.[50] 따라서 중요한 것은 동물들을 해방시키는 것이 아니라 그들이 제대로 사육되는지, 그리고 그들이 "품위 있는 죽음"을 맞이하는지 확인하는 것이다.

비거니즘이 미디어와 활동가들을 통해 성공을 거둔 것은 사실이지만 이 운동에 대해서는 여전히 신랄한 비판이 쏟아지고 있다. 프랑스 철학자 프랑시스 볼프는 그가 "'해방'의 광기"라고 부르는 것을 기꺼이 비난한다. 그의 주장에 따르면, "동물 학대가 철폐되는 유토피아"는 "19세기와 20세기의 정치적·사회적인 해방의 꿈"을 물려받은 "급진주의의 동물화"인 동시에 "그 꿈이 희미해져간다는 징후"다. 가장 일반적인 비판은 인간과 동물의 근본적인 차이를 재확인하는 것을 넘어서 동물주의의 가정된 아포리아˟를 가리킨다.

1. 가장 인간중심주의적인 것은 동물주의자들이다. 왜냐하면 "인간을 탈동물화면서 다른 동물들의 운명을 걱정하기 때문"[51]이다.

2. "연속주의적" 논거는 타당하지 않다. "인간이 다른 동물들과 같은 동물이라는 사실을 과학이 증명한다면, 그것은 인간이 다른 동물들과 같은 동물이 아니어서다. 오직 인간만이 과학이라는 확실한 인식 도구를 가지고 있다."

3. 대부분의 종, 품종, 변종은 오직 인간과의 관계 덕분에 생존할 수 있다. 이들은 일단 "해방되면" "즉시 사형선고를 받지 않고는" 원시 상태로 돌아가서 노예로 살아갈 수 없을 것이다.[52]

4. "동물의 권리"는 어불성설이다. "만일 살아갈 수 있는 권리를 늑대에게 부여한다고 해도 새끼 양에게서는 그 권리를 빼앗아야 한다. 그리고 만일 새끼 양들이 권리를 가진다면, 늑대의 '먹어야 하는

˟ 논리적 궁지.

자연권'은 어떻게 할 것인가?"

5. 만일 권리 이론이 아닌 공리주의적 논거를 따른다고 해도 유사한 난관에 부딪치게 된다. 이 늑대가 새끼 양에게 해를 끼치지 못하도록 해야 하는 것이다![53]

반종차별주의에 대한 이 같은 고발은 때때로 나치즘과 유사한 반휴머니즘의 형태에 가까워진다(논란의 여지는 있지만, "히틀러도 채식주의자였어!"라는 말을 이따금 듣는다). 이 같은 비판의 완화된 형태는 수많은 인간존재들의 비참한 상황으로 볼 때 동물들을 돌보는 것보다 더 시급한 일이 있지 않겠느냐는 것이다. 이 비판에 대해 동물권 옹호론자는 하나를 한다고 해서 다른 것을 못하지는 않으며, 동물의 권리를 최초로 옹호한 사람들은 페미니스트(안나 킹스퍼드)나 노예제도 폐지론자(윌리엄 윌버포스) 들이었다고 대답한다. 또한 동물권의 옹호는 흔히 차별이나 심지어는 자본주의에 반대하는 더 폭넓은 투쟁과 연관되어 있다.[54]

동물주의 테러리즘은 존재하는가?

동물권 옹호와 관련된 폭력은 1960년대 영국에서 발생했다. 이와 관련하여 가장 잘 알려진 운동은 아마도 동물들을 해방시키고 동물을 착취하는 사람들이 손해를 보게 하는 것을 목적으로 하는 동물해방전선ALF이다. 다른 운동들은 물리적 폭력보다 더 멀리 나갔다. 예를 들면 1980년대 초에 설립된 동물권 민병대ARM는 동물실험을 하는 과학자들의 차량에 폭탄을 설치했다(별다른 피해는 없었다). 마지막으로 1991년에 출간된《선전포고: 동물과 환경을 보호하기 위한 살인*A Declaration of War: Killing People to Save Animals and the Environment*》를 언급해야 한다. '울부짖는 늑대Screaming Wolf'라는 가명을 쓰는 저자가 쓴 이 책은 "사냥꾼들에게 총을 쏘고, 생체를 해부하는 자들을 죽이고, 모피 사냥꾼들의 차량에 폭탄을 설치하고, 도살업자들을 몰아내자"고 호소하는 자칭 '해방자liberateurs'들의 이념에 대해 기술한다.

05

트랜스 휴머니즘

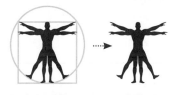

인간은 더 나아질 수 있다. 이것은 휴머니즘을 수립한 계몽주의 철학자들의 가정이다. 인간은 실현된 상태로 태어나는 것도 아니고 불변의 본질을 갖고 있는 것도 아니지만, 문화를 통해 자연에서 벗어남으로써 완성될 수 있다. 1755년에 완성 가능성perfectibilite이라는 단어를 만들어낸 루소(1712~1778)에 따르면, 완성 가능성은 태어난 지 몇 달 뒤의 모습을 평생 그대로 유지하며, 천년 후에도 여전히 그 종의 최초의 모습과 달라지지 않을 동물과 인간을 구분 짓는다. 이때, 근대성이 그때까지 도덕과 초월로 인간을 완성할 것을 제안했던 종교의 뒤를 이어받는다. "정의와 평등, 사회 해방을 추구하는 계몽주의의 완성 가능성은 이렇게 사회 속에서 사회에 의한 인간의 완성 가능성을 분명히 가리킨다."[1] 오늘날 새로운 담론이 출현해 인류를 생물학적·육체적으로 개선함으로써 전통적 휴머니즘을 연장하거나 계승하겠다고 주장하는데, 이것이 바로 트랜스휴머니즘Transhumanisme이다. "2030년부터 우리는 우리 뇌를 전자 나노nano 구성 요소들과 하이브리드화해 창조력을 가지게 될 것이다." 이 인용문은 어느 SF 작가의 것이 아니라 구글 엔지니어링 이사이며 자칭 '트랜스휴머니즘의 교황'인 레이 커즈와일이 한 말이다. 인간 조건의 한계는 없어졌다. 우리의 능력을 억누르는 모든 것이여, 이제 사라져라! 과학과 기술이 더욱더 발달하면 우리는 이 생물학적 법칙에서 벗어나 원하는 대로 자신을 완전히 실현할 수 있게 될 것이다. 단 20년 만에 터무니없어 보이는 이론에서 하나의 진정한 사조가 된 트랜스휴머니즘은 화해가 불가능해 보이는 두 진영 간의 격렬한 대립을 불러일으켰다. 한쪽 진영은 트랜스휴머니즘이 우리의 희망이며, 우리가 처한 상황의 한계를 넘어서게 될 인류의 찬란한 미래라고 주장한다. 또 다른 쪽 진영은 트랜스휴머니즘이 인류의 죽음이라고 주장하는데, 나침반을 잃어버린 진보와 현대성에 대한 과도한 생각에 직면한 모든 사회의 죽음이라는 것이다.

우주 정복에서 시작된 사이보그 신화

"스티브 오스틴, 우주비행사. 숨만 겨우 붙어 있다. '여러분, 우리는 그를 다시 만들 수 있습니다. 우리에게는 그렇게 할 수 있는 기술적 가능성이 있습니다. 우리는 최초의 인조인간을 탄생시킬 수 있습니다. 스티브 오스틴은 바로 그 인간, 사고를 당하기 전의 자신을 능가하는 인간이 될 것입니다. 가장 강하고…… 가장 **빠른**…… 요컨대 더 나은 인간이 될 것입니다!'" 1970년대에 방영된 유명한 텔레비전 시리즈 〈600만 불의 사나이〉의 이 첫머리 자막과 더불어 사이보그 인간이 대중문화 속으로 침투하게 되었다. 10년 뒤 폴 베르후번 감독은 기계의 몸속에서 부활한 경찰인 로보캅을 불멸의 존재로 만들었고, 로보캅은 유명 만화 〈공각기동대〉에 등장하는 오직 뇌만 인간의 것인 엘리트 경찰 쿠사나기 모토코에게 영감을 불어넣었다. 사이보그는 인공두뇌로 움직이는 유기체다. 인간의 형태를 한 로봇인 인조인간과 혼동해서는 안 된다. 사이보그는 인간으로 태어났지만 수리된 반인간·반인공 피조물이며, 생명과 기계의 하이브리드다. 사이보그라는 단어는 1960년에 NASA의 엔지니어인 맨프레드 E. 클라인즈(1925~2020)와 네이선 S. 클라인(1916~1983)이 만들었다. 과학자들은 머지않아 이루어질 것으로 밝혀진 우주 정복을 고려하면 극단적인 조건에서 살아남을 수 있도록 인간의 몸을 인공적으로 변모시키는 것이 불가피할 것이라고 주장한다. "사이보그는 인간이 새로운 환경에 적응할 수 있도록 유기체의 자동 조절 기능과 제어 기능을 확장하는 외부 구성 요소들을 의도적으로 통합한다."[2] 우주 공간을 정복하러 가는 우주비행사는 인간 이상의 능력을 가져야 할 것이다. 그는 자신의 약점을 제거하고 변화해 더 강해질 수 있도록 그의 신체조직과 상호작용할 수 있는 체내·외 전자 보철구를 필요로 할 것이다.

그 후, 우주정복은 연기되었지만 사이보그는 지금도 버젓이 살아 있다. 비록 트랜스휴머니즘의 흐름이 인간과 기계의 하이브리드화를 넘어서 유전학을 비롯한 다른 기술로 인간을 변화시키는 것에 이르렀지만, 사이보그는 여전히 이 흐름에서 중심적 위치를 차지하고 있다. 사이보그는 트랜스휴먼이 아닐 수 있다. 즉 단순히 체내·외 전자 보철구로 수리할 수 있는 인간일 수 있는데, 예를 들면 눈이나 고막, 팔다리는 장애를 극복하기 위해 전자 보철구로 대체할 수 있다. 트랜스휴머니스트들은 인체의 수리reparation를 인체의 확장을 예고하는 실험실로 간주한다. 만일 생체모방공학에 의해 만들어진 눈으로 시력을 되찾을 수 있다면, 그것의 제어장치를 조정해 독수리처럼 날카로운 눈을 갖거나, 정상적인 시력으로는 볼 수 없는 적외선을 보도록 수리하는 것이 왜 불가능하겠는가? 육상선수 오스카 피스토리어스의 경력이 증명하듯이 수리와 확장의 경계선은 때로 애매해질 수 있다. 무릎 아래가 절단되고 종아리뼈 없이 태어난 이 남아프리카공화국 출신의 스프린터는 (의족 역할을 하는)안쪽으로 휘어진 얇은 금속판 두 개를 다리에 달고 달렸다. 2012년에 그는 올림픽(장애인올림픽이 아니라) 육상경기에 참가해 우수한 성적을 거둔 최초의 장애인 육상선수가 되었다. 당시에 그는 이론의 여지 없이 영감과 감탄의 원천으로 여겨졌지만, 다른 한편으로는 그가 착용한 전자 보철구가 다른 정상인 경쟁자들과 비교할 때 유리한 조건이 아니냐는 논란을 불러일으켰다. 장애인은 슈퍼맨이 될 수 있을까? 언젠가는 확장된 선수들이 최신형 전자 보철구를 달고 마치 포뮬러원 자동차 경주의 드라이버나 그들의 경주용자동차처럼 경기를 벌이는 새로운 '슈퍼 올림픽' 경기를 보게 될까? 어떤 사람들은 장차 덜 생물학적이고 더 기계적인 몸을 가지고 싶어 하게 될까? 2010년과 2011년에 비엔나 의과대학과 전자 보철구 제작 업체인 오토복크가 '생체모방공학을 통한 재구성 작업'을 시행했을 때, 즉 살아 있지만 결함을 가진 두 손을 잘라내고 더 기능적인 전자 보철구로 대체했을 때 이런 일이 일어났다. 완전히 건강한 팔다리나 장기를 성능이 더 좋은 인조 팔다리나 장기로 교체하는 일이 미래에 일어날까?

2002년에 트랜스휴머니스트 단체, 휴머니티+의 회장 나타샤 비타 모어는 머지않아 "인체의 부분들을 미리 제작된 신체로 하나씩 교체하게 될 것"이라고 상상했다.[3]

NBIC 융합과 미래 시나리오

그렇지만 트랜스휴머니즘은 전자 보철구를 단 사이보그를 훨씬 넘어선다. 트랜스휴머니즘은 여러 가지 학문을 포함하는 기술적 현상, 즉 NBIC 융합convergence의 산물이다. 나노기술Nanotechnology, 바이오테크놀로지Biotechnology, 정보학Information technology, 인지과학Cognitive science, 각 단어의 첫 자를 따서 만든 이 용어는 2002년도 미국국립과학재단 보고서에 처음 등장했으며, 네 가지 영역을 비롯한 여러 기술과 과학의 융합을 가리킨다. 이 학문들의 결합은 과학 발전에 이르는 새로운 길을 열어주며, 인간의 신체 기관을 완전히 변화시킬 수도 있을 것이다. 예를 들어 실리콘밸리의 기업들은 곧 나노 로봇과 유전자 치료의 도움으로 수명을 늘릴 수 있을 것이라고 주장한다. 그러니 언젠가는 '죽음도 정복할 수' 있지 않을까? 막 SF에서 튀어나온 것 같은 기술들이 신문의 하이테크 란을 장식한다. 예를 들면 미국방위고등연구계획국DARPA은 기억력을 향상시키기 위해, 혹은 마약중독이나 우울증으로 고통받는 사람들이 그들의 감정을 제어할 수 있도록 하기 위해 관을 뇌 속에 삽입하는 연구를 하고 있다고 발표했다. 이 밖에도 학문적 연구를 통해 언젠가는 생각으로 기계를 제어하고, 자료를 직접 뇌 속으로 전송받으며, 더 빠른 속도로 학습하고, 나쁜 기억을 지워버리는 일이 가능해질 것이다. 전 세계 대학에서 실험을 거친 크리스퍼CRISPR 기술은 어쩌면 우리의 DNA를 편집할 수 있도록, 즉 우리의 신체 기관을 강화하고 변모시키고 개선하기 위해, 인간의 게놈 속에 유전자를 직접 덧붙이거나 일부 유전자를 불활성화시킬 수 있게 될 것이다. 유전학과 바이오테크놀로지의 발달은 우리를 생물학적 임신을 대체할 인공 자궁의 발명, 이제는 더 이상 유전자가 우연에 의해 모든 것을 결정하지 않고 아이큐를 인공적으로 높일 수 있는 맞춤아기의 시대로 데려갈 것이다. 어떤 사람들은 우리의 정신을 어떤 기계로 전송하겠다는 생각까지 한다!

트랜스휴머니스트들은 많은 시나리오를 쓴다. 어떤 트랜스휴머니스트들은 인간의 확장에 대한 유전학·생물학적 접근법을 선호한다. 컴퓨터의 처리능력이 늘어나고 게놈 시퀀싱에 의해 유전학 정보를 대량으로 수집하는 것이 가능해졌다. 이로 인해 인간 이해에 새로운 지평이 열리고 우리의 아름다움, 지능, 창의성을 제한하는 매개변수를 완전히 바꿀 수 있게 될 것이다. 우리는 이 같은 접근법에 우생학적이라는 이름을 붙일 수 있다. 또 어떤 사람들은 인체에 덧붙여져서 기능성을 강화하거나 문제를 해결하는 전자 보철구와 임플란트, 인공장기에 희망을 거는 '기계적' 접근법을 더 선호한다. 한편 레이 커즈와일처럼 정보학의 발전과 인공지능이 문을 연 전망에 특별히 관심을 쏟는 사람들도 있다. 이것이 '기술적 특이점'의 가설이다. 확정되지는 않았지만 그렇다고 해서 멀지는 않은 시기(대략 2030년대나 2040년대)에 인류는 그 자체가 지능의 향상을 책임지고 '지능의 폭발'을 일으키게 될 더 높은 인공지능을 갖게 될 것이다. 인간존재들은 인공지능에 지구의 통치를 위임하거나(모든 사람이 이 같은 생각에 동의하는 것은 아니다) 이 인공지능의 성과(발명, 발견, 조언 등)를 모아 유익하게 사용할 수 있을 것이다. 물론 이러한 트랜스휴머니즘에 대한 서로 다른 접근법이 최근 과학기술의 발전으로 일정한 성과를 거두었지만, 그렇다고 해도 트랜스휴머니즘은 여전히 일종의 도박이다. 예를 들어 많은 과학자들은 트랜스휴머니스트들의 유전학에 대한 접근법이 순진하고 너무 단순해 게놈학의 엄청난 복합성을 무시한다고 비난한다. 마찬가지로 그 어느 것도 인공지능의 발달이 실제로 그처럼 급격하게 이루어진다는 사실을 보여주지는 않는다. 예를 들어, 특이점은 컴퓨터의 계산능력이 지수 곡선에 따라 18개월마다 두 배로 증가하고, 모든 것은 동일한 상승 경향을 따라가게 된다는 무어의 법칙을 전적으로 따른다. 그런데 실제로 이 법칙은 오늘날 이미 나노미터 규모로 소형화된 트랜지스터의 물질적 한계에 부딪친 하나의 선先가설에 불과하다.

트랜스휴머니스트들이 발전시키는 미래 시나리오와 접근 방법의 다양성은 운동 그 자체의 이념적 다양성을 반영한다. 생태학의 한 부류로서 전 세계가 조화에 도달하도록 기술로 인간과 환경을 변화시키는 것이 목적인 테크노가이아니즘('테크닉'과 고대 그리스의 창조 어머니 신인 '가이아'를 합친 신조어)이나, 기술과 과학의 진보가 신과 결합할 수 있는 한 가지 방법이라고 생각한 예수회 신부 피에르 테일라르 드 샤르댕(1881~1955)의 주장에서 영감을 얻은 기독교 트랜스휴머니즘 같은 몇몇 사조는 극소수파로 남아 있다. 싸움은 주로 두 집단, 즉 자유지상주의의 영향을 받아 특히 미국에서 활동하는 생명무한확장론자와 유럽에 더 깊이 뿌리를 내린 '좌파' 트랜스휴머니스트인 기술혁신주의자 사이에서 벌어지고 있다.

생명무한확장론
― 개인주의적 트랜스휴머니즘

트랜스휴머니즘 운동은 1980년대 후반 미국에서 처음으로 조직화되었다. 이때 철학자 맥스 모어는 '생명무한확장론의 원칙'을 마련하고 생명무한확장론연구소를 설립해 2000년대까지 트랜스휴머니즘에 대한 토론회와 강연회를 열었다. '생명무한확장론extropism'이라는 용어는 무한 확장Endless eXtension, 한계 초월Transcending Restriction, 속성 전환Overcoming Property, 지능과 스마트 머신Intelligence et Smart Machines 의 약자다. 그것은 또한 열역학에서 운동 중인 시스템의 '정지'를 가리키는 용어인 '엔트로피entropie'의 반의어다. 이 트랜스휴머니즘은 미래에 대해 매우 낙관적인 관점을 가지고 있으며, 인간이 거의 영생하고 더 이상 일을 하지 않으며 지구의 다른 생물체들과 조화를 이루며 살게 될 기술적 유토피아가 도래할 것이라고 예측한다. 이 사조는 보통 신자유주의적이거나 자유지상주의적인 것으로 여겨진다. 즉 평등이나 연대에 대해서는 거의 언급하지 않고, 오직 개인의 자유와 책임만 옹호하는 것이다. 급진적이고 과장된 생명무한확장론은 결국 주변적인 것이 되고 말 것이다. 그럼에도 불구하고 이 사조가 실리콘밸리의 기업을 이끌어가는 사람들 사이에서 유행하는 현재의 자유주의적 트랜스휴머니즘에 영감을 불어넣은 것은 사실이다. 자유지상주의적 투자가이며 백만장자인 피터 틸과 소프트웨어 회사 오라클의 설립자인 래리 엘리슨(개인 자산 600억 달러 이상), 구글의 공동 창업자 세르게이 브린(개인 자산 400억 달러 이상) 같은 몇몇 사람은 자신을 트랜스휴머니스트로 받아들이거나 죽음의 나이를 늦추기 위한 프로젝트를 지원한다. 구글은 트랜스휴머니즘 운동의 주요한 후원자로 여겨진다. 마운틴뷰˟의 이 거대 기업은 의학이나 로봇 분야에서 진행되는 연구와 작업, 투자 말고도 2008년 NASA 건물에 설립되어 매년 이 문제에 관한 토론회와 강연회를 개최하는 싱귤러리티대학교에 재정지원을 하고 있다. 이 대학은 이후 구글 엔지니어링 이사가 된 레이 커즈와일에 의해 공동으로 설립되고 운영되었다.

기술혁신주의자
─ 사회적 트랜스휴머니즘

극단적 자유주의의 영향 아래에 있는 트랜스휴머니즘은 일반적으

˟   미국 캘리포니아에 있는 도시.

로 인간 증강의 사회적·정치적 결과에 대해 여전히 신중한 태도를 취한다. 반대로 기술혁신주의자들은 스스로 공동의 이익에 대해 관심이 있다고 단언한다. 2004년에 세계트랜스휴머니즘협회 회장이 된 사회학자 제임스 휴스는 ('좌파 자유주의'로 분류할 수 있을)이러한 사조에 '민주적 트랜스휴머니즘'이라는 이름을 붙이고 일련의 계획을 세웠다. 기술혁신주의자는 만일 인간존재의 증식이 제대로 관리되지 않는다면 인간 역사에서 사회적·정치적 대재앙에 이르는 급격한 변화가 일어날 수도 있다는 사실을 인지하고 있다. 요컨대 트랜스휴머니즘이 유전자 증식이나 생물역학적 증식에 접근할 수 있는 가능성을 보장하는 평등의 원칙으로써 인간 공동체의 전 구성원에게 인도되어야만 바람직하고 지속성을 가진다는 것이다. 트랜스휴머니즘이 세상을 더 낫게 만들고, 오늘날 일어나는 불평등과 부당 행위를 타파할 수 있는 좋은 기회를 제공한다면 더 바람직할 것이다. 기술혁신주의는 자유주의로부터 개인적 자유에 대한 관심을 빌려와, 자신을 증강하거나 증강하지 않을 수 있는 각자의 권리를 옹호한다. 예를 들면 새로운 감각을 획득해 자신의 감각 지각 능력을 풍요롭게 할 수 있는 향정신성 물질을 사용할 권리, 더 일반적으로는 자신의 몸을 자유롭게 쓸 수 있는 권리를 옹호하는 것이다. 그래서 기술혁신주의자들은 대체로 수명을 크게 늘리거나, 병과 싸우기 위한 실험적 치료뿐만 아니라 대리출산(대리출산은 그에 대한 대가를 지불하지 않는다는 조건에서만 이따금 요구된다)과 인공 자궁, 마약의 합법화, 부모들이 '아이를 만들 수 있는' 가능성(출생 전에 적용할 수 있는 여러 가지 기술 덕분에 몇몇 유전적 특성을 선택할 수 있게 될 가능성)을 긍정적으로 평가한다.

그럼에도 불구하고 다윈의 진화론에서 빠져나오려면 집단적 책임감이 요구된다. "변화의 권리는 자유롭게 동의할 수 있고, 다른 시민들에게 불평등한 방식으로 해를 끼치지 않으며, 지나친 기회의 불균등을 만들어내지 않기 때문에 기본적인 인권이다."[4] 이때 기술 혁신주의는 공공의 이익과 생활 조건의 평등한 개선에 대한 관심을 사회주의와 급진 좌파에서 빌려오는데, 이 모든 것은 민주주의와 조정자로서의 국가가 서로 다른 자유를 중재하는 것과 관련이 있다. 인지적·생물학적 혁신은 심지어 공감 능력이나 도덕심을 인위적으로 발달시키고, 인간의 행동에서 불안의 원인이 될 만한 부분을 감소시키거나 제거함으로써 공공의 복지를 직접적으로 개선할 수도 있다.

보디 해킹
─ 한계를 뛰어넘는 몸

생명무한확장론과 기술혁신주의라는 이 두 사조에 더 경험적이고 실험적인 마지막 사조가 덧붙여진다. 바로, 보디 해킹이다. 이 운동은 사이보그와 이것저것 수리하는 사람을 중심으로, 특히 인간이 변모 운동을 이미 시작했다는 생각을 가지고 행동한다. 요컨대, 사이보그는 이미 우리와 함께 있다! 심박 조율기나 청각장애를 완화시키기 위한 인공 달팽이관은 기계와 신체 기관의 하이브리드화와 적극적인 상호작용을 보여주는 일반적인 두 가지 예다. 이들은 기능 장애를 수리하는 것에 불과하지만, 다른 행위들은 인간의 능력을 증가시키는 것을 목표로 한다. 예를 들어 미국이나 유럽의 수많은 젊은이들은 복습을 하면서 인지능력을 증진시키기 위해 리탈린이나 머리가 좋아지는 약을 복용하며, 스테릴레sterilet[×]를 복용해 임신을 막는 여성도 있다. 때로 '과격한' 트랜스휴머니스트, 혹은 보디 해커로 불리는 몇몇 '선구자'는 자신의 몸에 다양한 기계나 컴퓨터 부품을 이식해 직접 자신을 실험한다. "보디 해킹은 자신의 타고난 행동을 변화시키려는 목적에서, 특히 자신의 몸에 인공적인 구성 요소들을 더함으로써 그 몸을 변화시키는 자발적 과정으로 정의할 수 있다."[5] 보디 해킹은 언뜻 문신이나 피어싱 유에 속하는 듯 보이지만, 실제로는 단순한 미적 관심을 넘어서 인간의 몸에 기능을 덧붙이거나 변화시킨다. 영국 레딩대학교의 인공두뇌학 교수인 케빈 워릭은 보디 해킹 전문가 중 한 사람이다. 그는 1998년에 RFID 반도체칩(정보를 무선주파수에 의해 전달하는 반도체칩)을 자신의 피하皮下에 이식했다. 이 반도체칩은 (자신이 '역사상 최초의 사이보그'라고 말했던) 워릭과 대학의 시설들이 상호작용하는 것을 가능하게 했다. 그가 지나가면 불이 켜지고, 엘리베이터가 그를 인식했으며, 원거리에서 몇 가지 기계를 작동시킬 수도 있었다. 2002년에 그는 아내의 팔에 심은 또 다른 반도체칩과 연결된 반도체칩을 자신의 몸속에 이식해 그녀의 움직임을 '느낄 수 있도록' 했다. 시각장애로 색깔을 식별하는 능력이 손상된 아일랜드 예술

× 여성의 질내 삽입용 피임 기구.

가이자 유명한 보디 해커인 닐 하비슨은 두개골에 디지털카메라를 이식해 색깔을 음파로 변환시켜 '색깔을 들을 수 있게' 되었다. 심지어 닐을 증강되거나 개선된 인간이라고까지 부를 수 있는데, 이 카메라는 인간의 눈에 안 보이는 적외선과 자외선을 지각할 수 있도록 하기 때문이다. 2000년대에 역시 많은 사람들이 제6의 감각, 즉 '자기磁氣 시력'을 발달시키기 위해 피하에 자석을 이식하기도 했다. 이 임플란트는 파동과 전자기장에 반응해 새로운 감각을 유발하고, 뇌는 이 감각을 촉각과는 다르게 해석한다.

보디 해킹(혹은 바이오 해킹)은 때때로 그 신봉자들에 의해 트랜스휴머니즘의 바깥에 위치한 운동으로, 인간존재의 변화에 관한 보다 이론적인 성찰로 간주된다. 보디 해킹은 절대자유주의와 무정부주의의 영향을 크게 받았으며, 때로는 학계와 경제계에서 멀리 떨어져, 공개되어 자유로이 이용 가능한 저작권의 사용을 목표로 한다. 그럼에도 불구하고 둘 사이의 교류는 여전히 매우 밀접하다. 보디 해커이자 블로거인 레프트 아노님은 보디 해킹과 트랜스휴머니즘의 상관성을 이렇게 요약한다. "트랜스휴머니스트는 폭넓은 감각 인터페이스를 가지고 있는 사람들의 욕구를 반영하기 위해 미래의 법이 어떻게 상황에 맞게 다시 쓰여야 하는지를 다루는, 매우 계시적인 책을 쓰는 사람인 반면, 바이오 해커는 자기 집 부엌에 앉아 손을 소독하다가 감각 확장용 시제품을 자신의 몸속에 이식하는 사람이다."[6] 비이론적인 이러한 접근법은 트랜스휴머니즘의 원칙 자체를 옹호하거나 공격하지 않으면서 트랜스휴머니즘이 불가피한 미래라고 생각하는 일부 과학자나 지식인들의 입장을 반영한다. 이는 운명론적 견해다. 즉 과학과 기술의 발전과 자신이 처한 상황 개선에 자유롭게 접근하고 싶은 사람들의 욕구는, 그러지 않으려고 아무리 조심해도 결과적으로는 트랜스휴머니즘을 발달시킬 것이다. 이 운동은 세계화와 국가 간 경쟁으로 한층 더 가속화된다. 예를 들어 중국이 국민들의 지능지수를 유전적으로 높이기로 결정하면(중국은 이미 이 같은 계획을 공식적으로 발표했다), 다른 나라들도 경쟁력을 유지하기 위해 그 뒤를 따라야만 할 것이다.

많은 사람이 트랜스휴머니즘에 대해 즉각적인 반응을 보인다. 결국 트랜스휴머니즘은 그들 자신의 죽음이라는 생각에 사로잡혀 있는 미국 자본주의 거물들의 헛소리거나 믿음이 두터운 기술찬양주의자들의 환상으로서, 인간의 본성을 거스르거나 자연의 법칙을 어길 뿐이라는 것이다. 완전하게 유형을 나누어 말하기는 어렵지만, 세 가지 유형의 비판이 '생체-보수주의자' 진영에서 가장 높은 자리를 차지하는데, 인간주의적 비판과 사회정치적 비판, 인간의 자유에 토대를 둔 비판이 그것이다.

트랜스휴머니즘은 인류 종말의 꿈을 꾸는가

많은 트랜스휴머니스트들은 인간존재의 완성 가능성이라는 개념을 원용하면서 휴머니즘을 내세운다. 과학과 기술로써 인간의 조건을 뛰어넘는 것은 자연을 벗어날 수 있는 또 다른 방법이다. 미국 사회학자 밴스 패커드는 그것이 '인간은 무엇인가?'라는 질문을 '우리는 앞으로 어떤 유형의 인간을 만들 것인가?'라는 질문으로 바꾸는 것이라고 주장한다. 트랜스휴머니즘의 유토피아는 육체와 유한성이라는 삶의 두 가지 큰 여건으로부터 벗어나고 싶은 욕망을 그 안에 담고 있다. 윤리적인 동시에 정치적인 휴머니즘적 비판 중 하나는 다음과 같이 요약될 수 있다. 즉 그것은 모든 사람이 공유하며 인류의 토대를 이루는 '인간의 조건'이다. 만일 이 인간의 조건이 없다면, 우리가 새로운 '비인간의 조건'으로 이행한다면 더 이상 인류는 존재할 수 없다. 미국의 저널리스트 퀸 노턴은 2000년대에 자석을 자기 몸속에 이식했다. 그때 그녀는 자기가 느끼는 것을 말로 표현할 수 없다고, 이 새로운 감각을 정의할 수 없다고 말했다. 그녀는 자신의 블로그에서 "지금까지도 나는 이 감각이 무엇과 흡사한지를 설명할 수 있는 방법을 찾지 못했다"라고 인정했다. 태어날 때부터 앞을 못 보는 사람에게 시각을 설명해보라. 우리의 공통적인 생물학적·감각적 조건은 우리를 둘러싸고 있는 세계를 똑같이 지각하게 만든다. 그런데 만일 각자가 이런저런 감각을 포기하고 다른 감각들을 덧붙인다면, 몇몇 감각을 억제하거나 강화한다면, 나아가서는 '순수 정신'의 삶을 살기 위해 육체로부터 자신을 해방하기 시작한다면, 과연 무엇이 우리를 이전처럼 연결해줄 수 있을까? 이렇게 상호주관성은 인류의 토대를 이룬다. "모든 사람에게 공통되며, 그 자체로서 개인들이 서로 이해하고 교환하기에 충분할 정도로 서로 닮도록 함으로써 그들의 관계를 공고히 하는 것"이 상호주관성이다. 오직 한 개인이 다른 개인의 "입장이 되어볼 수" 있을 때에만, 즉 그 다른 개인을 이해할 수 있을 때에만 집단이 생겨난다. 유명한 철학자 프랜시스 후쿠야마는 "인간의 본성은 의미 깊은 개념이며, 우리의 종으로서의 경험에 견고한 개념의 토대를 제공해주었기"[7] 때문에 인간의 본성을 변하지 않게 보존하는 것은 매우 중요한 일이라고 주장한다. 이 휴머니스트들이 반드시 실체론자들은 아니다. 이들은 어떤 성스럽고 변치 않는 인간의 본성이나 본질이 있다고는 생각하지 않는다. 그러나 이들은 다윈의 자연도태가 초래한 현재의 인간 조건을 간직하는 한편, 육체를 증강시키지 않고 수리하는 것으로 만족하려 한다. 그들에 따르면 인간의 완성 가능성은 오직 그의 정치사회적 생활 조건을 개선해 인류를 해방하는 것으로 이해해야 한다. 생명무한확장론자 맥스 모어를 비롯한 몇몇 트랜스휴머니스트들은 실제로 "인류는 진화의 길 위에 있는 하나의 임시 단계에 불과하며", 이 단계에 계속 머물러 있어야 할 이유가 그렇게까지 많지는 않다고 대답한다. 반대로 기술혁신주의자들은 대부분 자기들 역시 인간주의자이며, "본질을 변화시키는" 문화적 작용에 역시 본질을 변화시키는 과학적·기술적 작용을 덧붙이는 것으로 만족한다고 답한다. 게다가 기술 역시 인간존재가 지금의 모습으로 진화한 데 대해 부분적인 책임이 있다(예를 들어 불이나 언어의 사용은 생물학적 영향을 미쳤다). 인간의 연속성, 혹은 인류의 기원을 추적하는 시점은 순전히 주관적인 개념이다. 따라서 인류가 오래 지속될 수 있게 하려면 그 이후에 오는 것을 계속 '인간'이라고 부르는 것으로 충분할 것이다.

두 가지 속도를 가지는
인류를 향해

비판의 두 번째 갈래는 인간존재의 증강이 불러오는 사회경제적 결과를 더 많이 강조한다. 모든 상품이나 서비스와 마찬가지로, 이러한 접근은 시장에서도 개선이 가능하며 가격논리에 의해 조정될 것이다. 그런데 오늘날은 이미 경제적 불평등의 결과로 사회적 불평등이 상당 부분 고착된 상황이다. 즉 우리에게 주어지는 기회나 생활의 질이 수입에 따라 달라진다. 이 문제는 생물학적 차원의 불평등을 야기하고 사회적 불평등을 근본적으로 강화하게 될 트랜스휴머니즘으로 더욱 심각해질 수밖에 없다. 즉 부자들은 자신의 몸을 가장 잘 개량해 가장 지능적이고 쾌락주의적인 사람이 될 것이며, 질병도 가장 잘 견뎌내게 될 것이다. 또한 수명도 더 길어지고, 성공하는 데 필요한 자질을 모두 갖춘 맞춤아기를 가질 수 있게 될 것이다. 요컨대 부유한 사람들은 최고의 경쟁력을 갖출 수 있는 반면에, 가난한 사람들은 일반 수준에서의 개선만 가능하고, 그 어떤 개선도 불가능한 사람도 있을 것이다. 조준선에 속도가 서로 다른 인류가 있다. 즉 부유한 자들과 빈곤한 자들이 서로 분리되어 있다. 사회 내부에서뿐만 아니라 사회들 간에도 깊은 구덩이가 존재하게 될 수 있다. 트랜스휴머니즘은 선진국과 후진국 간에 위계를 만들어낼 것이며, 경쟁력을 잃어버리지 않기 위해 수단과 방법을 가리지 않는 혁신 경쟁을 부추길 것이다. 그리고 이 경쟁에서 각 나라는 지체된 것을 따라잡거나 먼저 앞서나가기 위해 온갖 위험을 무릅쓸 각오를 할 것이다. 트랜스휴머니즘을 받아들이지 않는 국가의 법체계는 만일 그 법체계가 계속해서 세계화에 영향을 미치려고 하면 트랜스휴머니즘에 저항하기 힘들 수도 있을뿐더러, 이 점에 대해 더 자유주의적인 나라로 자신의 몸을 증강하러 가는 자국민들(이번에도 가장 부유한 자국민들)이 생겨날 것이다. 이 같은 비판은 일반적으로 트랜스휴머니즘을 자본주의의 새로운 변형으로 간주한다. 그리고 이러한 관점은 새로운 기술을 가진 다국적기업들이 일반인들의 무지를 이용해 쉽게 식별되는 이해관계에 따라 프로젝트를 발전·촉진시킨다는 보다 폭넓은 범주에 포함된다.

가장 자유주의적인 트랜스휴머니스트들은 생산비용의 하락을 언급하는 것으로 만족한다. 새로운 기술 비용은 그 기술을 시장에 선보인 이후에 모두 빠른 속도로 하락한다. 예컨대, 지금은 모든 사람이 컴퓨터를 한 대 이상 가지고 있으며, 게놈 시퀀싱 비용은 1000달러 아래로 떨어졌다. 마찬가지로 인체 증강도 비용이 하락할 것이다. 즉 가장 부유한 사람들이 먼저 자신들의 몸을 증강시키면, 이 신기술은 그것의 생산비용이 떨어지는 것만큼이나 빠르게 대중화될 것이다. 좌파 자유주의자들은 일반적으로 여기에 규제의 외양을 덧붙여 이 주장에 미묘한 변화를 준다. 그들은 지나치게 높은 이윤을 남기는 기업에 압력을 가하고, 몇몇 신기술을 규제하며, 나아가서는 오직 상류층만을 위한 것이 될 수도 있을 신기술을 금지해 불평등을 감소하려 한다. 또한 양심이나 확신으로 자신의 몸을 증강시키는 것을 거부하는 모든 사람에 대한 차별 금지를 보장해야 한다고 주장한다.

트랜스휴머니즘이 가져올 수도 있을 다른 사회적·정치적·경제적 심지어 심리적 결과에 대해 트랜스휴머니스트들은 대부분 짧게 논의한다. 하지만 이것은 중요한 문제다. 만약 인간이 장수하게 되면 지구의 인구과잉을 피해 번식을 멈추게 될까? 유전자를 선택한 맞춤아기의 탄생으로 생물학적으로 종이 표준화되면서 인류가 획일적으로 변하진 않을까? 우월한 인간 지능이나 AI가 출현해 인간을 더 잘 통치할 수 있게 되면 정치는 더 이상 필요없어지지 않을까? 인체 증강을 지지하는 자들과 그들의 전통, 이상, 확신, 믿음을 유지하기 위해 트랜스휴머니즘에 반대하는 자들 사이에 무시무시한 폭력이 발생하는 것은 아닐까?

인간으로 태어나 느끼는 피곤

철학적이고 사회학적이며, 게다가 정신의학적이기까지 한 마지막 비판은 기계와의 융합과 인간 개량이 의미하는 노예화에 맞서 자유와 자율을 옹호하고자 한다. 이 같은 비판은 전체주의와 현대성의 위기에 대한 연구로 알려진 한나 아렌트(1906~1975)의 철학에, 그리고 특히 독일 사상가 귄터 안더스(1902~1992)의 철학에 뿌리내리고 있다. 귄터 안더스는 1956년《인간의 구식화 *L'Obsolescence de l'homme*》[8]이라는 예언적 저서를 펴내 트랜스휴머니즘이 인간을 개량해 그가 만들어낸 기계와 닮게 만들고 싶은 의지임을 보여준다. 그는 이것을 '프로메테우스의 부끄러움', 즉 "자기 자신이 만들어놓은 것들의 조악함 앞에서 인간을 사로잡는" 부끄러움, "만들어지기보다는 생성되었다는 데 대한 부끄러움", "무조건적이고 예측할 수 없으며 조상 대대로 전해 내려온 생식과 탄생 과정 덕분에 자기가 존재할 수 있었다는 것에 대한 부끄러움"이라고 부른다. 기계 때문에 "프로메테우스의 변화"가 이루어진다. 즉 우리가 만들어내는 세계가 너무나 빨리 움직이고 잘 돌아가기 때문에, 우리가 그것에 적응하면서 우리 자신을 새롭게 하기는 힘이 든다. 지표를 잃고 모욕당한 인류는 "그의 신", 즉 기계들과 흡사해지거나 기계들의 일원이 되어 그들과 거의 완전히 동체가 되어버리는 "집단적 병리상태"에 빠질 수도 있다. 그때 인간은 자기 자신을 사물로 변화시켜 "스스로 물화하고", "타고난 그의 본성의 한계를 혼합된 것과 인공적인 것의 왕국으로 밀어낸다." 많은 현대 사상가들은 트랜스휴머니즘을 인간의 인지능력과 감각능력, 외부 자극에 대한 반응성, 기억력, 인내력을 향상하겠다는 의지라고 분석한다. 또한 초고속으로 접속하고 반응하며 끊임없이 우리의 주의와 시간과 에너지를 영구적으로 최적화하기를 요구하는, 자극으로 가득 찬 이 세계에 어울리는 사람이 되겠다는 병적 의지의 표명으로 트랜스휴머니즘을 해석한다.

그러고 나서 이 철학자는 인간의 인공화와 변환을 "세계의 법칙을 위반하는" 무언가로 보기를 거부하고, "우리의 자유를 아무 조건 없이 포기한다"라고 선언하는 것이라고 비판한다. 트랜스휴머니즘

의 계획에서 조물주는 흔히 위대함에 대한 망상으로, 히브리스[×]의
의지로 여겨지는 반면 안더스는 그것이 포기라고 주장한다. "상황
에 맞추어 만들어진 존재처럼 행동하는 것은 한도를 뛰어넘는 것이
아니다." 그렇지만 그는 미묘한 차이를 고려해 표현한다. "그것은
자만심이 부추기는 복종이다." 우리가 물려받은 생물학적 여건과
인간의 조건을 뛰어넘을 수 있다고 믿고, 자신의 욕망과 자유를 마
음껏 발산할 것이라고 생각하는 트랜스휴머니스트는 기술에 모든
것을 넘겨주고 영원토록 골동품 취급을 받으며 끊임없이 자신을 갱
신하고 변환해야 한다. 이렇게 해서 트랜스휴머니즘은 자유롭다는
것의 피곤함, '자기 자신이 된다는 것'의 피곤함에 대한 해답으로 보
인다. 1998년에 출판된 《자기 자신이 된다는 것의 피곤함: 우울증과
사회 *La fatigue d'etre soi: depression et societe*》에서 프랑스 사회학자 알랭
에렌베르그는 우울증이 오늘날에는 금지된 욕망이 불러일으키는
죄의식과 연관되기보다는 오히려 선택할 것과 가능한 것이 너무 많
은 세계와의 대결과 더 깊이 연관된다고 설명한다. 우리는 이 같은
압력을 견뎌내지 못해 우울증에 걸리는데, 우울증의 주요 징후는
주도권을 잡을 수 없는 것으로 나타난다. "자제심, 심리와 감정의
유연성, 행위능력은 개인이 바로 그것의 지속성을 잃어버린 세계,
톱니 모양의 흐름과 궤적으로 만들어진 불안정하고 일시적인 세계
에 지속적으로 적응해야만 하는 부담을 견뎌내도록 만든다."[9] 인간
존재이기를 포기하고 기계가 되지 않고서 어떻게 기계의 세계에 더

[×] 정념과 오만이 불러일으키는 격렬한 감정.

잘 적응할 수 있을까? 트랜스휴머니스트들은 이 같은 의문에 뭐라고 대답할까? "그것은 자신의 수명을 수 세기 연장시키고자 하는 사람과 단순히 금욕적 전통 속에서 '잘 죽기'를 바라는 사람 중에서 누가 더 의기소침해 있는지 생각해보는 것이다."[10]

트랜스휴머니즘일까 포스트휴머니즘일까?

트랜스휴머니즘은 《멋진 신세계*Brave New World*》(1932)를 쓴 유명 작가 올더스 헉슬리(1894~1963) 동생인 줄리언 헉슬리(1887~1975)가 1957년에 홀로코스트의 공포 이후 지나치게 부정적인 의미를 띠게 된 우생론이라는 단어를 버리고 인간 종의 개선을 촉진하기 위해 처음으로 사용한 용어다. 지금은 이 단어가 널리 사용되지만 여전히 그것의 해석을 놓고 논쟁이 벌어지고 있으며 때로는 포스트휴머니즘이라는 용어와 대립하기도 한다. 그러나 이 단어 자체는 여러 가지로 해석할 수 있다. 앵글로색슨계의 몇몇 사상가는 트랜스휴머니즘이라는 단어를 포스트휴머니즘이라는 단어로 대체하고자 한다. 이들에 따르면 포스트휴먼은 항상 인간이지만, 유전적이거나 기계적인 개량으로 엄청나게 증강될 수 있다. 요컨대, 인간을 넘어서 있지만 그래도 여전히 인간이다. 다른 사상가들은 포스트휴먼이라는 용어가 인간 이후에 등장했기 때문에 그것을 더 이상 인간일 수 없는 것으로 해석한다. 이 존재는 인간과는 다르다. 트랜스휴머니즘은 포스트휴머니즘으로 가는 임시 도로와도 같다. 개량을 하다 보면 인간은 사라지고 인간 이후의 인간이 등장하는 분기점에 도달하게 된다. 그렇다고 해도 인간으로부터 빠져나오는 이 순간이 어떤 것일 수 있는지 정확히 설명하는 것은, 또다시 곡예라도 부리는 것처럼 어려운 일이 되고 만다. 왜냐하면 우리는 '인간이란 무엇인가?'라는 매우 오래된 질문에 실제로는 여전히 대답하지 못하기 때문이다.

트랜스휴머니즘은 우생론일까?

게놈 조작의 문제는 필연적으로 우생론과 인종차별 문제에 부딪힌다. 19세기 말에 만들어진 신조어인 우생론은 그리스어로 '잘 태어나다'라는 뜻이다. 즉 우생론은 인류의 유전학적 자산을 개량하는 것이다. 개량이라는 개념은 흔히 구분되는 두 가지 유형의 우생론, 하나는 긍정적이고 또 하나는 부정적인 우생론으로 귀착된다. 부정적 우생론(혹은 치료 우생론)은 이미 수십 년 전부터 다운증후군에 적용해왔듯이 원치 않는 유전형질을 제거하는 것이다. 긍정적 우생론은 반대로 신생아에게서 바람직한 특질을 선택하는 것이다. 트랜스휴머니스트들은 이 두 우생론의 구분을 없애고 '자유주의적 우생론'이 자리 잡도록 투쟁한다. 독일 철학자 위르겐 하버마스가 2002년에 만들어낸 이 개념은 우리 사회에 일어날 법한 변화를 그려내는데, 유전자 셀프서비스가 바로 그것이다. 이렇게 해서 부모들이 태어날 아기의 유전형질을 자유롭게 선택하는 '유전자 시장'이 생겨나리라는 것이다. 다시 말해, 아기가 재산이 된다. 자유주의적 우생론은 트랜스휴머니즘을 둘러싼 대부분의 의문과 비판을 반대로 비추는 거울 역할을 한다. 최상의 유전자 개량은 가장 비싸고, 엘리트 계층만을 위한 것이 될까? 그 시대의 몇몇 사회적 기준과 일치하는 아기를 선택해 인류를 표준화하는 것일까? 이로써 자연적 진화 과정과 불가분의 관계에 있으며 지구에 존재하는 다양성의 근원인 불확실성과 우연성이 파괴될까?

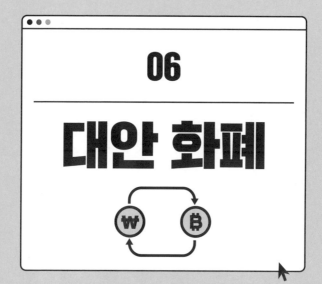

06

대안 화폐

미국 기업가 헨리 포드(1863~1947)는 부드러운 듯하면서도 가시 돋힌 어조로 이렇게 말했다. "미국인들이 은행과 통화 시스템에 대해 제대로 알지 못하는 건 다행스러운 일이다. 만일 안다면 내일 아침이 오기 전에 혁명이 일어날 것이다."[1] 포드는 1947년에 사망했지만 은행들은 여전히 같은 미스터리의 후광으로 둘러싸여 있는데, 은행들이 화폐를 만드는 데 전념할 때 특히 그렇다. 우리는 은행 카드가 돈을 만들어낸다고 막연히 생각하지만, 실제로 그 메커니즘을 이해하지는 못한다. 지폐와 주화('신용' 화폐)는 우리가 사용하는 돈의 극히 일부에 불과할 뿐이다. 오늘날 화폐의 대부분은 기입된 형태('서식' 화폐)로만 존재한다. 이 돈은 어떤 사람이 그가 거래하는 은행 직원에게 대출을 요청할 때 나타난다. 이 사람이 '상환 능력이 있다'라고 판단되면, 은행은 그가 가지고 있는 은행 예금 계좌의 대변貸邊에 금액을 기입한다. 이 금액은 아이들이 장난이라도 친 것처럼 디지털 파일에 한 줄 써넣은 것에 불과하다. 이 화폐-부채는 대출 금액이 상환되면 자동으로 소멸한다. 매일같이 돈을 '만들어내는' 것은 분명히 은행이다. 그렇지만 중앙은행은 상당수의 규정을 정해놓고 이처럼 돈을 만들어낼 수 있는 은행의 힘을 제한한다. 자본금과 대출 금액의 비율에 관해 정해놓은 규정이 대표적이다. 이 전도傳導 벨트를 풀었다 당겼다 하며 통화정책을 조절한다. 은행이 대출 가능

성을 용이하게 하면 통화량이 팽창하고, 그것을 축소하면 통화량이
줄어든다.

이 같은 방식은 많은 비판을 불러일으킨다. 우리는 이 장에서 두 가
지의 '대안' 화폐 실험을 언급할 것이다. 흔히 함께 언급되는 보완
화폐monnaies complementaires와 비트코인은 현 시스템에서 바로잡아야
하는 문제에 대해 매우 다른 관점을 가지고 있다.

　보완 화폐를 주장하는 사람은 '민간privee'의 화폐 제조가 사회의
복지보다는 이익을 추구하는 쪽으로 나아가기 때문에 불건전하다
고 주장한다. 이 악폐의 가장 확실한 징후는 대출받을 때 지불해야
하는 이자다. 벨기에 경제학자 베르나르 리에테르(1942~2019)는 이
이자를 내는 데 쓰이는 돈이 제조된 것이 아니기 때문에 그것을 회
수할 수 있는 해결책은 두 가지뿐이라는 사실을 강조한다. 즉 그것
을 다른 누군가에게서 뺏거나 새로 대출을 받는 방법이다. 바꿔 말
하면, 어떤 사람이 가난해지거나 문제를 해결하지 않고 회피하는
것이다. 보완 화폐의 주요 이론가 중 한 명인 리에테르가 볼 때, 인
간의 화폐 제조는 현재의 단기성과주의와 더 이상 지속할 수 없는
성장, 부의 집중 등으로 특징지어지는 경쟁사회를 만들어낸다. 우
리는 이익이 시간이나 위험을 보상할 수 있다고 가정한다. 이익을
수요와 공급의 결과로, 어떻게 보면 돈의 비용으로 보는 전통적 관
점에서 멀어져 있는 것이다.

비트코인 옹호자 모두가 똑같은 불만을 느끼는 것은 아니다. 비트

코인을 옹호하는 사람에는 온갖 부류의 사람들이 다 있어서(무정부주의자들, 컴퓨터나 인터넷에 대해서 아주 잘 아는 사람들, 금융혁신에 열광하는 사람들) 그들에게 하나의 정치적 색깔을 부여하는 것은 어려운 일이다. 그렇다고 해도 자유지상주의자들은 분명히 이 새로운 전자화폐의 보급에 가장 적극적이다. 이들은 시장은 하나의 자율적 질서를 이루기 때문에 국가가 개입하면 오히려 혼란스러워질 뿐이라고 주장한다. 국가는 잘못된 경제 개입으로 인해 생긴 국가 부채를 화폐화하기 위해 화폐를 제조한다. 자유지상주의자들이 매우 높게 평가하는 '오스트리아 경제학파'의 주요인물 중 한 명인 프리드리히 하이에크(1899~1992)는 "현대 국가는 무에서 화폐를 제조함으로써, 그리고 이를 통해 일자리를 창출해낸다고 주장함으로써 공공적자를 메꿔왔기에 크게 확대될 수 있었다"라고 비웃는다.[2] 흔히 통화량 증가의 결과인 인플레이션은 자기들이 저축해놓은 돈이 가치를 잃어가는 걸 보는 예금자들에게 과세하려는 기만적인 방법이다. 국가는 자신의 파렴치한 행위를 은폐하기 위해 각 개인의 돈을 빼앗는 데다가 돈이 이렇게 많이 풀릴 때는 위험한 투자와 과소비가 성행하게 된다. 이렇게 공권력에 의한 화폐 제조가 경제 위기의 원인이 되는 것이다.

이 두 가지 비판은 지금은 없어진 과거의 (이상화된) 통화정책을 말한다. 보완 화폐는 장기거래에 사용되는 '가치 저장' 화폐와 더 일상적이며 시간이 지나면서 가치가 떨어지는 '교환 화폐' 사이에서 균형을 찾으려고 노력한다. 이렇게 해서 중세에는 왕의 화폐가 도시나 영지, 혹은 수도원의 규모에서 발행한 화폐와 함께 통용되었다. 베르나르 리에테르에 따르면, 이 같은 시스템은 물질적 번영에 유리하게 작용했다. 즉 지역 화폐는 시간이 지나면서 여러 메커니즘에 의해 가치를 잃어버리기 때문에 그것을 가지고 있을 이유가 없을 뿐더러 시중에 지역 화폐가 더 빨리 유통되어 경제에 활력을 불어넣는다는 것이다! 다른 관점에서 보면, 몇몇 자유지상주의자들은 화폐 제조가 국가의 금 보유량에 의해 제한되었던 시대를 그리워한다. 그 당시에는 이론적으로는 지폐가 귀금속과 교환 가능했으므로 통화를 조작하기가 상대적으로 어려웠다. 이들은 비트코인이 이 '금본위제'에 가까운 방식을 되찾도록 할 수 있으리라고 말한다. 즉 화폐 창출은 오직 수학 공식으로만 이 금본위제에 속하며, 존재하는 것은 오직 디지털적으로 '채굴하는' 유한한 화폐 광맥뿐이라는 것이다.

이 두 가지 대안적 방안을 더 분명히 이해하려면 그들의 역사와 기능을 재검토해야 한다.

거래의 사각지대를 메우는 보완 화폐

우리는 지역교환시스템SEL과 시간은행, 기업 간 화폐 등 재화와 용역의 교환을 해결해주는 여러 가지 메커니즘을 '보완 화폐'라는 이름으로 분류한다.[3] 이 화폐의 역할은 공식 화폐를 대체하는 것이 아니라 다른 식으로는 이루어질 수 없을 거래를 수월하게 하는 것이다. 화폐는 거래할 준비가 되어 있는 두 사람 간의 중립적 수단이 아니며, 때로 거래를 불편하게 만들기도 한다.

그 점을 납득하기 위해서는 몇 가지 역사적 실례를 살펴보는 것으로 충분할 것이다. 1930년대에 대공황이 끝나자 은행 대출이 대폭 감소하면서 기업들이 자금을 조달해 기업 간에 진행했던 거래를 더 이상 할 수 없게 되었다. 1934년 스위스 기업가들은 새로운 기업 간 화폐WIR를 이용해 상호융자제도를 실시했다. 만일 한 제빵업자가 새로운 기계를 산다고 할 때, 그 기계를 만든 사람으로부터 기계를 인수하고 기계 값은 이 사람의 계좌 대변에 기입하는 것이다 (WIR로). 이 경우에 제빵업자가 채무자가 된다. 다행히 기계를 만든 사람은 신용을 이용해 대출을 받아서 그의 기계 배달용 자동차를 수리하기 위한 비용을 정비사에게 지불한다. 이후 이 정비사는 빵집에 빵을 사러 가고, 제빵업자는 수입을 얻는다. 모든 것은 전통적 시스템과 병행해 진행된다. 상호융자제도가 실시된 지 80년 이상이 지났지만 WIR는 여전히 존재하며, 미국의 한 경제학자는 이 제도가 경제를 안정시키는 효과를 발휘하기까지 한다고 주장했다 (이 효과 덕분에 스위스 경제가 튼튼한 것일 수도 있다)![4] 1929년 대공황 이후에 다른 조치들이 이어졌다. 독일의 슈바넨키르켄이라는 도시에서는 1930년 한 기술자가 시간이 지나면서 가치를 잃어버리는 멜팅melting 화폐를 발행한 덕분에 폐쇄된 탄광을 되살릴 수 있었다(어떤 과정을 거쳐 이렇게 되었는지는 나중에 설명할 것이다). 그로부터 2년 뒤, 오스트리아의 웨글이라는 도시는 이 방식에서 영감을 얻었고, 1956년에는 프랑스 중부의 리니에르앙베리라는 마을이 이와 똑같이 했다. 2000년대 이후에 기억에서 잊힌 이런 실험들에 사람들은 관심을 보였고, 서브프라임 모기지 사태 이후로는 이러한 실험들이 더욱더 주목을 받았다. 역사적 정신을 소유한 사람들은 19세기에 이루어진 통화 실험에서 영감을 받기도 한다.

우리는 이 같은 역사를 염두에 두고, 보다 최근에 이루어진 보완 화폐 실험을 들여다볼 수 있다. 대학교수인 마리 파르는 연속되는 세 가지 단계와 세대를 구분하는데, 이 세 가지는 지역통화제도LETS와 시간은행, 그리고 일반적으로 '지역화폐'라고 부르는 것이다.[5]

지역통화제도는 1980년대 캐나다, 1990년대 프랑스에서 SEL이라는 이름으로 발전했다. 이 상호신용제도에서는 참여자들(흔히 어느 지역이나 도시의 구성원들)이 '개 돌보기'나 '잼 담는 병', '컴퓨터 강의' 등 그들 각자가 제안할 수 있는 재화와 용역 목록을 관리를 맡은 협회에 통지한다. 이 모든 제안은 카탈로그에 실린다. 참여자들은 어떤 재화나 용역을 이용하는 데 필요한 측정 단위인 'SEL 열매'의 숫자를 서로 협상한다. 그들은 거래 '가격'을 협회에 알리고, 협회는 이 가격을 해당 계좌의 차변이나 대변에 기록한다. 용역을 '사기' 위해서 계좌를 꼭 플러스로 만들어놓을 필요는 없다. 각자 계좌를 0원으로 놓고 시작한다. "재화와 용역의 교환이 SEL 열매를 만들어냅니다." 기업체를 운영하다가 '대안 경제'의 상담가가 된 필리프 드뤼데르는 이렇게 말한다. 이렇게 해서 SEL은 "우리의 생각을 바로잡습니다." "화폐를 만들어내는 것은 실재하는 부이며, 그때 이 화폐는 교환을 용이하게 해주는 단순한 도구라는 본래의 기능으로 돌아갑니다."[6] 물론 악용을 막기 위한 규정(SEL 열매가 마이너스 한 계치 밑으로 내려가게 하거나 균형을 맞추지 않고 협회를 떠나서는 안 된다)이 있지만, '지역통화제 가입자들' 중에 '밀항자들'은 드물다고 광고한다. SEL의 목적은 특정 집단 내 상부상조 문화를 촉진하고, 그 집단에서 교환과 소속감이 일어날 수 있도록 하며, '전통적'인 직업에서는 인정받지 못할 수 있는 능력을 활용하는 것이다. 그렇지만 SEL이 사회적 활동에 '가격'을 매기고 그때까지만 해도 명확하게 측정되지 않았던 거래를 장부에 기입함으로써 회계 정신의 영향력을 확대하는 데 일조하는 것은 아닌지 생각해볼 수 있다. 만일 당신의 이웃 사람이 그전까지만 해도 항상 당신에게 드릴을 그냥 빌려주었는데 어느 날 갑자기 SEL에 참여해야 한다는 핑계를 대며 더 이상 빌려주지 않는다거나 당신의 용역을 요구한다면 당신은 어떻게 하겠는가? 쉽게 말하자면, SEL은 확신을 가진 활동가들 너머로 영향력을 확장하는 데 종종 어려움을 겪는다.

1980년대에 들어서면서 시간은행 세대가 이 첫 번째 대안 화폐 세대의 뒤를 이었다. 물론 시간은행의 옛 형태들이 일본에 존재하기는 한다. 그러나 이 운동을 창안한 사람은 'JFK'의 동생인 로버트 F. 케네디의 고문 변호사 에드가 칸이다. 칸은 시간 단위로 계산되는 상호신용제도를 상상해냈다. 당신이 '일을 한다면', 공동체에 시간을 제공하고 그 시간을 모아놓았다가 나중에 문에 페인트를 칠하거나 세금신고서를 작성하기 위해 도움을 요청할 때 그 시간을 쓸 수 있다. 이 제도의 독창성은 무슨 일을 하든 일하는 사람이 어떤 사회적 지위와 능력이 있든 상관없이, 누군가의 한 시간은 다른 사람의 한 시간과 동등하다는 사실이다. SEL과 비교해 시간은행은 용역의 교환에 집중한다(어떤 재화가 노동시간으로 얼마만큼의 가치가 있는지 평가한다는 것은 쉬운 일이 아니다). 칸은 이 제도가 시장경제에 대한 해답으로서 "(한 사회의 토대를 이루는 것에 대해 가치를 부여하는 것이 아니라) 드문 것, 즉 다른 사람에 관한 관심, 사랑, 시민의 자격, 좋은 이웃이 된다는 사실 등등에 가치를 부여"[7]한다고 생각했다.

SEL과 시간은행은 '지역화폐'라는 속명으로 지칭하는 대안 화폐의 제3세대로 가는 길을 열었다. 이 같은 변화는 1991년 코넬대학교가 위치한 뉴욕 북쪽의 이타카라는 도시에서 일어났다. 저널리스트인 폴 글러버는 이타카에서 지역화폐를 발행했고, 그 덕분에 계좌 관리를 중앙으로 모을 필요가 없다는 점에서 시스템이 더 개방적이고 가벼워졌다. 각 개인은 '이타카 아워Ithaca Hour'라는 이름의 지역화폐로 거래할 수 있다. 지역화폐 제도는 바로 이 원칙을 토대로 운영된다. 참여자들은 전통 화폐를 유리한 비율(100 공식단위당 105 지역단위)로 지역화폐와 교환한다. 이렇게 회수한 전통 화폐는 윤리적인 프로젝트를 재정지원하는 Nef 같은 협동 은행에 저금할 수 있다. 그러나 출금할 때는 태환성이 보장되지 않는다. 즉 어떤 참여자는 자신의 지역화폐 보유고를 공식 화폐로 교환해주지 않을 수도 있다.

지역화폐 제도는 유명 회사는 철저히 제외하고 지역 생산자들을 중심으로 운영하기 때문에 이론상으로는 지역에서의 소비가 증가하는 경향이 나타나기 시작한다. 이렇게 해서 소비자는 사회적·생태적 기준을 준수하는 기업의 상품을 구매하게 된다. 사람과 상품의 유통경로 축소, 고용 확대, 부정적 외부성(부정적 외부성이란 어떤 재화의 생산이 공동체에 해를 끼치는 것을 말하는데, 오염을 예로 들 수 있다)에 대한 더 나은 검토 등 짧은 순환에 대한 호의적인 논거가 다시 등장한다. 영국인 롭 홉킨스에 의해 시작되었으며, 석유 이후의 세계에 어떻게 적응할 것인가라는 문제에 대한 긍정적인 생각을 촉구하는 '변화하는 도시Transition town' 운동에서 지역화폐가 큰 부분을 차지한다는 사실은 전혀 놀랍지 않다. 이 화폐를 제조하는 것은 부로 간주해야 하는데, 이는 소득의 공정한 분배에 대해 깊이 생각해볼 기회를 제공함으로써 대중 교육에도 기여한다.

지역화폐는 실용성이 없어 보일 수도 있지만 그것의 중요성을 증대시키는 여러 메커니즘과 결합할 수 있다. 기본소득의 전부 혹은 일부가 지역화폐로 지불될 수 있을 것이다. 이렇게 하면 이 보조금을 외국에서 만들어진 상품을 사는 데 써버릴 위험이 줄어든다. 또한 세금의 일부나 시민 활동 시간을 돈으로 환산한 금액을 특별 화폐로 지불할 수 있을 것이다. 이렇게 해서 시민들은 시간을 내 이런저런 협회에서 활동하고 싶어 하게 될 것이다. 특히 이 지역화폐는 흔히 서서히 녹아 없어진다. 즉 시간이 지나면서 그 가치를 잃어버리는 것이다. 이 메커니즘은 오늘날에는 거의 잊힌 독일 경제학자 실비오 게젤

(1862~1930)에 의해 이론화되었다. 게젤은 돈이 "잠자지 않기"를, 즉 그것이 쌓이지 않기를 바란다. 그래서 그는 "녹스는" 화폐를 상상한다. 즉 지폐의 가치를 간직하기 위해 일정한 시간 간격을 두고 스탬프를 찍어야 한다. 따라서 화폐는 더 빨리 유통되어(이론상으로) 경제에 활력을 불어넣는다. 고전적 경제학자들은 이 같은 생각이 화폐가 가진 세 가지 기능 중 하나, 즉 시간이 흘러도 그것의 부를 간직하도록 하는 가치 저장의 기능[8]을 잃어버리게 할 것이라며 경계한다. 경제가 각자 그 자체의 화폐를 보유하고 있는 작은 공동체들로 분산되는 것은 비정상적이다. 왜냐하면 화폐의 목적은 교환을 수월하게 만드는 것이기 때문이다. 따라서 단일 화폐를 가지는 것이 더 간단하고 효율적으로 보인다. "그럴지도 모르지요!" 베르나르 리에테르는 대답한다. 그러나 그에 의하면 이 같은 효율성을 발휘하기 위해서는 만성적인 불안정성이라는 대가를 치러야만 한다. 1970년과 2010년 사이에 은행 공황이 145번, 화폐 가치 폭락이 208번, 국가채무로 인한 위기가 72번 일어났다.[9] 리에테르는 생태계의 역학에 관한 연구로 알려진 생태학자 로버트 울라노비치의 연구를 토대로 최적화된 생태계가 가장 지속적이지는 않다는 사실을 보여준다. 자연은 효율과 탄성에너지 사이에서 균형을 잡는 것을 목표로 하는 것처럼 보인다. 따라서 대안 화폐를 도입해서 전통 화폐를 안정시켜야 한다. 표준이 되는 예는 우리가 서문에서 보았던 스위스의 WIR이다. 즉 전통적 은행들이 더 이상 돈을 빌려주지 않을 때 WIR이 그 뒤를 이어받는 것이다(WIR은 반주기적이라고 말한다). 이 같은 맥락에서, 유로를 만들어내는 데 참여했던 리에테르는 독일 사람 마르그리트 케네디와 함께 지

역화폐의 도입을 ('지방으로 이루어진 유럽'의 정치적 출현을) 옹호한다.[10]

비트코인과
블록체인

이제 암호화폐로, 그중에서도 가장 널리 알려져 있으며 2009년에 만들어진 이후 수많은 논란을 불러일으키고 있는 비트코인으로 관심을 돌려보자. 이 화폐 연구는 블록체인이 어떻게 기능하느냐에 관심을 갖는다. 다른 암호화폐들의 기반이 되기도 하는 이 기술 방식은 엄청난 정치적 결과를 가져올 수도 있을 것이다.

비트코인이란 무엇인가? 두 사람이 제삼자를 통하지 않고 직접 자기들끼리 거래할 수 있도록 해주는 전자결제시스템을 만들려고 했던 암호취급자(암호취급자는 정보를 암호화하고 인증하는 시스템을 만들어 낸다) 집단이 있었다. 실제로 거래는 대부분 은행이나 다른 기관을 통해 이루어지며, 은행이나 기관은 이 거래를 재가하고 대차 잔고를 기록하여 그 흔적을 보관한다. 즉 어떤 권위 있는 기관이 있고 우리는 이 기관을 신뢰한다(선택의 여지가 많지 않다). 이 제삼자는 정보과학 이전에 존재했다. 그러나 이 제삼자는 복사가 표준이 된 세계에서 전자화폐가 변한다는 사실에 의해 그 필요성이 더 커진다. 즉 디지털 파일은 무한하게 복사할 수 있다. 어떤 재화나 용역의 구매자가 가지고 있다고 말하는 금액을 정말 가지고 있는지, 그가 그 금액을 이미 써버리거나 위조한 것은 아닌지를 어떻게 확인할 수 있을까? 은행은 바로 "이 사람은 이 돈을 확실히 가지고 있으며 분명히 그날 당신에게 그 돈을 입금했습니다"라고 말하기 위해 있는 것이다. 암호기술자들은 처음부터 P2P로 기능하는 분산된 네트워크로 구상되었던 인터넷과 조금 비슷하게, 이처럼 신용할 수 있는 제삼자 없이 안전하게 검증할 수 있는 방법을 찾는다. 신용할 수 있는 중앙기관의 감독을 받지 않고 다량의 정보가 교환된다. 2008년 말에 사토시 나카모토라는 사람(실제 신원은 여전히 알려져 있지 않다)이 이 문제를 해결했다며 나섰다. "나는 신뢰할 수 있는 제삼자의 개입 없이 P2P로 거래할 수 있는 새로운 전자결제시스템을 연구했습니다." 바로 이것이 비트코인의 탄생이다.

비트코인 규약은 중개자 없이 위조가 불가능한 투명하고 분산된 방법으로 거래를 기록할 수 있도록 해준다. 시스템은 '광부mine'라고 불리는 컴퓨터로 유지되는데, 이 광부 컴퓨터는 수학적으로 일치하는 형태를 통해 네트워크 안에서 이루어지는 거래를 확인하고 비트코인 계산 단위를 채굴해낸다. 이것이 비트코인이 만들어지는 유일한 경로이며, 2100만 이상은 절대 여기서 채굴될 수 없다(규약이 바뀌는 경우를 제외하고). 실제로 광부들에 대한 보상으로 주어지는 비트코인의 숫자는 복잡한 과정에 따라 약 4년에 한 번씩 절반으로 줄어든다.

비트코인의 주창자들은 서로 다른 분야에서 일을 하지만, 가장 열심히 이 새로운 전자화폐를 전파하는 것은 분명히 자유지상주의자들일 것이다. 나카모토 자신은 이메일 리스트나 비트코인 포럼에 쓴 메시지가 암시하듯 자유지상주의자의 기질을 가지고 있었던 듯하다. 언론은 또한 비트코인으로 마약과 무기를 사고파는 플랫폼인 '실크로드'를 운영한 혐의로 고발된 젊은 미국인 로스 울브리히트에게 큰 관심을 보였다. 그러나 그들은 '실크로드'가 반反사회(유일하게 준수해야 할 규칙은 자유지상주의자들이 소중하게 생각하는 '비공격의 원칙'인)의 실례가 되려고 했다는 사실은 알지 못했다. 즉 "그 어떤 개인도, 그 어떤 개인들의 집단도 누군가의 인격을 훼손하거나 소유권을 침해해 그 사람을 공격할 권리를 가지고 있지 않다."[11] 그래서 아동 포르노 영상은 이론적으로는 '실크로드'에 받아들여지지 않았다.[12]

자유지상주의는 미국에서, 특히 실리콘밸리에서 드물지 않게 접할 수 있으며 2008년 서브프라임 모기지 사태 이후에 다시 힘을 얻기 시작한 사상이다. 그것은 개인의 자유를 속박하고 시장경제를 왜곡한다고 비난받는 국가의 개입에 대한 극단적 비판이다. 국가를 완전히 없애려는 경향(무정부주의적 자본주의자들)에서부터 최소한의 국가를 권장하는 경향(최소정부주의자들)까지, 여러 경향이 자유지상주의에 연결되어 있다. 이 정치철학에 영감을 제공한 위대한 인물 중에는 프리드리히 하이에크나 루트비히 폰 미제스(1881~1973) 같은 '오스트리아학파' 경제학자들이 있다. 그들의 저술은 시장의 자발성이 국가의 계획경제주의보다 훨씬 더 효율적인 경제질서를 만들어낸다는 것을 보여주려고 노력한다. 이 운동에서 자주 등장하는 또 다른 인물은 여성 작가인 아인 랜드(1905~1982)로, 그녀의 소설들은 무능한 관료제와 싸우는 탁월한 개인들을 등장시킨다.

그렇다면 '오스트리아 경제학자들'과 자유지상주의자들은 도대체 비트코인의 어떤 점을 그토록 마음에 들어 했던 것일까? 우리는 국가가 화폐의 유통에 개입함으로써 경제를 혼란스럽게 한다고 생각하는 사람들이 현재의 시스템을 비판하는 것을 보았다. 총량이 2100만으로 고정되어 있으며, 오직 알고리듬에 의해서만 제조되는 비트코인은 해결책처럼 보인다. 경제학자 필리프 에를렝은 이렇게 확언한다. "우리는 자기 말로는 경제를 떠받치기 위해서라고 말하지만 사실은 특히 공공부채와 개인부채를 훨씬 더 많이 축적하기 위해 그 총량이 상황에 따라 증가하는 현 종이 화폐와 정반대되는 지점에 있다."[13] 그때 비트코인은 금에 가까워지며, 또한 비록 평행 관계가 덜 명확하기는 하지만 (중앙은행의 통제를 받지 않는)자유 은행 제도에도 가까워진다. 그때 우리는 시장의 조절 메커니즘을 옹호하고 통화 정책이 경제를 활성화시키는 수단이라고 생각하는 케인즈 학파 경제학자들이 왜 비트코인을 불편해하는지를 이해하게 된다. 이 학자들은 흔히 가정된 모순을 겨냥해 비트코인을 격렬하게 비난한다. 금이 '내재적 가치'를 갖고 있다면, 비트코인의 '내재적 가치'는 무엇인가? 금본위제의 목적이 경제 안정을 보장하는 것이라면, 그 가치가 급변하며 매우 불안정한 비트코인에 대해서는 뭐라고 얘기할 것인가? 이 경제학자들은 비트코인이 법적 통용력을 가지고 있지 않으며 사람들이 그것을 지불수단으로 받아들이도록 강제할 방법이 없다는 사실을 강조한다. 순수하게 경제적인 관점에서 보면, 이 '채굴되는' 화폐는 통화를 수축시킬 위험을 안고 있다. 비트코인의 가치가 어쩌면 내일 증가할지도 모른다는 것(왜냐하면 그것을 점점 덜 '채굴하기' 때문에)을 알고 있는 비트코인 보유자는 그것의 사용을 자제할 수도 있을 것이다. 그렇게 되면 돈은 동결되어 유통되지 않는다. 그들이 궤변이라고 판단하는 이 같은 논증에 직면한(어떻게 한편으로는 비트코인의 모든 가치를 부인하고, 또 한편으로는 그것이 축적될까봐 걱정하는 것일까?) 암호화폐 옹호자들은 비트코인이 국가부채에 대한 균형추와 가치 저장 수단이 될 수도 있을 것이라고 주장한다.[14]

오직 이 같은 경제적 양상으로만 암호화폐에 마음이 끌리는 현상을 설명할 수는 없다. 비트코인은 완전하게 익명은 아니지만, 그럼에도 불구하고 전통적인 화폐 유통보다 비밀을 훨씬 더 잘 보장해준다. 비트코인 거래는 가명으로 이루어지고, 이 같은 사실이 사생활을 지키려는 사람들의 마음을 사로잡는다. 실제로 한 개인의 구매, 지출, 수입보다 더 잘 그 사람의 생활을 드러내 보여주는 것은 없다. 사람들은 1990년대 초부터 발달하기 시작한 크립토아나키즘(암호 기술에 기반한 무정부주의)으로부터 영감을 얻기 시작했다. 크립토아나키스트들은 사람들의 익명성을 보장하고 정부가 제정한 규칙과 감시에서 벗어날 수 있도록 해주는 암호법 도구들을 도입해 국가의 통제를 무너뜨리려고 한다. 1992년에 배포된 선언문은 인쇄술의 발명과 평행을 이룬다. "인쇄술이 중세의 길드가 가졌던 권력과 중세의 사회적 계급을 약화시키고 축소시켰던 것과 마찬가지로, 암호법은 경제 거래에 대한 정부 개입과 동업조합의 본질을 변질시킬 것이다."[15] 비트코인은 자유지상주의자를 넘어서 권위에 복종하려 하지 않는 무정부주의적인 정신을 가진 이들을 매혹한다.

일부 비트코인 옹호자들은 또한 그것이 탈중심화된 세계의 형태를 다시 만들 수 있도록 해주기를 원하고 있다. 비트코인이 기초를 두고 있는 ('블록체인'이라고 불리는)기술적 과정은 거래를 인증함으로써 중개인 없는 세계의 가능성을 보여준다. 예를 들어 비트코인 구조에서 영감을 얻은 이더리움 기술로 스마트 계약 같은 애플리케이션을 만들 수 있다. 이처럼 지능을 갖춘 계약은 자동화된 방법으로 자동차를 빌리거나 납입금의 환불과 징수가 투명하고 자동적인 방법으로 이루어지는 상호보험제도를 만들어낼 수 있도록 한다. 이 스마트 계약 제도를 복합적으로 만들다 보면 결국은 투명하고 위조할 수 없는 규정에 의해 규제되는 수평적이고 탈중심화된 자동 조직DAO에 도달하게 된다. 이렇게 해서 서열이 없는 협동조합을 상상할 수 있다. 저널리스트인 스테판 로농은 "개인들이 권력을 되찾은" 세계에 대해 다음과 같이 기술한다. "그들은 감독 없이 자기들끼리 거래하며, 그들의 관계는 블록체인에 기록된 계약서에 의해 조정된다. 그들은 자신을 위해 일하며, 기업들은 사라지고 일시적 프로젝트가 진행된다. 국가는 최소한으로 축소된다. (직접적이거나, 혹은 주제에 따라 각 시민이 위임하는)전자민주주의는 각 개인이 원하는 것이 고려되도록 보장한다."[16]

때로는 유토피아적이라고 판단되는 이 프로젝트는 장애에 부딪칠 위험이 있다. 국가가 다시 통제를 시도할 수 있기 때문이다. 유통의 불안정성이 사용자들을 불안하게 하거나 투기자들을 유혹할 수 있다. 비트코인과 유사한 시스템의 작동은 엄청난 양의 에너지를 요구하며 한층 더 큰 문제를 불러일으킨다. 몇 년 전만 해도 구형 컴퓨터로도 비트코인을 채굴할 수 있었다. 그러나 지금은 엄청난 계산능력이 필요해서 흔히 '생산자 연합'이나 전기세가 비싸지 않은 지역에 있는 실제 기업이 이 채굴 작업을 한다. 이론적으로 볼 때 이 시스템은 '50+1' 공격에도 안전하지 않다. 만일 어떤 사람이 네트워크가 가지고 있는 계산능력의 절반 이상을 독점한다면 그 사람은 거래를 조작할 수 있다(네트워크가 확대될수록 이러한 공격이 이루어질 가능성은 감소한다). 더 정치적인 관점에서 보면, 위에서 기술된 미래 전망은 인간관계의 밀도가 정보부호 체계로 표현될 수 있다고 가정한다(물론 이것은 명백한 가정이 아니다). P2P 이론가인 미셸 바우웬스에 따르면, 비트코인은 "집단적인 것을 인정하지 않고, 민주적 거버넌스를 불신하며, 자기들끼리 알고리듬에 의해 자동화된 계약을 맺는 개인들을 완전히 지향하는 시스템을 만들려는 이데올로기의 성격을 띤다."[17] 그렇지만 그는 블록체인이 "지역에서 공동체를 위한 해방의 목적으로 쓰일 수 있게 되기를" 바란다(공유에 관한 장을 참조할 것).

역사적으로 참고할 만한 지역화폐에는 무엇이 있는가?

우선 1849년에 사회주의자 피에르조제프 프루동(1809~1865)이 출범시킨 '교환 은행'('인민 은행'으로 바뀜)을 생각할 수 있다. 그것은 교환권에 기초를 둔 무료 은행이다. 정식 교육을 받은 엔지니어로서 군에서 행정장교로 복무하고 있던 클리퍼드 휴 더글러스(1879~1952)는 1924년에 일반배당금 제도를 상상해냈다. 더글러스는 사립 은행의 융자를 '사회적 융자'로 대체할 것을 제안했다. 1933년에 경제학자 어빙 피셔(1867~1947)는 일부日賦 화폐Stamp Scrip을 옹호하는 책을 썼다. 이 프로젝트는 실비오 게젤이 상상해낸 소멸 화폐와 유사하다. 어느 도시의 시청은 대공황으로 인한 화폐 부족에 대처하기 위해 1년 중 52번의 수요일과 일치하는 52개의 칸이 그려진 증서를 발행했다. 유가증권을 계속해서 사용하려면 매주 인지를 사서 증서에 붙여야만 했고, 따라서 화폐는 축적되지 않고 최대한 빠르게 투자되거나 소비되어야 했다. 이 시청은 연말에 증서와 달러를 맞바꿀 수 있을 만큼 충분한 돈을 모을 수 있다. 피셔는 이것이 '신新사업'에 부과된 가벼운 세금의 한 형태라고 보았다.

비트코인은 어떻게 기능하는가?

엘리스가 밥에게 비트코인으로 지불하려 한다고 상상해보자. 그녀는 비트코인이 저장된 '월렛'이라는 디지털 지갑을 가지고 있다. 그녀는 또한 일련의 숫자와 문자의 형태를 가지고 있으며 자신의 계좌 번호와 비슷한 공용 암호 열쇠도 가지고 있다. 이 암호 열쇠는 자신의 거래를 확인할 수 있도록 하는 비공용 암호 열쇠(금고의 암호처럼)와는 반대로 모든 사람이 볼 수 있다. 이 시스템에는 이중 열쇠(비대칭 암호화 장치)가 달려 있으며, 이는 암호법에서 매우 일반적이다. 엘리스가 밥에게 송금을 하면 이 거래는 다른 거래와 통합되어 '블록'이라는 것을 형성한다. 이 거래들은 공개적으로 이루어지며 탈중앙화되고 (정상적으로는) 위조할 수 없는 장부에 기록된다. 평균 10분에 한 번씩 새로운 체인이 채굴이라고 불리는 방식을 통해 블록체인에 첨가된다. 채굴의 목적은 거래 내역을 확인함으로써 거래가 유효해지는 것을 확인하는 것이다(엘리스는 밥에게 송금하려는 비트코인을 정말 가지고 있는가?). 각 비트코인은 그것이 만들어진 후에는 이렇게 추적당할 수 있다. 따라서 이중으로 소비하거나 위조화폐를 사용하는 일은 일어날 수가 없다. 암호법과 합의 메커니즘은 이 일련의 거래 과정이 왜곡되는 것을 방지해준다. 이처럼 검증을 하려면 상당한 수준의 연산력이 필요하고, 이 연산력은 비트코인으로 보수를 받는 네트워크 컴퓨터들(광부들)이 제공한다. 그러므로 비트코인을 획득할 수 있는 가장 일반적인 방법은 (직접 채굴하는 것보다는)그것을 사는 것이다. 유로화를 달러화로 바꿀 때처럼 환전 플랫폼에서 비트코인을 구매할 수 있다.

07

포퓰리즘

정치에 문제가 일어날 때마다 포퓰리즘은 라디오와 텔레비전, 신문의 대화에서 어떤 모욕이나 상징으로 등장한다. 우리는 대의민주주의의 위기, 사회적·문화적인 불안, 미디어의 일탈, 집단 정체성의 분열 등 다양한 기원을 가진 '포퓰리즘의 파도'에 휩쓸리게 될 것이다. 토론은 거의 대부분 이 파도가 '민주주의를 위협하는 위험'이라는 원칙에서 출발한다. 이 말을 자꾸 되풀이하다 보면 상투적인 정치 논평이 되어버리는데, 스페인의 포데모스를 비롯한 몇몇 운동단체는 일부러 자기들이 포퓰리즘을 표방한다고 주장한다. 이 단체들은 포스트마르크스주의라는 철학 사조와 사르디니아 출신 공산주의자 안토니오 그람시(1891~1937)가 쓴 글의 강독에서 영감을 얻었다. 그중 일부 활동가는 신자유주의 모델의 위기와 우리 사회의 '과두화寡頭化', 즉 '사회적 다수'와 소수의 '초부유층' 간의 점점 더 넓어지는 구렁을 이유로 이 같은 전략적 방향을 정당화하고 옹호한다. 이 장에서 우리는 흔히 우파나 민족주의(미국의 트럼프, 헝가리의 오르반, 프랑스의 르펜)와 결합되는 용어가 어떻게 좌파에 적용될 수 있는지를 보게 될 것이다.

역사 속 포퓰리즘과
그 오해들

유럽에서 '포퓰리즘'이라는 단어는 선동과 지나친 단순화, 그것이 높은 곳의 인민('엘리트')이건, 정면의 인민('외국인')이건 간에 '인민'의 건전한 정신에 기생하는 희생양의 지정을 떠올린다.[1] 그렇지만 시선을 뒤쪽으로 돌려보면 이 단어의 의미는 전혀 명확하지 않고 애매모호하다. 최근의 역사에서 이 단어는 긍정적인 의미(대중의 통합, 민주주의에 대한 욕망)와 부정적인 의미(조작, 수사의 폭력) 사이를 끊임없이 왔다 갔다 하고 있다. 이 단어가 똑같은 역사적 경험을 기반으로 할 때조차도 그것의 깊은 의미에는 논의의 여지가 남아 있다.

19세기 말의 포퓰리즘은 미국과 러시아에서 동시에 출현한 두 가지 농민운동 집단, 즉 인민당과 나로드니키와 결합되어 있다. 1892년 세인트루이스에서 구체화된 인민당은 민주주의자와 공화주의자 엘리트들로부터 배신당했다고 확신한 미국 남부와 서부의 소작인들을 결집시켰다. 이 당의 지지자들은 "선거와 국회의원, 국회, 행정부를 지배"하는 "부패"를 비난하고, "공화국 정부를 서민들에게 넘겨줄 것"을 요구했다.[2] 1950년대에 매카시즘의 뿌리를 찾아 떠났던 미국 역사학자들은 그 당시 "인종차별주의의 온상, 심지어는 파시즘의 온상"[3]으로 기술되었던 이 인민당에서 그것을 발견했다고 믿었다. 1970년대에 다른 연구자들이 루스벨트의 뉴딜 정책을 예고하는 인민당의 개혁적 측면을 상기하며 이 최초의 미국 포퓰리즘을 재평가했다. 유사한 분쟁이 1850년대에서 1880년대까지 러시아에서 자본주의와 산업화에 직면한 농촌 공동체를 고양시킨 나로드니키 운동을 둘러싸고 벌어졌다. 레닌은 사회주의를 '과학적'이라기보다는 '유토피아적'이라고 판단하고 농민 계층을 불신했다. 나로드니키 운동은 후일에서야 다시 호의적인 시각에서 검토되었다.

'포퓰리즘'은 20세기 내내 새로운 의미를 축적했다. 유럽에서는 계급과 정당을 넘어 인민에게 호소함으로써 파시즘의 트라우마를 깨웠고, 라틴아메리카에서는 사회학자들이 페론(1940년대 아르헨티나 대통령이었던 후안 페론)주의 같은 민족주의-대중주의 운동을 기술하기 위해 이 개념을 철저히 연구했다. 즉 카리스마를 갖춘 지도자들은 "산업 발전을 권장하고 대중을 엄청난 규모로 동원할 때, 현대성의 이점이 최대한 많은 숫자의 사람들에게 도움을 주어야 한다고 주장하는 민족주의적이며 대체로 도시적인 경험"[4]을 주도하였다.

이렇게 역사적으로 간략히 살펴보는 것으로 '포퓰리즘'이 어느 정도로 유동적이고 위험한 개념인지 이해할 수 있다. 인민당에 대해 한 역사학자는 이렇게 설명했다. "한편으로 포퓰리즘은 위협받는 민주주의를 구하겠다는 의지와 진지한 분노에서 비롯되었지만, 다른 한편으로는 아메리카 역사의 충격을 악랄한 음모로 축소하고 싶은 유혹과 관련된다."[5] 포퓰리즘의 개념은 이 같은 긴장에서 한번도 벗어난 적이 없다. 포퓰리스트 지도자들은 소외된 사람들에게 발언권을 줌으로써 민주주의에 다시 활기를 불어넣을까? 아니면 환상의 적에 맞서 서로 어울리지 않는 사회집단을 결집시키기 위해 위험한 열정을 고조시키는 것일까?

정치학자들은 포퓰리즘을 어떻게 바라보는가

그러므로 포퓰리즘은 "그것의 의미를 밝혀내려고 하자마자 바로 모습을 감추어버리는 데서 짓궂은 즐거움"[6]을 느낀다. 포퓰리즘을 어떻게 정의할 수 있을까? 이에 대해 말하는 것은 진부하다. 사람들은 포퓰리즘은 '대중'을 신뢰하고 '엘리트'를 불신한다고 가정한다. 이렇게 최소한으로 정의하면 매우 큰 차이를 허용한다는 문제를 낳는다. 2017년 프랑스 대통령 선거 당시 모든 후보들은 '포퓰리스트적'이라고 간주되었다. 보다 실질적으로 포퓰리즘을 정의하기 위해서는 정치학이 정립한 유형을 살펴보아야 할 것이다.

시대에 좀 뒤떨어지기는 했지만 가장 많이 인용되는 정의는 영국 정치학자 마거릿 카노반이 내린 것으로, 그녀는 1981년에 '토지 포퓰리즘'과 '정치적 포퓰리즘'[7]을 구분했다. 그녀는 첫 번째 범주에 인민당과 동유럽의 농민운동, 나로드니키 운동의 지적 농업 사회주의가 구체화한 농민 급진주의를 위치시킨다. 또 그녀는 '정치적 포퓰리즘'에 페론주의 모델에 따른 포퓰리스트 독재주의와 포퓰리스트 민주주의(스위스의 직접민주주의), 반동적 포퓰리즘(그 좋은 예가 시민의 권리에 반대하고 인종차별을 옹호하는 것으로 유명해진 1968년도 미국 대통령 후보 조지 월리스다), 그리고 마지막으로 (정당을 넘어 대중들에게 직접 호소하는)정치인들의 포퓰리즘을 놓는다.

이 모든 것은 가족 유사성을 갖는데, "비난과 찬양으로 구성되는" "반엘리트적" 연설을 공유하고, "대중"을 흥분시키며, "보통 사람" 의 페이소스 및 (그들이 갖추었다고 알려진 단순함과 정직함, 건강의 측면에서 그들 사이에는 동등한) 대중과의 직접적인 소통을 강조한다.[8] 데모스(demos, 정치공동체와 연관)에 대한 호소와 에스노스(ethnos, 민족 공동체와 연관)에 대한 호소를 구분 짓기 위해 고대 그리스어의 도움을 받는 것 역시 흔히 있는 일이다. 첫 번째 범주는 좌파의 현대적 영역(사회에 반대하는 포퓰리즘)에 속하는 반면 두 번째 범주는 우파(민족적 정체성을 찾는 포퓰리즘)에 가깝다. 한쪽에는 불굴의 프랑스La France Insoumise와 포데모스, 버니 샌더스가 있고, 다른 쪽에는 국민연합×과 빅토르 오르반, 도널드 트럼프가 있다.

그러나 포퓰리즘의 정의를 내리는 것이 어렵기 때문에 "어떤 사회가 처해 있는 상태를 매우 잘 보여주는 징조"로 은연중에 더 자주 이해된다.[9] 민주주의의 위기(대의민주주의의 위기)와 사회적 위기(모든 영역의 국민이 자기가 가난해지고 있다는 느낌을 받는다), 문화적 위기(시간의 가속화와 생활 조건의 급격한 변화가 '더 이상 편안하지 않다'는 느낌을 고

× 2018년에 국민연합Rassemblement National으로 명칭이 바뀌었다.

착시킨다) 등 세 가지 위기를 나타내는 징후로 포퓰리즘이 기술된다. 저자의 정치적 성향에 따라 이 변수들 중 하나가 강조될 것이다.

더 깊이 들어가면, 포퓰리즘은 정치적 현대성에 내재한 상당히 발전된 민주주의와 자유주의적 형태의 제도 사이에서 탄생한 것으로 추정된다. 민주주의를 합리적인 개인들이 그 안에서 평화적으로 대립하는 '중립적' 조건으로 간주하는 경향이 있는 자유주의자들은 '다수의 독재'를 피하기 위해 제도적 보호막(상원, 헌법재판소, 양도할 수 없는 권리)을 마련하려 한다. 민주주의자들은 결국 지배계급의 이익을 보호하는 경향이 있는 이러한 개념을 불신하고, 인민주권이 표현할 수 있는 일반의지의 존재를 가정하고자 한다. 민주주의에 대한 욕망이라고 볼 수 있는 포퓰리즘은 바로 이 영원히 풀리지 않는 긴장으로부터 탄생했다. 제도들은 '폐쇄적'이고 권력은 약화된 것처럼 보이기 때문에 이 같은 욕망은 한층 더 강해진다. 만일 포퓰리즘이 이렇게 정치적 현대성과 연관된다면 그것은 또한 후기 현대성이라고 불리는 것과도 연결될 것이다. 즉 집단 정체성이 분열되면서 각계각층의 지지를 받는 일체화('밑으로부터의 프랑스', '일찍 일어나는 프랑스')가 이루어지고, 주변적 상대주의에 의해 정체성이 분열되고, 가짜뉴스가 크게 증가하며, 근본적 의심이 음모론을 불러오는 것이다.

그렇지만 포퓰리즘이라는 명칭은 그것이 서술한다고 가정하는 사람보다 그것을 사용하는 사람에 대해 더 많은 것을 말해주는 것은 아닐까? 한 정치학자는 이렇게 말한다. "포퓰리즘을 부정적으로 판단하는 사람들은 사고의 냉철함을 유지하는 데 큰 어려움을 느끼는 듯 보인다."[10] 포퓰리즘이라는 인증표는 유럽의 건설이나 '정통적'이라고 말해지는 경제정책에 대한 모든 비판을 반박하는 데 쓰이지 않던가?

포퓰리즘은 대중을 어떻게 인식하는가

급진 좌파들에게 영감을 제공하는 프랑스 철학자 자크 랑시에르는 《민주주의는 왜 증오의 대상인가La haine de la democratie》(2005)에서 이 포퓰리즘이라는 단어가 "인민 없이, 즉 정치 없이 통치하겠다는 소수 지배집단의 바람을 감추는 동시에 드러낸다"[11]라고 쓴다. 여기서 정부와 언론인, 대기업 경영자들이 토템으로 여기며 공감하는 하나의 똑같은 이념적 문구이자, 마거릿 대처의 "다른 대안은 없다"라는 말이 요약하는 생각을 발견할 수 있다. 그들 자신의 이념이 어디서 접합되는지를 알 수 없는 이 엘리트들은 너무나 당연하게도 "생각이라는 걸 제대로 하지 못하는" 대중들을 경멸하는 태도를 취한다. 국민전선이 뭔가 수상쩍은 의도를 가지고 대중들에게 접근한다는 소문을 널리 퍼트리기 위해 국민전선에 포퓰리즘이라는 수식어를 붙였다는 의견이 제시되기까지 했다. 이처럼 부정적인 의견은 민주적 정치제도가 제대로 작동하기 위해서는 "일부 개인과 집단들에게 어느 정도의 초연함과 비참여"[12]가 필요하다고 확신하는 서양의 일부 엘리트에게 쓸모가 있을 것이다.

실제로 포퓰리즘이 불러일으키는 불안감은 집단적 운동에 대한 불신이라는 정치적 전통과 궤를 같이한다. 세 가지 비판이 자주 되풀이된다. '대중'은 실재하지 않고, '대중'은 시대에 뒤떨어져 있으며, '대중'은 비합리적이다.[13]

'대중'이 실재하지 않는다는 생각은 오랜 정치철학적 근거를 가지고 있다. 우리가 이미 본 것처럼, '자유주의자들'은 개인적 이익의 단순한 결집을 능가하는 공공의 이익이 존재한다는 생각을 경계한다.[14] 논거는 다음과 같다. 인간 사회는 그들의 일체성을 오직 그들의 대표자들을 통해 상징적으로만 발견하는 개인들로 이루어져 있다는 것이다. 대중은 이 같은 논리가 세워지기 전에는 존재하지 않았다. 그러니 '국민'에 대해 말하는 것이 낫다. 이 같은 논거는 비현대성의 논거로 보완될 수 있다. 즉 규모가 작았던 그리스 도시국가에서는 동질적인 '대중'에 대해 말하는 것이 가능했지만, 훨씬 더 규모가 크고 생활 형태가 다양한 오늘날 민주주의에서는 그렇지가 않다.

마지막으로 가장 격렬한 것은 비합리성에 대한 비판이다. 이 같은 비판은 그 뿌리가 매우 깊기도 하다. 플라톤과 아리스토텔레스도 '여러 명이 모여 있으면 더 바보가 된다'는 생각을 가지고 있었다. 이 같은 관점은 귀스타브 르 봉(1841~1931)의 관점으로 다시 수정되었다.《군중심리Psychologie des foules》(1895)에서 그는 대중매체의 시대를 맞은 군중에 대해 불안하고 쇠퇴적인 관점을 제시했고, 독일에서 출현한 민족사회주의는× 이 관점을 비극적으로 예증했다.

× 독일 나치당의 국가 사회주의.

대중에 대한 이 같은 불신이 이어지자 사람들은 "통치당하는 자들의 (너무나 빠르게 원칙적인 반엘리트주의 탓으로 돌리는) 통치하는 자들에 대한 불신"이 "통치하는 자들이 통치당하는 자들에게 품는 불신에 대한 단순한 응수"는 아니라는 생각을 할 수 있다.[15] 그때 포퓰리즘은 "현행 기관들이 제대로 기능하기 때문에 실제로는 정치적 수단(세계에 영향을 미칠 수 있는 능력)을 거부당하는 사람들이 그 수단을 달라고 요구하는 행동"처럼 보인다. 이 같은 부정적 인식을 불식시킬 분위기가 조성되어 있다. "내가 포퓰리스트라고요? 맞아요, 난 포퓰리스트입니다!" 프랑스의 급진 좌파 지도자인 장뤼크 멜랑숑은 《렉스프레스》에서 이렇게 말한다.[16] 인터뷰 시간은 짧았지만, 그가 "특권의 자만에 반대해 다수의 힘에 호소한다"라고 말하는 것으로 충분했다. 그러나 '좌파 포퓰리즘'의 제안은 라틴아메리카의 경험에서 큰 영향을 받은 두 철학자(상탈 무페, 에르네스토 라클라우)의 정치사상에서 그 기원을 발견하는 치열한 지적 토론으로 이어졌다.

정치를 보는 방법으로서의 포퓰리즘

벨기에 출신인 상탈 무페는 라틴아메리카에서 몇 년 동안 머무르다가 유럽으로 돌아왔는데, 주로 영국에 살면서 웨스트민스터대학교에서 학생들을 가르쳤다. 에르네스토 라클라우(1975~2014)는 아르헨티나 출신으로 그가 사망하는 2014년까지 엄청난 지적 명성을 누렸다. 그의 사상은 페론주의 연구에서 깊은 영향을 받았다. 1985년, 두 사람은 함께 《헤게모니와 사회주의 전략 *Hegemonie et strategie socialiste*》을 출판했는데, 그들은 마르크스주의와 사회민주주의 좌파는 1960년대 이후에 나타난 새로운 사회운동, 즉 페미니즘과 생태학, 소수민족이나 동성애자의 권리를 위한 투쟁 등을 "이해할 수 없다"라고 확신하고 연구 방향을 결정했다. 실제로 마르크스주의의 이데올로기적 해석은 무엇보다도 경제에 기반한다.[17] 어떤 사람의 정치적 정체성은 그 사람이 생산관계에서 차지하는 위치로 결정되기 때문에, 마르크스주의(최소한으로 내용이 빈약해진 마르크스주의)는 종과 피부색, 혹은 성별에 근거한 차별에 대해 생각하기 어려울 것이다. 마르크스주의는 대부분 그것이 노동자 진영을 이간시키기 위한 자본주의의 책략이라고 생각할 것이다. 라클라우와 무페는 이 계급 본질주의를 비판한다. 그들은 정통 마르크스주의가 정치를 단순한 폭로로 한정하는 것을 아쉬워한다. 즉 계급(정치에 앞서 존재했던 노동을 통해 만들어진 계급)투쟁의 적나라한 진실이 나타나도록 노동자들의 머리에서 ('허위의식'을 만들어내는)부르주아지의 선전을 제거해야 한다는 것이다. 그들이 생각할 때 이러한 개념은 반대로 직접 나서서 이질적인 무리와 요구로부터 집단을 식별해내는 정치를 제대로 평가하지 못한다. 그래서 포데모스의 창시자 중 한 명은 훗날 이렇게 말했다. "정치는 징집된 군대가 서로 맞서면서 시작되는 전쟁이 아니다. 사실 전쟁은 군대가 조직되는 바로 그 순간, 대치하고 있는 군대를 식별함으로써 시작된다."[18]

라클라우와 무페는 1926년 파시스트들에게 체포된 후 저작 중 많은 부분을 감옥에서 쓴 이탈리아 공산주의자 안토니오 그람시의 사상에 의지한다. 그람시는 당대의 관심사를 다룬 작가다. 그의 《옥중수고 Cahiers de prison》(1929~1935)는 정치적 스펙트럼의 한쪽 끝에서 다른 쪽 끝까지 읽히고, 공개토론회는 그람시의 개념들로 가득 채워진다.[19] 이 개념 중 가장 널리 알려진 것은 '헤게모니'다. 헤게모니는 어느 집단이 자신들의 사고방식, 즉 '상식'을 사회에 전파함으로써 자신들의 지배력을 확고히 하는 방법이다. 헤게모니는 물론 언어적 사실이지만('조세부담의 경감'이나 '부자들의 비연대성'에 대해 말할 때 모두가 똑같은 사회를 생각하지는 않는다), 그것은 또한 학교와 협회, 언론 등 '시민사회'를 만드는 모든 것의 바탕이 된다. 따라서 현대 국가는 강제하는 체제일 뿐만 아니라 시민사회 속에서 구체화되어 폭력에 의지하지 않고 동의를 얻도록 해주는 세계관이기도 하다. 바로 이 '문화적' 완충장치 덕분에 심지어는 아무리 심각한 경제 위기도 제도를 붕괴시킬 수는 없다. 그러므로 혁명가의 첫 번째 의무 중 하나는 부르주아지의 규범에 반대해 문화적 전투를 감행하는 것이다. 그람시는 '상부구조'에 속하는 이데올로기가 대부분 경제적 '하부구조'의 변화로 결정된다고 주장하는 전통적 마르크스주의와 구별된다. 그는 이 두 영역이 상호작용한다는 사실을 강조하고 '역사적 블록'(하부구조와 상부구조가 조화를 이루고, 헤게모니 질서가 한 시대의 물질 조건과 일치하는 순간)을 이론화한다. 이 같은 일치가 그것의 토대 위에서 흔들리면 '조직의 위기'에 빠지게 되며, 이 위기는 새로운 사회계급이 그들의 상식을 확고히 자리매김하고 권력을 잡을 때까지 지속된다.

따라서 헤게모니는 사회가 개인에 대해 하는 이야기 및 담화와 연관된다. 헤게모니는 엄밀한 경제적 결정주의에서 벗어나 '집단 의지'를 구체화하는 데 필요한 정치적 의지주의를 이론화하도록 해준다. 라클라우와 무페는 오직 헤게모니의 '담론적 실천'만을 부각시키기 위해 그람시의 유물론을 무시한다(여기에 대해서는 나중에 다시 이야기하게 될 것이다)는 비난을 받기는 하지만, 그럼에도 그람시의 계승자로 간주된다. 그들이 정치를 이해하는 데 헤게모니는 실제로 매우 중요하다. 집단 정체성은 더 이상 선천적으로 주어지거나 경제적 대결에서 유래하지 않고 계속해서 수정된다. 그러나 그것에 어떤 의미를 부여해야 한다. 이 같은 형태화는 수학적 은유를 좋아하는 라클라우가 불만의 '등가 사슬'이라고 부르는 것을 통해 일어난다. 제도가 그것에 전해지는 요구들을 더 이상 충족시킬 수 없을 때, 이 요구들은 하나의 거부로 응집될 수 있다. 2011년 스페인의 '분노한 사람들' 운동에서 이 같은 일이 일어났다. 이질적인 요구들(주택, 오염, 일자리)이 하나의 고발로 동등해진 것이다. "현재의 사회 구조가 젊은이들을 착취하기 때문에 청년들이 부모 집에서 사는 것이다!"[20] 여기서 새로운 사회집단('대중', 우리)이 구성되는데, 이 집단은 자신을 규정하기 위해 '엘리트 계급(외부, 그들)'을 필요로 한다. '잠재적' 상황에서는 이 같은 요구가 매우 불확정적이라는 사실을 잘 이해해야 한다. 예를 들어 '보호' 요구는 외국인들을 겨냥하기 위해서는 극우파에 의해, 혹은 소셜 덤핑˟을 비난하기 위해서는 좌파

˟ 외국 기업의 투자를 유치하기 위해 기업 경영에 필요한 각종 비용을 개발도상국보다 오히려 싸게 해주는 것.

에 의해 받아들여질 수 있다. 이 요구가 띠는 의미는 그것들을 새로운 '역사적 블록' 안에서 유기적으로 구성하는 것을 목적으로 하는 '반헤게모니적' 실천에 의해 정해질 수 있다.

라클라우는 《포퓰리즘의 논거 *La raison populiste*》(2005)에서 이 같은 대부분의 유기적 결합이 지도자를 필요로 한다는 사실을 보여준다. 라클라우는 포퓰리즘을 반대하는 사람들은 포퓰리즘 운동의 강력한 개인화를 자주 비난하지만, 그럼에도 불구하고 이는 거의 필연적이라고 말한다. 실제로 불만 상태가 되면 현존하는 정치질서 속에서 어떤 위치를 찾으려는 야심을 품기보다는 오히려 그것을 전복시키려고 한다. 이 계획은 정치공동체의 일부가 사회 전체를 그것의 토대 위에 되돌려놓기를 열망한다고 가정한다. 즉 국민의 일부가 국민 전체를 대표한다고 주장하는 것이다. 이 '신화적 충만함'은 오직 '특정한 의도를 가진 텅 빈 기표記標' 속에서만, 요구 전체를 '압축하게' 될 연쇄의 고리들 중 하나에서만 구현될 수 있다. 이 같은 방식에 가장 잘 들어맞는 '기표'는 어떤 슬로건이나 개념이 아니라 어떤 지도자다. 이 지도자는 오직 그의 이름만으로 더 쉽게 단순화되고, 각 개인은 새로운 질서에 대한 욕망을 그의 이름에 투사할 수 있다. 포데모스의 공동 설립자인 파블로 이글레시아스는 페론주의를 본보기로 삼는다. "한 아르헨티나 여성은 병원에서 낙태를 거절당하자 구두를 벗어 창문에 던지며 소리쳤다. '페론 만세!'"[21] 그 당시 아르헨티나에서 후안 페론은 국민주권의 요구를 응축했다. 그는 "신화적이기 때문에 언제나 우리에게서 벗어나는 충만함"이 투사되는 "부분적 대상"

이었다. 이 과정에서 정서情緖의 역할은 매우 중요하다.

지도자(혹은, '빵, 평화, 지구!' 같은 슬로건)는 그 대신 요구 전체에 대해 영향을 미치게 될 것이다. 그는 "나름대로의 방식으로 연쇄를 이루는 수행 활동"[22]을 주도한다. 이것은 매우 급진적인 생각이다. 라클라우는 이름이 어떻게 해서 사물의 토대가 되는지를 보여주기 위해 라캉의 개념을 다시 취한다. "대상의 정체성과 단일성은 이 명명 작업 자체의 결과다." 정치와 아무 관련이 없지만, 그것의 명확한 예는 말보로라는 담배 상표와 그것이 아메리카성과 맺는 관계다. "말보로는 아메리카의 정체성을 표현하지 않는다. 아메리카의 정체성은 그것을 말보로의 나라로 인정함으로써 구축되는 것이다." 이 담배 상표가 없으면 아메리카적인 것은 "의미를 나타내는 전체로 연결되지 않고 흩어질 주제"가 될 것이다. 이 과정은 왜 어떤 포퓰리스트의 언어는 항상 불명확하고 자주 바뀌는지 그 이유를 설명해준다. 즉 이 과정은 어떤 포퓰리스트의 이름이 지칭하는 것을 구성하며, "그가 통합하게 될 요구와 배제하게 될 요구 간의 경계"는 지속적인 의문의 대상이 된다.

좌파 포퓰리즘의 등장

세기의 전환기에 샹탈 무페는 사회민주주의 정당들이 자유주의에

합류하는 현상에 관심을 기울인다. '좌파'가 '중도 좌파'로 이동하는 사실은 좌파와 '중도 우파' 사이에 더 이상 큰 차이가 없음을 암시한다. 샹탈 무페는 '일치의 환상'이라고 부르고 다른 사람들은 '역사의 종말'이라 불렀던 것이 여기에 자리 잡는다. 즉 자유주의적 민주주의가 승리를 거두고, 사람들은 시장에는 이제 더 이상 대안이 존재하지 않는다고 말한다.

샹탈 무페는 그녀의 저서 《민주주의의 역설 Le Paradoxe democratique》 (2000), 《합의의 환상 L'Illusion du consensus》(2005)에서 이 같은 생각을 비판한다. 독일 정치학자 카를 슈미트(1888~1985)의 저술에서 영감을 받은 그녀는 합리적인 해결책이 나오도록 하려면 완화된 토론을 하는 것으로 충분할 것이라는 민주주의의 '연합적' 관점을 비판한다. 반면에 그녀의 관점은 '분열적'이다. 즉 정치는 두 상대자 간에 벌어지는 싸움 같은 것이다. 이 싸움은 해결책을 찾을 수 없이 늘 진행형이다. 다만 상대자는 죽여야 할 적이 아니다. '적대적인' 긴장이 아닌 '불가지론적'인 이 같은 긴장(적들 간의 긴장이 아니라 상대자들 간의 긴장)이 정치의 원동력이다. 하지만 이 같은 긴장이 깨졌고, 그로 인해 우리는 스페인의 '분노한 사람들'이 "우리는 투표권을 가지고 있지만, 발언권은 가지고 있지 않다"라는 슬로건으로 요약한 '포스트폴리틱스'의 세계에서 살고 있다. 정체성이라는 것은 관계적이며, 정치는 그들과 우리의 대립을 가정하기 때문이다. 그리고 이 같은 싸움은 헤게모니를 잡기 위한 것이기 때문에 중립적인 환경에서 벌어지는 것이 아니라 반대로 그 환경을 변모시키려고 한다.[23] 이러한 생각에는 비극적인 면이 있다. 정치는 어떤 외면적 가치나 역사의 법칙에 덧붙여지는 것이 아니다. 정치는 그것 자체의 토대다. 정치는 사회와 화해하고 싶어 하지만 계속해서 어긋나는 희망으로 늘 흔들린다.

포퓰리즘 정치가 라틴아메리카의 현실에 의해 만들어졌다는 사실을 상기하지 않는다면, 정치를 해석하는 한 가지 방법인 이 포퓰리즘 이론을 이해하기란 쉽지 않을 것이다. 무페와 라클라우를 앞세우는 활동가들은 일반적으로 에보 모랄레스의 볼리비아와 우고 차베스(1954~2013)의 베네수엘라, 라파엘 코레아의 에콰도르에 똑같이 관심을 표한다. 포데모스 운동의 창립자 중 한 사람인 이니고 에레혼은 "내가 정치를 생각하는 방식은 라틴아메리카에서 헌법 제정과 정치적 변화, 국가 개혁으로 이루어지는 포퓰리즘적 과정에 결정적으로 영향받았다"[24]라고 기꺼이 인정한다. 2017년 프랑스 대통령 선거에서 불굴의 프랑스의 후보자였던 장뤼크 멜랑숑 역시 라틴아메리카의 포퓰리즘에 큰 영향을 받았다. 이 정치인들은 기계적으로 외국의 경험을 유럽의 맥락으로 옮겨놓지 않고도 현재의 상황에서 '유럽의 라틴아메리카화'를, 즉 '소수의 부유한 지배집단'과 나머지 국민 간의 점증하는 양극화를 식별할 수 있다고 생각한다. 그들은 또한 예산 축소 정책을 1980년대('잃어버린 10년')에 라틴아메리카 국가들 대부분을 경제적으로 붕괴시킨 정책과 비교한다.

샹탈 무페는 유럽이 이런 식으로 똑같은 비탈길로 굴러떨어지거나 외국인 혐오의 대피처를 찾는 것을 피하기 위해서는 헤게모니가 평등하게 이루어지는 '좌파 포퓰리즘'을 구상해야 할 필요가 있다고 판단한다. 그리하여 그녀는 스페인의 포데모스 운동('우리는 할 수 있다')이 시작되는 것을 지켜보며 열광할 수 있었다. 2014년 1월, '전술을 펼치자: 분노를 정치적 변화로 바꾸기'라는 선언을 소개하기 위한 기자회견이 열렸다. 이 기자회견에서는 급진 좌파 연합인 '이즈키에르다 우니다(좌파 연합)'의 활동가들을, 특히 파블로 이글레시아스와 이니고 에레혼, 후안 카를로스 모네데로 등 대부분 과거에 활동가로 투쟁했던 대학교수들을 볼 수 있었다. 이들은 '긴축'으로 인해 고통받는 국민 90퍼센트를 대표하기 위해 그해에 실시될 예정인 유럽의회 선거에서 단일 후보를 내겠다는 계획을 가지고 있었다. 경기 침체와 정치·금융 스캔들로 인해 어려움에 빠져 있던 스페인은 2011년 '분노한 사람들' 운동이 일어나면서 격동기를 맞았다. 포데모스 운동의 관건은 사회운동에서 하나의 정당으로 이행하는 것이었다. 이 선거에서 포데모스 운동은 그야말로 전격적인 선거전을 펼쳐 유럽의회 의원 다섯 명을 당선시켰다. 다른 선거 역시 이 운동이 스페인의 선거 풍경에 등장했다는 것을 확인해준다.

포퓰리즘이 적극적 행동주의에 부여된 모습을 어느 정도나 급작스럽게 변화시켰는지를 이해하기 위해서는 포데모스 창설자들의 저술이나 2017년 프랑스 대통령 선거 당시 불굴의 프랑스 운동의 선거 전략에 대해 더 자세히 살펴보아야 한다.[25]

포퓰리즘이 바꾼 선거운동

이 운동이 시작되고 나서 몇 달 뒤에 출판된 《월가에 맞선 민주주의 *La Democratie face a Wall Street, Les Arenes*》(2015)라는 저서에서 이글레시아스는 그가 '패배의 문화'라고 부르는 것을 크게 비난하지는 않는다. 이것은 전략일까? 그는 '좌파가 해서는 안 된다고 말했던 모든 일'을 한다. 먼저 토크쇼의 문화적 코드를 다시 사용한 〈라 투에르카〉라는 텔레비전 프로그램을 방영했다. 설사 제도의 사회적 뿌리를 뻗으려고 하는 사람들이 가장 좋아하는 영역이 아니라 한들, 그게 뭐 대수일까? 헤게모니 전투가 벌어지는 바로 그 장소에서 싸워야 한다. 그런데 텔레비전은 "사람들이 생각하는 것을 계획으로 세우고 결정하는 데 특히 능숙한 것으로 드러났다."[26] 텔레비전은 진행자에게 관심을 집중시키고 정치를 개인화하는 경향을 보이는데, 그게 오히려 나을 수 있다. 즉 포퓰리즘은 새로운 집단 의지를 형성하는 데 지도자의 역할이 매우 중요하다는 사실을 인정한다.

새로운 '상식'을 만들기 위해 좌파가 전통적으로 반감을 보여왔던 정치 마케팅 수단이 동원된다. '확실하지 않은 기표들', 즉 그것의 의미를 놓고 다른 헤게모니 프로젝트들과 경쟁하는 단어('민주주의', '조국', '품위' 등)를 공략해야 한다. 이렇게 해서 장뤼크 멜랑숑의 집회에서는 붉은색 깃발이 삼색기로 교체되거나, 선거운동에서 에마뉘엘 마크롱과 결합된 현대성의 개념을 '헤게모니화'하기 위해 홀로그램을 사용했다. 이 문화 전쟁에서 정서와 열정의 역할에 더 높은 가치가 부여되었다. 예를 들면 법정에서 시를 읽거나 열정을 결집시킬 수 있는 상대자를 지정함으로써 "가치를 미적으로 만드는 것"[27]이다. 왜냐하면 그 누구도 '생산양식'에 반대해 동원되지는 않기 때문이다. 이 같은 생각이야말로 좌파는 합리주의(이것의 가장 완결된 표현은 '과학적'이라고 말해지는 사회주의다)의 보루라는 생각과 뚜렷이 구분된다.

특히 포퓰리즘은 정치 영역을 비방하지 않는다. 그렇지만 급진 좌파의 일부는 지배 이데올로기에 지나치게 경도되어 방향을 바꿀 수 없는 제도를 불신한다. 선거에 참여함으로써 그 제도에 동화된다는 것은 곧 제도가 될지도 모르는 위험을 감수하는 것이다. 이 반자본주의 좌파는 사회 영역에서 힘을 축적했다가 국가권력을 공격하거나 제도 밖에서 '자율적'인 공간을 늘리는 것을 선호한다. 포데모스 운동의 지도자들은 반대로 새로운 정체성이 정치를 통해 드러나며, "제도를 변화시키기 위해서는 그 안으로 들어가야 한다"[28]라고 생각한다. '기회의 창'이 주어졌다는 사실을 알게 된 그들은 선거에서 이길 수 있는 기구를 만들어서 활용하려고 애썼다. 즉 권력의 원칙에 따라 행동하고, 다른 정당들과 함께 시정市政을 운영함으로써 '소수의 안락함'에서 벗어난다는 것이다. 단지 항의만 하는 역할('빼앗는' 순간)에만 머무르지 않기 위해서는 또한 미래의 헤게모니 질서가 출현하도록 해야 한다('세우는' 순간). 이렇게 해서 '멋진 패자'의 전략, 오직 저항만 한다고 여겨지는 혁명적 순수함의 한 형태로부터 멀어지게 된다.

마지막으로 설사 좌파가 (그것의 마르크스주의적 전통으로 인해)명확한 사회학적 집단에 의지하는 경향이 있다 할지라도 포퓰리즘은 그렇지 않다. 에레혼은 "정치적 변화를 이루어내는 데 성공하는 주체"는 계급의 용어로 말하자면 항상 "무정형의 혼합된 주체"라고 주장한다. 우리는 여기서 라클라우가 발전시킨 직관을 발견할 수 있다. "(포퓰리즘이 비난받는 이유인)애매모호함과 불명확함은 사회 현실에 대한 담론의 결점이 아니다. 왜냐하면 '어떤 상황에서는' 애매모호함과 불명확함이 '그 상태로 사회적 현실 속에 포함되기'"[29] 때문이다.

포퓰리즘에 대한 비판

2016년 미국 대선에서 도널드 트럼프가 당선되자 포퓰리즘에 관한 토론이 시급해지면서 이 전략에 대해 좌파 진영에서 제기하던 비판을 격화시켰다. 프랑스 사회학자 에릭 파생을 비롯한 일부는 그것이 해로운 전략적 도박이라는 사실을 보여주려고 애썼다. 즉 좌파 포퓰리즘이 분노하는 유권자들의 소매를 잡고 매달리는 것으로는 우파 포퓰리즘을 이길 수 없다는 것이다. 파생은 미국 유권자들이 신자유주의에 반대해 도널드 트럼프를 찍었다고 생각하는 것은 일종의 착각이라고 주장한다. 그들이 "인종차별주의와 외국인 혐오증에 동조해 트럼프에게 표를 주었다"라는 것이다. 따라서 두 유권자를 이어주는 "가교는 없다." 즉 "원한이 저항으로 바뀌지는 않는다."

좌파는 포퓰리즘 속에서 길을 잃기보다는 차라리 기권주의자들을 설득하고 내용이 알찬 프로젝트를 짜는 일에 전념해야 한다.[30]

그때 포퓰리즘 담론의 애매모호함은 기회주의로 간주된다. 포퓰리스트 지도자는 이질적인 요소들을 자꾸 응집시키다보면 결국은 완전히 '텅 빈' '기표'가 될 수 있다. 라클라우는 그 점을 인정한다. 이 경우 "동등함의 연쇄를 구성하는 고리들은 절대로 서로 밀접하게 결합될 필요가 없다. 가장 모순적인 내용들이 배합될 수도 있다."[31] 이는 아르헨티나의 페론에 해당한다. 극좌파에서 극우파까지 그 누구라도 그를 지지할 수 있었다. 포데모스 운동의 지도자들은 그들의 계획이 불분명하다는 비난을 받았다. 만일 그들이 권력을 잡는다면 어떻게 매우 다른, 나아가 모순적이기까지 한 두 기대를 충족시킬 수 있을까? 가장 급진적인 사람들은 그들이 '혁명을 포기할' 각오를 하고, 전통적으로 사회민주주의적인 정책을 펴나가기 위해 익숙한 전술적 플랜을 제안한다고 비난한다. 샹탈 무페가 "제로에서 다시 출발해 새로운 사회질서를 세우게 될 철저한 재정립 행위의 가능성"[32]을 부인하는 것은 사실이다. 그렇지만 그녀는 "매우 큰 영향을 미치게 될 수많은 사회경제적·정치적 변화가 자유민주주의 제도 안에서 이루어질 수 있다"[33]라고 주장한다. "민주주의를 급진화하는" 것이다. 즉 민주적·생태적 가치의 이름으로 경제적 근간을 변화시키면서 정치적 자유주의의 경험을 간직하는 것이다.

무페와 라클라우는 포퓰리즘의 이론적 토대를 불안정하게 만들었다는 비난을 받았다. 만일 이 단어들이 이제 '무의미한 창조물'에 불과하다면, "반자본주의적, 사회주의적, 공산주의적, 생태론적, 페미니스트적 정책이나 행위의 내용"을 어떻게 정의할 것인가?[34] 샹탈 무페는 이 패러독스를 처음으로 인정한 학자이다. "내가 옹호하는 포퓰리스트적 관점에 따르면, 공공의 이익은 실제로는 존재하지 않는다. 그러나 이 개념이 어떠한 전망을 만들어내야 한다. 대중은 어떤 공공의 이익이라는 개념으로부터 구성된다. 말하자면 공공의 이익이라는 정의를 둘러싼 대립이 항상 존재한다." 여기서 포스트모던적 사고와 연관된 어려움 중 하나를 만난다. 즉 상대주의의 한 형태(모든 것은 나름대로 가치가 있다. 이제 더 이상 절대적인 것은 없다)를 향해 미끄러져갈 위험이 존재하는 것이다. 여기에 이상주의의 위험이 덧붙여진다. 즉 현실 세계는 존재하지 않고 오직 현실 세계에 대한 담론만 난무한다는 위험이다. 실제로 무페와 라클라우는 "물질적 여건을 분석하는 대신 담론의 수행성"[35]에만 집중한다는 비난을 받고 있다. 더 간단히 말하자면, 그들은 노동자와 고용주처럼 모순되는 이해관계를 가진 사람들을 담론을 통해 결집시킬 수 있다고 주장한다. 이에 대해 라클라우와 무페는 그들이 말하는 정치적 구축물이 물질적 조건과 관련을 맺는다고 대답한다. 물론 물질적 조건은 우연적이지만(그것은 완전히 경제에 의해 결정되지는 않는다), 그렇다고 해서 자의적이지는 않다(모든 연합이 가능한 것은 아니다).

마지막으로 전략적 원칙으로서 새롭게 가치를 부여받는 이 포퓰리즘에 역시 잘 적용되는 자유주의적 비판으로 되돌아가 보자. 만약 당신이 자유주의자라면 어떤 포퓰리스트 정치인이 당신이 잘 이해할 수 없을 수도 있는 편집광적 관점을 심화시킬까봐 걱정할 수도 있다. 비판이 격렬해지다 보면 정치적 대결이 내전으로 비화될 수도 있다는 생각이 드는 것이다. 바로 이 포퓰리스트 지도자는 선거에서 이길 경우 오직 자신만이 대중을 대표할 수 있다고 내심 우쭐해하면서 국가기관을 독점하고 미디어에 대한 강한 적대심과 대중영합주의를 지속하고 싶은 유혹을 느낄 수도 있을 것이다. 정치적 긴장을 유지하기 위해 그는 실제 희생양을 필요로 한다. 그때 몇몇 저자의 저술에서 언급된 '차가운' 민주주의의 예상 밖의 미덕을 다시 발견한다. 즉 정치에서 그것의 과장된 표현들을 비워냄으로써 그것이 가지고 있는 갈등도 비우는 것이다.

미국의 알트라이트란 무엇일까?

'포퓰리즘'을 말하다 보면 도널드 트럼프라는 이름과 그의 대통령 취임과 함께했던 이념적 경향의 명칭, 즉 '알트라이트Alt Right'가 곧장 등장한다. 이 표현은 대학교수인 폴 고트피리드가 2008년에 자신을 고립주의와 보호주의를 표방하며 이민에 적대적인 미국 보수주의의 한 흐름인 '고보수주의paleoconservateur'의 신봉자로 정의하면서 만든 용어다.[36] 이 표현은 '백인종'의 수호를 정치적 투쟁의 목표로 삼는 미국 극우파 활동가 리처드 스펜서에 의해 다시 사용되었다. 이 활동은 혼혈에 반대하는 입장을 취하며, 때로는 공개적으로 인종차별주의적이고 반유대적이다. 그리고 한 문화 집단, 즉 '백인종' 미국인들을 보호해야 하는 곳에서 오직 개인과 경제의 프리즘을 통해서만 세계를 읽으며, "정치적으로 양심적인 것"에 굴복한다며 전통적 보수주의자를 매우 비판하는 잡다한 이론가들과 사조, 매체로 이루어져 있다. 알트라이트와 가까운 브레이트바트 사이트는 2016년에 이 운동을 분류하려고 시도했다. 이 운동에서는 '지식인들', 즉 '신반동주의자들Nrx-ers'과 인종의 개념에 생물학적 기반을 마련하려고 애쓰는 '인간의 생물다양성' 운동 지지자들HBDers, 그리고 '타고난 보수주의자들'을 발견할 수 있다. 브레이트바트는 참여의 표시로 사용하기 위해 그 의미를 왜곡한 만화 〈개구리 페페〉의 등장인물 같은 '밈'[X]과 'cuckold'와 'conservative'의 단어로 말장난을 해서 만든 'cuckservative'[XX] 같은 신조어의 역할을 강조한다. 이 같은 분류는 이 운동의 신나치즘적 요소를 축소한다는 비난을 받았다. 1980년대 일부 극보수주의와 대학에서의 인종차별주의가 섞인 것이 알트라이트의 기원이다. 알트라이트는 '백인종'(서양 문명의 요람인)이 신이교주의의 한 형태(기독교는 지나치게 호의적이고 보편적이다)이며, 이들이 자유민주주의에 대한 비판인 다문화주의에 의해 위기에 처했다는 생각을 포함한다.

[X]　모방을 통해 퍼지는 패러디물.
[XX]　다른 정당의 의견에 쉽게 굴복하는 등 의지가 약한 보수 정치인.

08

탈성장

오늘날, 정치적 논쟁에서 '성장'이라는 단어를 귀가 닳도록 들을 수 있다. 2007년 여름에 일어난 서브프라임 모기지 사태는 일종의 계시적인 효과를 낳았다. 유럽과 북아메리카 경제는 비록 충격을 견뎌내기는 했지만, 그럼에도 불구하고 여전히 마비되어 있다. 사실상 그 누구도 현대 국가의 발전과 생활수준 향상의 주요한 동인인 '성장의 길'을 다시 찾지 못하고 있다. GNP(국민총생산)의 증가는 어떤 국가의 국력과 그것이 세계화에서 발휘하는 영향력의 척도를 나타낸다. 경제학자와 정치인은 대부분 두 진영으로 나뉜다. 한쪽 진영의 경제학자와 정치인은 케인즈 경제학에서 영향을 받아, 공공지출과 일부 세금 감면이 소비와 경제를 촉진하는 부양 정책에서 성공의 열쇠를 발견할 수 있다고 생각한다. 더 자유주의적인 또 다른 진영의 경제학자와 정치인은 사회적 국가의 지출 감소와 기업에 대한 세금 감면, 예산 긴축, 경제에 활력을 불어넣을 수 있는 유일한 수단인 경제적 자유방임주의를 우선시한다. 결국 어느 정도 규제와 관리를 받는 매우 사회적인 자본주의나, 초경쟁적이고 긴축적이며 구속 없는 자본주의로 선택지가 한정된다. 다만 두 경우 모두 성장은 절대적으로 필요하다.

그렇지만 사회에 대한 경제의 절대적 지배, 특히 성장에 대한 토템적

숭배를 비난하는 새로운 목소리인 탈성장 운동의 목소리가 점점 더 커지고 있다. 이 운동의 격언은 "유한한 세계에 무한한 성장은 존재하지 않는다"이고, 좌우명은 "탈성장하는 사회가 바람직하다"이다.

많은 사람들의 오해를 단숨에 불식시키기로 하자. 즉, 탈성장 지지자들이 불황 진입이나 마이너스 성장을 옹호하지는 않는다. 이 사실은 계속해서 동일한 지표에 따라 동일한 모델을 사용한다는 것을 전제로 하며, 긴축과 배급, 통제 등 사회적 재난에 의해 표면화된다. 우리가 경험하고 있는, 생산과 소비의 맹목적이며 끝없는 축적을 위해서만 살아가는 자본주의 사회에서 벗어나야 한다. 이것은 한 사회에서 다른 사회로의 점진적인 이행 계획이다. 이 계획은 우리를 호시탐탐 노리고 있는 붕괴를 피하기 위해서이기도 하지만 '탈성장하는 사회'가 바람직하기 때문에 필요하다. 게임의 규칙을 따라야만 돈을 벌수 있다면, 그 규칙을 바꾸어야 한다. "코끼리의 군살을 빼는 것이 목적이 아니라 코끼리를 달팽이로 바꾸는 것이 목적이다."[1] 탈성장 운동은 종종 생태적 차원으로만 축소되는 경향이 있다. 성장에 반대하는 사람들은 경제적·기술적 발전을 거부하고 자연으로 돌아가자고 주장하는 자연보호론자들이라는 것이다. 그러나 이는 잘못된 생각이다. 이 운동은 실제로 정치적으로 이질적인 구성원들로 이루어져 있으며, 이념적으로 여러 사조와 학문의 영향을 받았다는 점에서 비정통적이다. 탈성장 운동은 이 같은 투쟁의 형태와 목적에 여러 개의서로 다른 중심이 있다는 사실을 인정한다.

탈성장주의자들이 원하는 것은 무엇일까? 이 운동을 왜곡시키지 않고 일사불란한 방법으로 소개하는 것은 쉽지 않다. 그렇지만 탈성장은 식별 가능한 세 개의 축을 중심으로 구성된다. 녹색 자본주의와 지속 가능한 발전(이상기후에 직면하여 제시되는 잘못된 해결책)의 거부, 생산제일주의와 소비주의의 거부, 더 절제하고 연대하며 민주적인 '검소한 풍요사회'의 건설이 바로 그것이다.

지속 가능한 발전이라고 불리는 신기루

탈성장을 지지하는 사람들이 첫 번째로 확증하는 사실은 우리가 인류세人類世에 들어섰다는 것이다. 네덜란드 출신의 노벨화학상 수상자인 파울 요제프 크뤼천이 대중화한 이 단어는 생물계에 대한 인간존재의 영향으로 정의되는 새로운 지질학적 시대를 가리킨다. 열산업 문명[2]은 지난 2세기 동안 발전을 거듭하면서 엄청난 힘을 획득했고, 그 이후로는 (자원 채굴에 의해)지질구조와 (생명들의 작용에 의해)생태계, (이상기후에 의해)생물계 전체에 영향을 미치게 되었다. 어느 단계가 지나면 인간은 더 이상 소비하지 않고 소진한다. 우리는 생물다양성이 악화되고 생물들이 사는 자연환경이 교란(농업을 위해 토양을 개량하는 것, 단일 경작을 위해 높은 생산성을 가진 소수의 종을 선택하는 것, 화학비료를 집중적으로 사용하는 것 등)되면서 생물 종들이 소멸하는 것을 목격하고 있다. 이 같은 영향보다 훨씬 더 징후적인 것은, 대기권에서 온실가스가 점점 더 많이 농축되면서 일어나는 기후온난화 현상으로 인해 자연환경의 변화 속도가 빨라지고, 대양이 산성화되고 가열되며, 극지방의 영구 동토층이 해빙되고, 극지방에서 빙하가 녹음으로써 수위가 빠른 속도로 상승하는 한편 알베도Albedo[3]가 감소하면서 기후온난화의 속도가 더 빨라지는 것이다. 기후변화에 관한 정부 간 전문가집단GIEC이 2014년에 발표한 제5차 보고서는, 인간의 활동이 기후변화의 원인일 가능성이 95퍼센트에 달하고, 만일 온실가스 배출이 이런 식으로 계속된다면 지금부터 2010년 사이에 지구 기온이 4.8도 상승할 것이며, 수위는 거의 1미터가량 올라갈 것이라고 주장한다. 이 보고서에 따르면, 치명적이라고 판단된 수준인 2도 이상으로 기온이 오르는 것을 억제하기 위해서는 지금부터 2050년까지 온실가스 배출을 2010년의 수준에 비해 70퍼센트 줄여야 한다.

탈성장을 지지하는 사람들은 이 방정식이 매우 간단하다고 주장한다. 즉 성장에 토대를 두고 있는 자본주의의 발달은 복잡하고 불안정한 균형에 토대를 두고 있는 지구의 보존과 양립할 수 없다는 것이다.[4] 따라서 탈성장 지지자들의 자연보호주의는 보다 일반적으로 '지속 가능한 발전'이라고 이름 붙인 녹색성장과 크게 대립한다. OECD에 따르면, "녹색성장은 자연 자산이 우리의 행복을 좌우하는 환경 서비스와 자원을 계속해서 공급하도록 경제성장과 발전에 우선권을 둔다는 것을 의미한다." 그러므로 지속 가능한 발전은 다음과 같이 주장한다. 즉 문명은 한편으로는 우리의 생활방식을 풍요롭게 만들고 부를 증가시키면서도, 다른 한편으로는 에너지와 원료를 매우 효율적으로 사용함으로써 환경에 제한적인 영향을 미치거나 전혀 아무 영향을 미치지 않을 수 있다. 지속 가능한 발전은 녹색성장과 마찬가지로 탈성장을 지지하는 사람들에게는 모순어법처럼 보인다. 미국 경제학자 허먼 데일리는 "거의 마술적인 의미를 띤 지속 가능한 발전은 실제로는 모순적이다"라고 쓴다. "이 표현은 현재 경제생활에 적용하면 환경과 발전의 정치적 책임자들을 출구 없는 길로 끌고 갈 개념인 지속 가능한 성장과 동의어로 사용된다."[5] 주로 물질적인 이 발전은 더 이상 지속될 수 없다. 어떻게 국가가 온실가스 배출량을 70퍼센트 줄이는 동시에 두세 개의 성장점을 유지하라는 GIEC의 권고를 따를 수 있을까? 많은 탈성장 지지자들은 자본주의적 서양 문명의 생활방식을 취하는 사회의 질과, 그 구성원들의 행복을 평가하는 유일한 기준인 발전 개념 자체에 반대한다.

그렇다고 해서 탈성장 지지자들이 신성화되거나 본질주의화된 자연으로 돌아가자는 관점을 가지는 것은 아니다. 심층생태주의라고 부르는 이 사조는 생물체와 자연환경의 내재적 가치를 옹호한다. 모든 종과 환경을 보호해야 하며, 인간이 그것들을 이용하기 위해 내세우는 유용성은 중요하지 않다. 탈성장주의자들은 반대로 인간중심주의적이어서 "자연보호주의는 휴머니즘이다"라는 문구를 내세운다. 덜 윤리적이고 더 정치적인 이 같은 접근 방법은 또한 매우 실용적이다. 즉 만일 인간이 이렇게 계속해서 지구라는 주거지를 파괴한다면, 언젠가는 인간을 위한 생활 조건이 더 이상 충족되지 않을 것이다.

그때는 인간의 삶이 불가능하거나 매우 힘들어질 것이며, 현재 생활 양식은 어떤 식으로든지 사라질 것이다. 미래 세대를 위한 훌륭한 생활 조건을 유지하려면 지금부터라도 당장 서식지를 보호해야 한다.

지속 가능한 발전을 지지하는 사람들은 깨끗하고 무한하다고 알려진 재생에너지로의 전환에 모든 희망을 건다. 탈성장에 찬성하는 사람들은 그것이 또 다른 망상이라고 생각한다. 녹색 기술은 흔히 생산 주기를 묵과한 채 실재하는 것처럼 소개된다. 예를 들면, 전기자동차는 실제로 그것이 소비하는 에너지의 수준에서 디젤 자동차보다 더 깨끗하다. 그렇지만 이 전기 역시 생산되는 것이며, 일반적으로 탄화수소가 화학식에 삽입된다. 전지는 채굴해야 하는 광물자원으로 만들어지며, 채굴에는 에너지가 든다. 결국 환경이 오염될 수밖에 없다. 전기자동차 생산에는 일반적인 자동차를 만드는 것보다 에너지가 훨씬 많이 필요한 것이다.[6] 그래서 탈성장 지지자들은 모든 사람이 전기자동차를 타는 것이 아니라 가능한 한 자동차 없이 지내는 것이 중요하다고 주장한다. 탄화수소를 덜 사용하는 것으로는 충분하지 않고 넓은 의미에서 자원을 덜 소비해야 한다. 자원의 생산과 채굴은 에너지를 필요로 하고 유해물질 배출과 오염을 불러오기 때문이다. 이 자원들을 과도하게 개발할수록 그것들을 얻기 위해 필요한 에너지의 양이 점점 더 많아진다. 따라서 탈성장은 현재 진행 중인 '제3의 산업혁명'을 주재하는 제레미 리프킨의 주장인 성장으로의 이행이라는 담론에 적대적이다. 이 미국인 미래학자에 따르면 우리는 분산된 지능적 에너지 분배망 덕분에 탄소에너지의 시대에서 벗어나 재생에너지에 토대를 두고 생태학적으로 구상된 인프라와 전기자동차들을 움직일 수 있다. 그러므로 이 담론은 탄화수소에 의한 성장 문명에서 '녹색' 에너지에 의한 성장 문명으로의 이행을 간접적으로 장려한다.

생산제일주의와 소비사회 깨부수기

탈성장 생태주의는 매우 반생산제일주의적이다. 생산제일주의는 라루스 사전에는 "생산성을 개선하거나 증가시키기 위해 체계적으로 노력하는 경향"으로, 프랑스어 사전에는 "생산이 제1 목표로 주어지는 경제생활의 조직 방식"으로 정의되어 있다. 산업시대는 무엇보다도 물질적 생산의 축적과 그것을 가능하게 하는 생산수단의 발달로 정의된다. 그때 탈성장주의적 비판은 반자본주의적일 뿐만 아니라 생산 증가를 제1 목표로 삼는 일체의 체제와 이념에도 반대한다. "사회주의의 석유는 자본주의의 석유보다 생태적이지 않으며, 사회주의의 원자력이라고 해서 더 자율적으로 관리될 수는 없을 것이다. 자본주의에서 빠져나오는 것은 필요하지만 그것만으로는 충분하지 않다. 생산제일주의적인 소비사회를 깨부수어야 한다. 요컨대 산업사회를 파괴해야 하는 것이다. '실제로 존재하는 사회주의'의 인간적이며 생태적인 대차대조표는 최소한 초超자유주의적인 자본주의의 그것만큼이나 내용이 빈약하다."[7]

탈성장주의자들은 상상세계 속의 생산제일주의를 공격하려고 애쓴다. 생산의 증가와 부의 축적은 인간 진보의 조건이 아니라는 것이다. "우리는 진보에 맹목적으로 반대하는 것이 아니라 맹목적인 진보에 반대하는 것이다." 탈성장 운동의 주요 사상가인 프랑스 경제학자 세르주 라투슈는 이렇게 요약한다. 생산제일주의 이론은 생산되는 부가 증가하는 것을 볼 수 있으리라는 희망에서 모든 종류의 과학기술이 발달하는 것을 지지하고, 혁신과 성장이 우리를 물질적 충족으로 데려가리라는 공상적 역사관을 유지한다. 탈성장주의자들은 이 담론이 물질적 발달의 비용과 그것이 만들어내는 엄청난 불평등을 은폐한다고 간주하고, 그것이 앞으로 인류와 생물계에 위협을 가할 것이며, 사회와 문명, 그리고 그것의 독특한 생활방식을 변모시켜 갑작스럽게 획일화할 것이라고 끊임없이 주장한다. 진정한 사회적·문화적·정치적 발전은 오직 민주적으로 결정된 목표와 관련한 과학기술의 체계적 발전에 따른 결과일 뿐이다.

탈성장주의자들의 반생산제일주의는 그들의 반소비제일주의와 불가분의 관계에 있다. 이것은 논리적 관계다. 왜냐하면 생산은 소비를 촉진하고 소비는 생산을 촉진하는 반면 소비를 위한 소비는 생산을 위한 생산만큼이나 해로운 것으로 받아들여지기 때문이다. 이 같은 분석은 생산제일주의 시스템이 필연적으로 소비사회를 만들어낸다고 주장한다. 이것은 포드주의적 생각이다. 만일 자동차가 특권층만을 위한 재화라면 자동차 생산량은 빠르게 감소할 테지만 노동자가 구매력을 획득할 경우 그들이 바로 잠재적 소비자가 될 것이다.

우리는 많은 에너지와 자원을 필요로 한다. 왜냐하면 사고 버리는 것에 높은 가치를 부여하고, 심지어는 그 자체가 목적이 된 사회에서 살고 있기 때문이다. 어느 사회든지 소비사회는 '과소비'를 조장하고, 그 사회가 지속되려면 상품이 끊임없이 새것으로 바뀌어야 한다. 그러므로 소비사회는 만들어졌다가 버려지기를 되풀이하는 무한한 상품주기를 만들어내기 위해 유행과 광고 기법, 마케팅, 물질주의, 혹은 경쟁에 의지한다. 이렇게 해서 여러 현상들이 탈성장주의자들의 조준경에 위치한다. 공적 공간으로 서서히 밀려오는 광고는 소유하고 싶은 욕망을 자극하거나 소유하지 못했다는 불안감을 일깨운다. 제2차 세계대전 이후 배급제가 실시되면서 쌓인 불만에 대한 대응책으로 출현한 '일회용품'이 캔이라든가 일회용 컵 등 군대에서 사용되는 여러 가지 발명품에 활용되었다. 1960년대의 광고들은 일회용품을 (다른 수단들과 더불어)몇몇 일을 덜어주어 가사로부터 해방될 수 있는 수단으로 소개한다. 1960년대와 1970년대의 개인화 운동은 또한 소유물을 해방과 차별화 수단으로 인정했다. 반면에, 예를 들어 운송 수단의 공유화는 이동 수단을 소유하지 못한 사람들의 몫으로 서서히 여겨지기 시작했다. 보다 최근에는 많은 기업들이 그들이 만든 상품을 계획적으로 구식화한다는 비난을 받았다. 상품의 갱신 주기를 유행과 욕구 너머까지 가속화하기 위해 기업들은 그들의 상품을 이전보다 더 빨리 고장나게 해서 의도적으로 수명을 단축시킨다. 이처럼 '고의성 고장'은 이따금 더 교묘하게 이루어진다. 즉 소프트웨어가 너무 오래되거나, 포맷이 바뀌거나, 더 이상 애프터서비스가 보장되지 않는 것이다. 탈성장주의자들은 또한 우리가 버리는 쓰레기를 1차 원료로 재활용한다고 약속하는 순환 경제도 믿지 않는다. 만일 쓰레기가 어떤 가치를 가지게 된다면, 우리는 더 이상 덜 버리고 덜 낭비하고 덜 소비하라는 권유를 받지 않을 것이다.

소비사회에 대한 비판은 또한 인류학적이기도 하다. 소비제일주의적인 인류의 운명은 과연 바람직하게 전개될 수 있을까? 프랑스 작가 젬므 상프룅(1947~2010)은 이 같은 생각을 유명한 한 문장으로 요약했다. "시민-생태학자는 '우리 아이들에게 어떤 세계를 남겨줄 것인가?'라고 물음으로써 스스로 가장 혼란스러운 질문을 던졌다고 주장한다. 하지만 이때 그는 '어떤 아이들에게 이 세계를 물려줄 것인가?'라는 정말 염려되는 또 다른 질문은 던지지 않는다."[8] 그리스 사상가 코르넬리우스 카스토리아디스(1922~1975)는 "인간이 생산하고 소비하는 짐승으로, 멍청한 TV 리모컨 이용자로 바뀌면서 인류가 멸망하고 있다"[9]라고 말한다. 물질화되고 개인주의화되었으며 시장경제를 따르는 소비사회는 인간을 왜곡해 개인적인 이익과 욕망에 의해 인도되는 '단순한' 인간으로 변모시킨다. 탈성장주의자들은 '주체적 소비자'를 받드는 자들을 매우 신랄하게 비판한다. '소비자'와 '주체'를 축약한 이 현대적 인물은 소비를 정치적 행위로 만들려는 야심을 표현한다. 주체적 소비자는 보이콧과 바이콧[10]을 번갈아 한다. 보이콧은 나쁜 기업을 벌하기 위한 행위이고, 바이콧은 좋은 기업에 보답하기 위한 행위이다. 이렇게 하면 소비자 교육에 의해 모든 제품은 얼마 지나지 않아 더 생태적이고 더 유기적이고 더 지속적이고 더 공정해지리라는 것이다. 탈성장주의자들에 대한 비판은 여러 가지다. 예를 들면 스마트폰처럼 결코 '환경을 보호할 수 없는' 상품들이 있다. 환경효율성은 추구할 수 있지만 그것을 생산하기 위해 많은 재료와 광석, 에너지가 항상 필요하다. 고전적인 예시를 들어보자. 유명한 마다가스카르산 유기농 새우는 '건강하게' 생산되지만, 바다를 상당히 오염시키는 해상운송편으로 배송된다. 기업들은 주저하지 않고 위장환경주의[11]나 위장공정주의[12]를 실천한다. 즉 소비자들이 높이 평가하는 몇 가지 행동에 대해서는 널리 홍보하는 반면, 다른 한편으로는 오염 행위나 사회적 착취를 계속하는 것이다. 물론 교육받은 소비자는 '더 잘 할 수 있고' 그 영향을 제한할 수 있다. 그러나 주체적 소비자의 입장은 각자에게 책임감을 부여하는 것으로 정치적 행위를 개인화한다. 그리하여 개인은 시장이 그에게 제공하는 상품과 서비스의 범위 안에서 선택할 수밖에 없고, 사람들은 전반적인 제도를 비판하기보다는 그들의 행위를 파편화함으로써 탈정치화된다.

검소한 풍요사회를 위해

생태적 투쟁, 생산제일주의 거부, 소비제일주의의 배척 등, 탈성장주의를 지지하는 활동가들은 산업시스템에 반대해 총공세를 취했다. 그렇다고 해서 이처럼 비판적인 태도만을 취할 수는 없으므로 자신들을 진정으로 혁명적인(이 혁명이란 단어를 사회의 철저한 변화라는 뜻으로 이해한다면) 사람들로 소개한다. 프랑스 사상가 앙드레 고르츠는 그의 마지막 저서에서 이런 문제를 제기했다. "탈성장은 생존을 위해서 절대적으로 필요하다. 그러나 그것은 또 다른 경제와 또 다른 생활방식, 또 다른 문명, 또 다른 사회적 관계를 전제로 한다. 이런 것들이 부재할 경우, 오직 전시경제의 특징인 제약과 배급, 자원의 권위적 배분에 의해서만 붕괴를 막을 수 있을 것이다. 그러므로 자본주의로부터의 탈출은 어떤 식으로든지(문명화된 방식으로든지, 아니면 미개한 방식으로든지) 이루어질 것이다."[13] 탈성장주의자들은 자본주의가 조만간 그 '외부적 한계'에, 말하자면 기술과 기계가 지배하는 거대사회를 유지하는 자원의 고갈점이나 기후의 한계점에 도달하게 될 것이라고 주장한다. 그러나 많은 사람들은 자본주의로부터의 탈출이 위에서부터 '문명화된' 방식으로 이루어지기 위해서는 반드시 많은 사람들이 바람직하게 생각하는 탈성장 사회를 만들어야 한다는 것을 자각하고 있다. 예를 들어 세르주 라투슈는 '연대사회에서의 검소한 풍요'라는 표현을 만들어낸 반면 다른 사람들은 '생태사회주의적 사회'라는 고르츠의 표현이나 '공생적 사회'라는 이반 일리치(1926~2002)의 표현을 더 선호한다. 코르넬리우스 카스토리아디스는 집단적 상상세계를 해방시키고 또 다른 집단적 상상세계를 만들어내야 한다고 말한다. "과거에는 유례가 없었던 규모의 새로운 상상적 창조물, 생산과 소비의 확대와는 다른 의미를 삶의 중심에 위치시키고 인간이 가치 있다고 인정할 수 있는 상이한 인생의 목표를 정하는 창조물을 만들어야 한다."[14] 물론 탈성장주의자들은 비판의 관점에는 상당 부분 동의하지만, 어떤 사회가 되어야 할 것인가에 관해서는 논쟁이 벌어지며 여러 견해가 대립한다. 그렇지만 우리는 탈성장주의의 프로젝트에서 큰 중심축 몇 개를 구분할 수 있다.

더 큰 규모의 지역주의에 특별한 중요성이 부여된다. 이용되는 방식을 관리하고 환경에 미치는 영향을 줄이기 위해서는 정치가 시민들에게 밀접해지는 것이 시급하고, 지역적이며 최소한의 중개자만 존재하는 짧은 주기의 수공업적·농업적 생산을 다시 시작해야 한다. 그렇지만 지역주의는 논란의 여지가 있다. 예를 들어 고르츠의 생태사회주의에서 마을과 시읍면, 지방은 중요한 역할을 한다. 지방분권 과정은 정치적 결합을 이루는 주요한 요인인 국가의 역할을 반드시 문제 삼지는 않는다. 다른 탈성장주의자들은 더 무정부주의적이고 자유주의적인 운동에서 영감을 얻으며, 머리 북친 (1921~2006) 같은 인물과 그의 자유주의적 자치주의 프로젝트를 더 많이 참조한다. 사회의 지방분권은 하나의 연방으로 통합된 자율적인 공동체들을 목표로 하기 때문에 훨씬 더 급진적이다. 탈성장주의자들은 도시를 탄화수소 이후 시대의 범주에서 다시 생각하기 위해, AMAP(농민 농업의 유지를 위한 협회) 같은 협업 형태를 통한 경제적·사회적 관점뿐만 아니라 도시계획적 관점에서 어떻게 하면 국토와 도시에 다시 적응할 수 있을지를 성찰한다.

지역 간 이동과 재再산업화는 서로 연관된다. 생산수단과 경제활동을 결합하면 그것들을 더 잘 통제하고 그 영향력을 감소시킬 수 있을 뿐만 아니라 세계화에 의해 파괴된 일자리를 창출해낼 수도 있다. 이제는 어떤 종류의 일자리를 만들어낼 수 있는지 알아야 한다. 과거에 이루어졌던 대규모 산업화로 되돌아가서는 안 되기 때문이다. 몇몇 산업은 절대적으로 필요하지만, 다른 일부 산업은 많은 제품이 더 이상 존재할 필요가 없는 탈성장 사회에서는 사라지거나 최소한으로 축소될 것이다. 일부 생산 장치 역시 에너지 전환을 위해 재생에너지 영역으로 다시 방향을 잡아야 할 것이다. 두 가지 경향이 드러난다. 매우 급진적인 한 경향은 거의 기술화되지 않은 기본 생산으로 돌아가서 주로 수공업으로 경제를 촉진하려 한다. 이 경향은 저성장의 선구자라고 할 수 있는 오스트리아 사상가 이반 일리치가 상상했던 공생사회, 즉 각자가 그것의 기능을 이해할 수 있고 전문가나 테크노크라트 집단에 의해 독점되지 않는 도구들이 그것의 기능을 이해하는 사람에 의해 보다 더 수평적으로 공유되어 사용되는 사회를 지향한다.[15] 다른 사람들은 부분적인 산업화 및 허드렛일을 해내는 로봇의 몫을 긍정적인 눈으로 바라본다. 그때 최소한의 산업 도구와 더 인간적이고 지역적인 생산 간에 시너지를 창출해야만 한다.

노동과 관련된 문제가 경제적 문제의 뒤편으로 슬그머니 끼어든다. 필요의 감소는 소비의 감소를 의미하고, 소비의 감소는 생산의 감소를 의미한다. 그때 탈성장 사회는 경제활동을 전반적으로 재조직해야 할 것이다. 일부 탈성장주의자들은 노동시간을 전반적으로 줄이기 위해 투쟁한다. 공동체 구성원 모두의 활동을 보장하기 위해 일자리가 더 잘 분배되어야 한다는 것이다. 이렇게 생긴 시간은 사회적·정치적·창조적 활동에 쓰일 수 있을 것이다. 다른 탈성장주의자들은 기본소득 제도를 정착시켜 경제활동의 유혹을 최소화하고 '사회적 생산'을 증가시켜야 한다고 주장한다. 이들 모두는 이렇게 생긴 시간을 어떻게 사용할 것인가에 큰 관심을 가지고 있다. 이 '자유 시간의 사회'가 소비와 여가 활동 사회의 동의어가 아니라 개인들을 위한 해방과 동의어가 되기 위해서는 어떻게 해야 할까? 소비 사회에서 자유 시간은 각자가 쇼핑과 기분 전환, 모든 종류의 오락 속에서 자신을 소외시키는 여가 활동의 시간이다. 그래서 탈성장주의자들은 자율에 대한, 즉 자유롭고 창의적인 시민을 만들어내는 모든 인간적 능력(감각, 예술, 비판 정신, 토론 등)의 실천과 발달에 시간을 할애하는 것에 대한 교육을 권장한다.

또한 자유 시간의 사회는 개인들이 이 같은 관계를 다시 맺을 수 있도록, 보다 일반적으로는 모든 사회적 관계의 상품화에서 벗어날 수 있도록 그들에게 필요한 공간을 다시 제공할 수 있어야만 한다. 예를 들어, 나이가 들어가면서 외로워하는 부모들의 말동무가 되어주고 싶다면 어떻게 해야 할까? 그러려면 각자가 제삼자에게 대신 그 일을 시키고 보험공단에서 그 비용을 지불하게 하기보다는, 각자에게 일주일에 두 시간씩 더 자유 시간을 주어서 직접 그 일을 하게 해야 한다는 것이다. 탈성장은 이렇게 사회에 대한 반공리주의적 접근법에 근거하고 있다. 프랑스 사회학자 알랭 카이에는 "인간주체들이 고통과 쾌락의 계산이라는 이기주의적 논리에 의해, 혹은 그들의 유일한 이익에 의해 지배당하면서 그것이 좋다고 여기는 생각에 의지하고 있는 일체의 견해"[16]를 공리주의적이라고 부른다. 여기서 공격받는 것은 '호모 오이코노미쿠스oeconomicus', 즉 합리적 이해관계에 따라 행동하는 인간의 개념이다. 현대사회는 이해관계와 계산에 지배당하며, 행동은 어떤 유용성과 가치를 가져야 한다. SAP(사람에 대한 서비스 제공)가 조상 대대로 이어져온 사회적 중재의 뒤를 따랐다. 즉 전문가들에게 돈을 지불하고 연장자와 약자, 몸이 편치 않은 사람들을 보살피도록 하는 것이다. '세상에 공짜는 없다'라는 속담이 있다. 탈성장주의자들은 헝가리 사상가 칼 폴라니와 프랑스 사회학자 마르셀 모스의 연구에 근거해 인간과 사회를 단순화하는 이 같은 관점에 이의를 제기하는 한편, 증여의 논리를 재주입하고자 했다. 일부 사회적 관계는 시장경제 논리를 아주 잘 따를 수 있지만, 다른 어떤 사회적 관계가 이 논리를 따를 경우 사회는 빈곤해진다.

탈성장 운동에 대해 성찰하는 마지막 축은 민주주의의 부흥과 관련이 있다. 앙드레 고르츠가 강조했던 것처럼 문명화된 방식으로 자본주의와 성장에서 벗어날 수도 있지만, 이는 야만적인 방법으로도 이루어질 수 있다. 코르넬리우스 카스토리아디스는 그것을 다른 단어로 표현했다. "민주적 프로젝트의 재개라는 새로운 운동이 없다면, 생태학은 신新파시스트 이데올로기에 통합될 가능성이 매우 높다."[17] 다시 말해 탈성장은 단지 민주적인 방식이나 권위적인 방식으로 실행될 수 있는 것은 아니다. 탈성장 프로젝트를 실현하기 위해서는 민주주의를 재정립해야만 한다. 민주주의의 재정립은 탈성장을 내세우는 사조들 간의 논쟁을 다시 한번 불러일으킨다. 즉 무정부주의에 가까운 사조는 작은 공동체들의 연방제라는 형태와 연결된 더 직접적이고 지역적인 민주주의를 옹호하고, 또 다른 사조는 직접민주주의의 한 형태를 지향하는 대의제도(일반적으로 과도적인 것에 불과하지만) 내에서의 참여민주주의에 대해 더 많이 이야기한다. 민주주의에 관한 코르넬리우스 카스토리아디스의 사상은 분명히 탈성장 운동에서 가장 결정적인 것 중 하나다. 그는 현대사회가 근대성의 특징 중 하나인 자율성을 드러냈다고 주장한다. 18세기 이전의 서양 사회는 '타율적'이었다. 즉 개인들을 지배하는 법칙들이 외부에서, 예를 들면 신이나 신의 해석자라고 주장하는 교회에 의해 정해진 것이다. 봉건사회를 이어받은 자본주의사회는 하나의 타율을 또 다른 타율로 바꾸어놓았을 뿐이다. 이번에는 시장과 생산이 사회의 절대적인 지시 대상이 되어 경제의 '자연적' 법칙을 통해 자신의 존재를 강요한다. 반대로 "사회의 자율성은 사회제도가 자율적 제도라는 사실을 명시적으로 인정할 것을 전제로 한다."[18] 자율적 사회는 민주주의라는 간접적인 수단을 통해 자치적으로 제도를 결정한다. 탈성장과 자율은 서로를 먹여 살린다. 탈성장은 전지전능한 경제와 상품, 무한성장의 법칙을 거부하면서 자율적 사회로 향하는 길이다. 마찬가지로 자율적 사회의 이상에 더 가까운 쇄신된 민주주의는 탈성장이 요구하는 어려운 선택을 가능하게 할 수 있다. 자율적이고 진정한 행동력을 갖추고 있으며 의식을 가진 참여적 시민들은 그들의 이해관계에 덜 집착하는 한편, 그들의 생활양식과 안락함을 축소시키려 할 것이다. 탈성장주의자들은 민주주의야말로 여전히 사람들이 (앙드레 고르츠의 표현을 빌리자면)'적은 것으로 더 잘 하고', '최소의 비용으로 최대의 효과'를 얻으려는 경제적 합리성 모델을 폐기하며, '충분함'의 윤리를 집단에서 재발견할 수 있게 만드는 유일한 수단이라고 주장한다.

탈성장 개념은 어디서 등장했을까?

'탈성장'이라는 용어는 1972년 처음으로 프랑스 사상가 앙드레 고르츠에 의해 사용되었으며, 그때 그는 이 용어를 전체적 균형의 조건으로 소개하면서도 그것이 자본주의 시스템의 존속과 양립할 수 있을지에 대해 의구심을 나타냈다. 탈성장 개념은 1970년대에, 특히 로마클럽의 문서인 《성장을 멈추다?: 성장의 한계에 관한 보고서 *Halte a la croissance?: Rapport sur les limites de la croissance*》가 출판되고 난 뒤에 이 용어 이상으로 계속 증가했다. 탈성장은 2000년대부터, 특히 생태학의 자본주의적 보완이라고 이해되는 지속 가능한 발전이라는 단어에 반대하기 위해 실질적으로 영향력을 가지는 통합적인 단어가 됐다. 2000년대부터 일련의 세미나와 토론회가 열려 환경운동가들과 대학교수들이 연합하게 되었고, 이때부터 탈성장 프로젝트의 내용에 관한 출판물이 크게 늘어났다. 이 새로운 깃발은 얼마 지나지 않아 프랑스 국경선 밖에서 펼쳐져, 이탈리아에서는 데크레치타decrescita 운동이, 카탈루냐 지방에서는 데크레이세멘트decreixement 운동이, 스페인에서는 데크레시미엔

토decrecimiento 운동이 시작되었다. 결국 2007년과 2008년에는 탈성장 운동이 실제로 국제화되어, 영어권 사람들은 degrowth라는 번역어를 선택했고, 수십 편의 학술논문이 공식적으로 이 용어를 사용했다.

로테크는 새로운 운동의 탄생일까?

에너지와 환경의 변화는 흔히 전기자동차와 3D프린터, 태양전지판, 순환 경제, 나노기술과 바이오기술, 지능화 시스템 등 이제 곧 사용할 수 있게 될 새로운 하이테크의 결과로 소개된다. 미국의 제러미 리프킨처럼 미래학자들은 지속적 발전을 가능하게 할 상호연결되고 최적화되어 있으며 생태효율적인 사회를 약속한다. 탈성장주의자들은 당연히 미래와 기술에 대한 이 같은 관점이 지나치게 유치하며, 머지않아 지구를 훼손하게 될 자본주의 시스템에 의해 만들어졌다고 비판한다. '로테크low-tech'라는 용어는 이렇게 해서 최근 몇 년 사이에 활동가, 사상가, 몇몇 기술자들에 의해 옹호되며 대중성을 얻기 시작했다.[19] 로테크 운동은 '깨끗한' 기술은 지금도 앞으로도 영원히 존재하지 않을 것이며, 재생하기 어려운 자원은 모두 소비될 것이고, 어떤 시스템이 하이테크화되면 될수록 희귀한 자원을 더 많이 소비하게 된다고 주장한다. 그렇다면 우리의 생활은 불편해지겠지만 대신 자원은 절약할 수 있게 해줄 '로테크'를 중심으로 사회를 완전히 재검토해야 할 것이다. 휴대폰이 그렇게까지 강력한 연산능력을 갖출 필요가 있을까? 자동차는 이렇게까지 무겁고 튼튼하고 빨라야 하는 걸까? 에어컨이 작동되는 사무실이 꼭 필요한 걸까? 로테크는 우리 기술의 궁극적인 목적을 평가하고 결정하려는 수많은 탈성장주의자들의 의지와 짝을 이룬다. 기술은 무슨 쓸모가 있을까? 그 기술은 어떤 영향을 미칠까? 우리가 그 기술을 제어할 수 있을까? 우리가 그 기술을 정말 필요로 할까?

기원으로 돌아가야 한다. 왜냐하면 이미 19세기에 (탈성장주의의 선구자로 여겨지는) 윌리엄 모리스(1834~1896) 같은 최초의 유토피아 사회주의자들은 산업 제품 대신 예술과 수공업의 산물인 지속적이고 경제적이고 유용한 동시에 미학적인 제품들을 상상했다.

국민 총생산PIB은 어떻게 기능하는가?

경제성장은 경제가 1년 동안 생산하는 재화와 용역의 증가를 가리킨다. 오늘날에는 경제성장이 일부 경제학자들이 편차가 감안된 것으로 여기는 지표인 국민총생산의 증가에 연동된다. PIB는 한 나라에서 이루어지는 모든 경제활동(용역과 상품)의 통계를 낸다. 그것이 '좋은' 활동인지 '나쁜' 활동인지는 중요하지 않다. 산업활동이나 산업재해의 결과인 오염의 제거, 기후온난화가 야기하는 손실에 대한 보상, 대기의 질이 악화되면서 생기는 호흡기 질환을 치료하기 위한 약품, 담배 광고 등 모든 것이 다 장부에 기록된다. 중유를 호수에 쏟아붓도록 사람들에게 돈을 지불하거나 혹은 호수의 오염을 제거하도록 다른 사람들에게 돈을 지불하면 PIB가 증가할 것이다. 반대로 집안일이나 자원봉사 같은 다양한 사회적 행위는 장부에 기입되지 않는다. 대차거래가 이루어지지 않기 때문이다. 밥 케네디가 1968년 3월 18일에 했던 연설을 인용해보자. "PIB는 우리 아이들의 건강과 그들이 받는 교육의 질, 그들이 하는 놀이의 즐거움도 고려하지 않는다. 그것은 또한 시의 아름다움이나 결혼의 상호의존성을 측정하지도 않는다. 그것은 우리가 하는 정치 토론의 내용이나 우리를 대표하는 자들의 공명정대함을 평가할 생각도 하지 않는다. 그것은 우리의 용기와 지혜, 혹은 교양도 고려하지 않는다. 그것은 우리의 동정심이나 조국에 대한 우리의 헌신에 대해서도 일체 언급하지 않는다. 요컨대 PIB는 삶을 살아볼 만한 것으로 만들어주는 것을 제외한 모든 것을 측정한다."

09

페미니즘

FEMIN⚡SM

페미니즘은 새로운 개념이 아니지만, 그것의 쇄신은 여전히 잘 알려져 있지 않다(특히 남성들에게!). 이 운동은 다양한 형태를 가지고 있고, 성매매와 정체성 전환transidentity, (미국에서 이 문제에 대해 부여하는 사회학적 의미에 따른) '종'의 문제, 혹은 급진성의 정도 등에 관한 논쟁을 거쳐왔다. 유럽에서 페미니즘 내부의 ('페미니즘들 내부의'라고 말해야 할 것이다) 이 같은 불화는 '수용에서의 혼란' 때문에 일어났다. 몇 년 뒤에 미국 대학가에서 시작되어 프랑스에 도착한 몇 가지 개념은 적응하는 데 어려움을 겪었다. 철학자 주디스 버틀러가 쓴《젠더 트러블: 페미니즘과 정체성의 전복*Gender Trouble: Feminism and the Subversion of Identity*》(1990)이라는 책을 인용하는 것으로 충분하다. 미국에서 출판된 지 15년 뒤에 프랑스어로 번역된 이 책은 '젠더 이론'에 반대하는 사람들에 의해 순식간에 절대적인 르푸스와르repoussoir [×] 의 위치에 올라서서 지금도 언급될 때마다 큰 반응을 불러일으키고 있다. 이 장의 목적은 '젠더'라든가 '가부장제', '퀴어 이론', '상호교차성' 같은 개념들을 둘러싼 떠들썩한 논쟁 속에서 올바른 방향을 잡을 수 있도록 열쇠를 제공하는 것이다. 이 개념들은 태어날 때 정해지는 성性과 그것으로부터 유래한다고 간주되는 행동인 젠더, 그리고 섹

[×]　다른 것과의 대조를 통해 자신을 돋보이게 하는 것.

슈얼리티, 세 가지 요소에 의해 한정되는 공간에서 드러난다. 우리는 페미니즘의 계획이 이 각각의 영역에서 명증성을 해체하는 것이라고 대략적으로 요약할 수 있을 것이다. 우선 젠더부터 시작해보자.

젠더 개념의 탄생과 그 이해

가장 간단한 의미의 젠더는 남성과 여성이 맡는 사회적 역할을 가리킨다. 서양 사회에서 여성은 오랫동안 가정에만 머물러 있었던 반면 남성들은 기업과 정치, 혹은 전쟁에서 탁월한 능력을 발휘한다고 여겨졌다. 사람들은 성별화된 노동 분업이 존재한다고 말한다. 즉 여성들은 재생산의 영역을, 남성들은 생산의 영역을 맡아야 한다는 것이다. 소녀들은 소꿉장난 도구를 가지고 놀아야 하고, 소년들은 공작 조립 세트를 가지고 놀아야 한다. 이 같은 역할 분담은 남성과 여성의 '본성'이 다르다는 가정에 의해 오랫동안 정당화되어왔다. 예를 들면 19세기 말에 생물학자들은 남성들의 '에너지'와 여성들의 '수동성'을 그들의 신진대사로 설명할 수 있다고 단언했다. 오늘날 남성과 여성의 행동 차이는 호르몬 분비나 뇌의 구조로 더 자주 설명된다. 페미니스트들은 '자연주의적'이나 '본질주의적'이라고 형용되는 이 같은 담론을 해체하고자 한다. 프랑스 신경생물학자인 카트린 비달은 "학습과 경험에 따라 끊임없이 새로운 신경회로망을 만들어내는 뇌의 가소성"[1]을 강조한다. 그녀에 따르면,

남성의 뇌와 여성의 뇌는 기본적으로 다르지 않다(생식과 연관된 기능을 제외하면). 모든 것은 사회화의 문제다. 즉 젠더의 문제인 것이다!

이 개념은 어디서 비롯된 것일까? 인류학과 심리학이라는 두 개의 학문이 젠더라는 용어가 처음으로 자리를 잡는 데 기여했다. 1930년 대에 미국의 유명한 인류학자인 마거릿 미드(1901~1978)는 뉴기니의 세 부족이 각각 '어떻게 남성과 여성의 차이에 특별한 사회적 의미를 부여했는지' 보여주었다. 아라페시 부족의 경우, 온화함과 감수성은 남성과 여성이 공유하는 가치였다. 문두구모르 부족의 경우에는 남성과 여성이 큰 대비를 이루지 않았지만 폭력과 공격성이 더 높은 가치를 부여받았다. 마지막으로 챔블리 부족에서는 남성과 여성 간의 극성極性이 더 강조되었다. "(…) 여기서 여성은 지배하는 파트너다. 여성은 냉정한 기질을 가지고 있고, 배의 노를 젓는 것도 여성이다. 반면에 남성은 여성보다 능력이 떨어지고 더 감정적이다." 이 같은 다양성에서 어떤 결론을 끌어낼 수 있을까? 남성적이다 혹은 여성적이다라고 말하는 성격상의 특징은 "의복이나 예의범절, 혹은 머리 모양처럼 피상적인 방식으로 성에 의해 결정된다."[2]

수십 년 뒤인 1960년대에 뉴질랜드의 심리학자 존 머니(1921~2006)와 미국의 정신과 의사 로버트 스톨러(1924~1991)는 '성별도착적'인 사람들과 '인터섹스(이 사람들은 '남성'이나 '여성'으로 분류하기 어려운 생식기, 혹은 다른 해부학적 특징을 가지고 태어난다)'인 사람들에게 관심을 기울였다. 이 두 연구자는 관찰을 통해 생물학적 성과 '남성'이나

'여성'의 범주를 동일시하는 데서 그들이 간파한 차이를 강조했다.[3] 1968년에 스톨러는 '젠더'와 성을 구분할 것을 제안했고, 4년 뒤 영국 사회학자 앤 오클리는 이 같은 구분을 페미니즘 관점으로 다시 가져왔다.

그때 젠더는 '사회적 성'으로 여겨진다. 그것은 '남성성'과 '여성성'이 생물학적 성에서 유래하는 것이 아니라 역사 속에서 구축된다는 생각이다. 프랑스 페미니즘의 토대가 되는 시몬 드 보부아르(1908~1986)의 위대한 저서 《제2의 성 *Le deuxieme sexe*》(1949)은 다음과 같은 문장으로 알려져 있다. "여성은 태어나는 것이 아니라 만들어지는 것이다." 스테레오타입에 관해 연구하는 사회학자들은 어떻게 해서 한 사람이 여자가 되는지(혹은 남자가 되는지), 어떻게 해서 (이론상으로는 머리 색깔만큼이나 별다른 중요성을 갖지 못할 수도 있을) 생물학적 성차가 사회적 타당성을 가지는지를 알아내려고 노력한다. 우리는 이 같은 시각의 변화가 얼마나 중요한지 이해할 수 있다. 그 같은 변화가 어떤 '본성'에 의해 더 이상 정당화되지 않는 순간, 성별에 따른 일의 구분은 해체해야 할 지배관계로 드러날 수 있다.

여러 정치적 경향(자유주의적, 마르크스주의적, 차별-차이론적)이 페미니즘 운동 내부에 존재했거나 존재하지만, 이 같은 해체는 특히 젠더 개념을 다시 연구하게 될 두 학파, 유물론적 페미니즘과 퀴어 이론에 의해 이루어졌다. 이 두 가지 관점에 대해 차례로 상세하게 알아보자.

유물론적 페미니즘과
가부장제 비판

유물론적 페미니즘은 1970년대에 크게 발전했다. 물질적 분석은 사회의 변화 및 '유물론적'이라고 말해지는, 즉 경제적이고 사회적인 관계의 변화와 그것에서 파생되는 생각들을 설명한다. 그러한 점에서 이 유물론적 페미니즘은 현실의 발전에서 관념에 지나치게 큰 중요성을 부여하는 소위 '관념' 철학과 대조된다. 유물론적 페미니스트들은 물질적 토대로부터 인류가 두 가지 성으로 분리되었다고 설명한다. 이는 우리가 생각하는 것과 반대다. '남성'과 '여성'의 범주는 억압이 일어나기 전에는 존재하지 않았다. 왜냐하면 여성은 여성이라는 범주를 구성하는 가사 노동에 얽매여 있었기 때문이다.[4] 젠더는 성을 만들어내고 "나머지 물질세계처럼 내재적 의미를 가지지 않는 물질적 특징에 어떤 의미를 부여하는"[5] '분할 원칙'이다. 두 가지 성으로의 분리는 어떻게 보면 한 집단이 다른 집단을 위해 무급으로 일하는 것을 정당화하는 '이데올로기'라고 할 수 있다.

이 같은 입장은 프랑스의 유물론적 페미니즘을 대표하는 인물인 크리스틴 델피가 그녀의 저서 《주적 L'Ennemi principal》(1970년부터 쓴 글을 모은 선집)에서 표현했다. 그녀는 이 책에서 무보수 가사 노동이 단지 남성들이 받는 급여 수준을 낮추는 데 쓰일 뿐이며, 결국은 오직 자본가들에게만 도움이 된다고 주장하는 전통적인 마르크스주의와 거리를 유지한다. 델피는 가사 노동은 확실히 (그들이 어떤 사회적 계급에 속해 있건 간에)남성들에게 도움이 되며, 자본주의를 폐지하는 것만으로는 여성들을 가사 노동에서 해방시킬 수 없다고 주장한다. 여성들을 억압하는 이 사회적·정치적 시스템은 가부장제라는 이름을 가지고 있다. 프랑스 사회학자 콜레트 기요맹(1934~2017)은 여성들의 신체가 노동력을 넘어서서 소유된다는 사실을 강조하기 위해 바로 성의 사회적 관계sexage에 대해 말한다. 마르크스주의가 자본주의를 폐지함으로써 사회계급을 타파할 수 있다고 생각하는 것처럼 유물론적 페미니즘은 가부장제를 폐지함으로써 '성 계급'을 타파할 수 있다고 생각한다.

퀴어라는 전환점

'젠더가 성을 앞선다'라는 생각은 이상하게 느껴질 수도 있다. 생물학적 성은 일체의 모호함을 허용하지 않는 듯하다. 즉 생식기는 남성과 여성을 매우 확실하게 구분하는 것이다. 하지만 1990년대 들어서면서 이 같은 확실성이 문제시되기 시작했다. 미국 역사학자 토마스 라쿼에 의하면, 18세기가 되어서야 남성과 여성이라는 두 성 사이에서 분열된 인간이 있다는 생각이 분명해졌다. 그에 의하면, 1990년대 이전에는 '하나의 성을 가진 모델'이 지배적이었다. 여성들의 성기가 남성들의 성기와 다르다고 생각한 것이 아니라 오히려 뒤집혀 있는 것으로 여겼다. 4세기의 한 주교는 이 같은 생각을 다음과 같이 표현하였다. "그들의 성기는 몸 밖이 아니라 몸 안에 있다."[6]

한편 미국의 생물학자 앤 파우스토스털링은 여전히 1990년대에 성을 나타내는 표지들이 복수적(해부학적으로 페니스/질, 생식선에서 고환/난소, 염색체에서 XY/XX, 호르몬에서 테스토스테론/에스트로겐)이며, 두 부분을 나누는 하나의 축 위에 상당히 견고하게 고착되어 있다는 사실을 강조한다. 거기서 그녀는 인류가 두 개의 성으로 분할된 것이 사회적 행위(예를 들면 인터섹스인 사람들에 대한 의료적 처치를 통해 드러나는)라고 추론한다. 물론 인간의 생식에는 남성의 고환에서 만들어지는 정자와 여성의 난소에서 만들어지는 난자가 반드시 필요하다. 그러나 이는 기능적인 차이일 뿐이다. 어떤 사람에게 고환이나 난소가 있다고 해서 그 사람을 완전히 여성이나 남성으로 규정할 수 있는 것은 아니다. "그는 남성이라는 성에 속한다"라고 말하기보다는 차라리 "그는 남성이라는 성을 가지고 있다"라고 말해야 할 것이다.[7] 이렇게 우리의 확신은 뒤흔들리게 된다!

1990년대에 페미니즘의 또 다른 사조가 이 같은 이론적 기여를 토대로 형태를 갖추게 되는데, 퀴어 운동이 바로 그것이다. 영어로 '이상한 것', '기묘한 것', '의심스러운 것'을 의미하는 이 용어는 처음에는 동성애를 혐오하는 모욕적인 단어('호모')였다가 뜻이 바뀌어 게이와 레즈비언 운동의 제도화를 비판하는 데 쓰였다. 이 운동은 지배 규범을 전복시키기보다는 거기에 동화되려고 애쓴다는 비난을 받았다. 퀴어 운동 활동가들은 유동적인 정체성(정체성이 동성애-이성애적이건 민족적이건 젠더적이건 계급적이건 '인종적'인 것이건 간에)

개념을 내세우고자 한다. 그들은 동성애자와 여성 등 일정한 사회 집단을 위한 권리를 요구하는 소위 정체성 정치가들을 불신한다. 이 정치가들이 그들이 옹호하는 정체성은 정착시키고 다른 권력관계는 은폐한다는 것이다. '우리, 여성들', 혹은 '우리, 게이와 레즈비언들'의 '우리'는 피부색이 희고 부유한 사람들의 기준에 맞추어 재단된다.

이 같은 사고방식은 프랑스 철학자 미셸 푸코(1926~1984)의 '생체권력' 이론으로부터 많은 영향을 받았다. 전통적으로 권력은 '위에서부터 와서' 강제하고 제재하는 권위로 여겨진다. 푸코는 신체의 규율과 국민에 대한 '생체정치(통계와 공공보건 등을 이용하는 것)'의 측면에서 개인들을 배치해 더욱 은밀하게 작동하는 권력의 새로운 양태를 이론화한다. 이렇게 해서 우리의 행동은 과학적 담화와 기술적 장치, 행정을 통해 형성된다. 예를 들어 당신이 지니고 있는 스마트폰의 피트니스 애플리케이션은 국가가 과학적 권고사항을 토대로 결정한 공공보건 캠페인이 요구하는 것('하루에 다섯 개의 과일과 채소를!')을 따르도록 돕는다. 이처럼 확산된 권력에서 벗어나려는 시도는 실패할 수밖에 없다. 차라리 지배적인 담화를 불안정하게 만들고 규범 뒤에 은폐된 장치의 정체를 폭로하기 위해 다른 지식을 생산하는 것이 낫다. 퀴어 운동은 이렇게 하기 위해 젠더의 자기 정체성을 '다시 알리고' '확산시키려' 한다.

이 같은 목표는 미국의 철학자 주디스 버틀러의 연구에 많은 빚을

졌다. 《젠더 트러블》을 펴냈을 때 버틀러는 거의 무명이었다. 하지만 지금은 그녀가 외국에 갈 때마다 보수주의자들이 그녀의 초상화를 불에 태우며 시위를 할 정도로 논란을 불러일으키는 존재가 되었다.[8] 이제는 고전이 된 이 책은, 성이 문화에서 벗어나지 못하며, 담론에 의해 생산된다는 생각을 바탕으로 한다. 즉 우리는 성과 "단순하고 투명하며 부정할 수 없는" 관계를 맺어본 적이 결코 없으며, 성을 정의하기 위해서는 "언어와 사상의 틀"[9]이 필요하다. 그녀는 특히 젠더라는 것이 "육체의 반복된 정형화"이기 때문에 불안정하며, 항상 그것 그대로, 즉 사회적 관계로 나타날 수 있다는 사실을 보여준다.

버틀러에 따르면, 실제로 산부인과 의사가 초음파 검진 결과를 보고 "아들입니다!"라고 소리칠 때, 그 의사는 젠더화된 주제를 언급하는 것이다. 그의 문장은 하나의 "수행적"[10] 발화다. 젠더(여성/남성)를 표현하기 위한 영원한 "놀이"(이 단어의 연극적 의미에서)가 시작되는 것이다. 이 활동은 여성의 자기 정체성을 과장되게 연기하는 드래그 퀸˟을 통해 드러난다. 프랑스 페미니스트 엘자 도를랭이 요약하는 것처럼, "드래그 퀸은 우리가 '정상적으로' 남성이거나 여성일 때 매일 하는 것을 분방함과 전복 속에서 정확히 수행한다. 나, 혹은 드래그 퀸은 수행에 속하는 것이다. 이단적이고 비논리적이고 명료

˟ Drag queen, '여장'을 의미하는 '드래그drag'와 남성 동성애자가 스스로를 칭할 때 쓰는 표현인 '퀸queen'을 합친 것. 옷차림이나 행동 등을 통해 과장된 여성성을 연기하는 사람을 뜻함.

하지 않은 비정상적 방법으로 수행하는 것이 가능하기 때문에 전복이 일어난다."[11] "우리가 '현실'로 간주하는 것, 우리가 젠더에 관한확실한 지식이라고 내세우는 것이 사실은 바뀌거나 변모될 수 있는현실이라는 것을 이해시킴으로써" "젠더 규범이 행사하는 폭력을억제하는 것"[12]이 드래그 퀸을 연기하는 목적이다.

이러한 관점이 어떤 점에서 유물론적 페미니즘과 구분되는지는 쉽게 이해된다. 유물론적 페미니즘이 그것의 개념들을 마르크스주의에서 끄집어내고, 지배관계를 강조하며, 계급화 시스템으로 이해되는 젠더의 폐지를 목표로 하는 바로 그곳에서, 퀴어 이론은 "미시정치적 저항"[13]의 논리에 포함되고, 그것이 젠더(남성/여성)건, 아니면성적 지향(이성애/동성애)이건 간에 범주들을 전복시키고자 하며, 개념들로 가득 찬 그것의 창고를 철학자 자크 데리다(1930~2004)와 미셸 푸코에게서 빌려온다.[14] 하지만 퀴어 이론은 "착취와 억압의 집단적 차원을 시야에서 놓쳤다"[15]는 비판을 받기도 한다.

이분법을 뒤흔든
트랜스젠더 운동

퀴어 사상은 2000년대부터 특히 미국에서 큰 호응을 얻은 트랜스젠더 운동으로 연장되었다. 넓은 의미에서 트랜스젠더는 그가 태어났을 때 그에게 부여된 젠더와 일치하지 않는 젠더를 가지고 있는 사람을 가리킨다. 트랜스젠더는 여성으로 선언되었지만 자신을 남성으로 지각하거나 남성으로 선언되었지만 자신을 여성으로 지각한다. 이 사람은 또한 자신이 남성-여성의 이원성을 넘어선 것non binaire으로 간주하고 젠더플루이드gender-fluid 정체성을 느낄 수 있으며, 나아가서는 그 같은 정체성을 전혀 느끼지 못할 수도 있다(에이젠더, agender). 트랜스젠더 운동의 한 부분은 인류를 남성과 여성으로 분리하려고 하지만, 또 다른 부분은 이 같은 이원성을 파괴하려고 시도한다. 이 같은 파괴의 노력 속에서 활동가들과 연구자들 역시 '자연적 육체'와 '인공적' 젠더 사이에 가해진 구분을 공격한다. 스페인 출신 철학자 폴 B. 프레시아도가 자신의 몸에 에스트로겐 호르몬을 주입해 인터섹스의 육체를 만든 트랜스젠더 여성 아네스의 예를 들어 보여주듯 그 경계선은 희미하다. "아네스는 유기적 일관성을 가진 문화적 인공물이다." 이 '성의 테크놀로지'에 관한 주장은 여성성이나 남성성과 관련된 육체적 규범과 확실성을 뒤흔들어놓는다.

1970년대 페미니즘 운동의 한 부분은 전반적으로 남성성이나 여성성과 연관된 스테레오타입을 강화한다는 이유로 트랜스젠더에 대해 비판적이었다. 지금은 특히 미국의 페미니스트 활동가들이 더 '포괄적'인 입장을 취하려고 한다. 즉 그들의 담론을 중산층에 속하며 이성애를 하는 백인 시스젠더[16] 여성들의 관심사에만 집중시키지 않고, 유색인종 트랜스젠더나 레즈비언들의 체험도 통합하려고 애쓰는 것이다. 트랜스 페미니즘이란 트랜스젠더가 야기하는 문제들의 영향을 받은 사상의 흐름을 가리킨다.

젠더 이론에 대한
비판

이 서로 다른 페미니즘 운동은 '해체하는 자들을 해체하려는' 사람들의 표적이다. 프랑스에서는 일반 대중이 동성애자들의 결혼을 반대하는 2013년의 집회에서, 그리고 이어서 '평등의 ABCD'[17]가 학교에 도입되는 것을 반대하는 집회에서 주디스 버틀러라는 이름이 처음으로 알려졌다. 그 당시 사람들은 그녀가 기괴한 생각을 대학교수의 횡설수설로 은폐하는 한편, 각자가 (와이셔츠를 고르듯)젠더를 선택할 수 있다고 암시한다며 비난했다(하지만 이 같은 암시는 그녀의 입장과 일치하지 않는다. 왜냐하면 그녀는 젠더가 강제된 세계에서 "담론의 효과로 산출된다는" 생각을 강조하기 때문이다). 사라 가르바뇰리와 마시모 프레아로의 주장에 따르면, '젠더 이론'에 대한 반대로 시작된 운동의 기원을 1990년대 바티칸에서 발견할 수 있다. '반젠더 운동'을 비판하는 책을 쓴 이 두 사람은 어떻게 해서 교회가 "보완성"과 "여성의 본성"[18]이라는 특징을 통해 성에 대한 자연주의적 관점으로 돌아가려고 애쓰는지를 보여준다. 이를 위해 교회는 페미니즘 내부의 분열이라는 오래된 주제, 즉 보편주의자들과 차별-차이론자들을 대립시키는 주제를 다시 끄집어낸다. 보편주의자들은 남성이 항상 보편적 주체로, 여성이 일탈로 생각되는 것을 유감스러워한다. 그들은 중립적인 영역을 만들고자 한다. "우리가 요구하는 것은 '여성' 사회가 아니다. 즉 우리는 남성과 여성들이 동일한 가치를 나누는 사회를 요구하는 것이다. 동일하다는 것은 곧 필연적으로 반反남성우월적, 반反위계적이라는 것을 의미한다."[19] 반대로 차별–차이론자들은 여성들이 세상에 존재하는 방식이 특별하다고 생각한다. 즉 그들의 신조는 "차이 속의 평등"인 것이다.

가톨릭의 논리를 인류학의 어휘로 다시 표현함으로써 차별–차이론에 근거한 이 같은 젠더 비판이 더 수월해졌다. 그러나 이 같은 비판은 지표를 잃을지도 모른다는 불안감을 더 키울 수 있다. 모든 것의 경계에 집착하는 사람들과 개방을 지나칠 정도로 옹호하는 사람들 간에 새로운 분열이 일어나기 시작했다. 한쪽에는 지역주의와 GPA(대리모)에 반대하며 자신의 민족적인 뿌리나 문화적인 뿌리에 집착하는 이들이 있고, 또 다른 쪽에는 개방에 대한 의지와 세계화, 유연한 사회, 유통의 자본주의가 있다. 이 같은 주장은 프랑스의 보수주의 철학자 베레니스 르베의《젠더 이론, 혹은 천사들이 꿈꾸는 세계La theorie du genre ou le monde reve des anges》(2014)같은 책에서 그 반향을 발견한다. 그녀는 "성의 차이가 엄밀한 생물학적 여건은 아니다"라는 사실을 기꺼이 인정한다. 그러나 그녀의 의견에 따르면 그 차이는 또한 "순수한 사회적 사실이나 역사적 사실"[20]도 아니다. 베레니스 르베는 심지어 차이가 완전히 구축될 때조차도 "그 차이는 해체되도록 허용되지 않는다"라고 생각한다.[21] "성의 차이는 '방향을 바꾸거나' '조정할 수' 있지만 또한 사회를 정상적으로 발전시키기 위해 필요한 유산이자 역사이며 유증"[22]이기도 하다.

반젠더 이론 속 섹슈얼리티

베레니스 르베는 또한 '젠더'가 "이성애적 욕망에 반대해 진정한 십자군 운동"을 벌인다고 비난한다. 페미니즘 운동의 일부가 이성애를 해체하는 동시에 젠더를 해체한 것은 사실이다. 1975년, 미국의 인류학자 게일 루빈은 한 유명한 글에서 "먹고 싶은" 욕구와 "성과 생식에 대한 욕구"를 연결한다. 그녀는 이 같은 욕구가 "'자연적인' 형태로 충족된 적이 거의 없었음"이 분명하다고 주장한다. 물론 배고픈 건 배고픈 것이다. 그러나 "먹을거리로 여겨지는 것은 문화적으로 규정되고 획득되었다는 의미다."[23] 성에 대해서도 마찬가지다. 각 사회는 육체적 욕망을 충족시키고 종을 번식시키기 위해 고유의 음식 문화를 만들어내듯 관습도 만들어낸다.[24] 섹슈얼리티는 인간의 산물이다!

섹슈얼리티를 탈자연화하는 이 같은 방식은 '스트레이트Straight 사상'(이성애야말로 최고의 성적 관계이자 가장 '자연적'인 관계라는 생각)을 비판하도록 해준다. 이 표현은 레즈비언 분리주의의 중심인물인 프랑스 소설가 모니크 위티그(1935~2003)가 처음으로 썼다. 위티그는 특히 이성애를 개인의 정신 형성과 결합시키는 정신분석학 및 그것을 우리 사회에 잠재하는 구조로 만드는 구조주의를 타깃으로 삼는다. 두 경우에 이성애는 인간관계의 기본적 원형으로 생각된다. 여성 활동가들은 그때 그들의 젠더 해체 작업이 "쉽게 관찰할 수 없는 본성의 핵심"[25], 즉 이성애적 관계의 완강함에 부딪힌 것은 아닌지 걱정한다. 그러한 상황을 피하기 위해 그들은 정신분석학이 영원불변한 현상이 아니라 오히려 주어진 역사적 맥락 속에서 어떻게 개인들이 만들어지는지 그 방법을 기술하는 시공간 속의 학문[26]이라는 사실을 강조한다. 이것은 유물론적 입장이다. 즉 사회적 관계가 나머지 모든 것에 선행하는 것이다.

그때 이성애는 남성의 여성 지배와 결합될 수 있다. 즉 이성애는 생식하고 남성을 만족시키는 여성 신체의 소유와 일치하는 것이다.[27] 이성애는 젠더를 조직하고 이원론적 사고(남성-여성/문화-자연)의 토대를 형성하는 정치제도(이성애규범성)로 여겨진다. 섹슈얼리티에 대한 가장 독창적인(그리고 가장 크게 비난받은) 비판은 불평등의 에로스화에 대해 기술한 미국 법학자 캐서린 매키넌에 의해 이루어졌다. 즉 가부장적 사회에서의 섹슈얼리티는 필연적으로 위계적이며, 젠더는 어떻게 보면 여성들의 성적 객관화에 의해 만들어진다. 그녀는 "성적 요소가 첨가된 복종이 여성성을 규정한다"라고 말한다. 매키넌은 여성 활동가인 안드레아 드워킨(1946~2005)과 더불어 포르노그래피(이 수단에 의해 "섹슈얼리티가 사회적으로 구축"되고, 여성들은 "성적 용도로 사용할 수 있는 사물"이 된다)에 반대하는 상징적 인물이 되었다. 1980년대 미국에서는 이러한 입장 차이가 섹슈얼리티를 더 실재적으로, 즉 사회의 거울로, 선입견과 규범을 혼란하게 하기 위해 투자해야 될 영역으로 보는 여성들('자유로운 성을 지지하는pro-sexe 여성들')과의 '성 전쟁'으로 이어졌다. 전자의 여성들은 사회적 결정

요소들을 강조하고, 흔히 퀴어 이론으로 무장한 후자의 여성들은 개인의 자유를 강조한다. 이 논쟁은 오늘날에도 여전히 성매매를 중심으로 벌어지고 있다. 여성들이 거래되는 것을 비난하는 여성 활동가들은 성매매가 다른 직업과 다를 바 없이 하나의 직업이라고 주장하는 여성 활동가들과 대립한다. (자기 자신이 어떻게 성매매를 했는지를 이야기했던)프랑스 여성작가 비르지니 데팡트를 비롯한 또 다른 여성 활동가들은 "성매매와 합법적인 임금노동을, 성매매와 여성의 유혹을, 요금이 정해진 섹스와 이해관계가 얽힌 섹스를 분명하게 구분"[28]하는 허위를 강조한다.

블랙 페미니즘과 상호교차성 분석

1960년대는 페미니즘 운동이 또 다른 본질적 변화를 겪은 시기다. 미국에서 시민의 권리를 요구하고 베트남전쟁에 반대하는 운동이 일어나자 노예의 후손인 여성들은 블랙 페미니즘[29]으로 조직화되었다. 이들은 페미니즘 운동이 백인 중산층 여성들의 관심사에만 몰두할 뿐 흑인 여성들에게는 눈을 돌리지 않는다며 비난했다. 자신들의 생활 조건을 개선하려면 새로운 정치적 문법이 필요하다고 확신한 그들은 억압 시스템의 '뒤얽힘'이라는 개념을 발전시킨다.[30] 법학자 킴벌리 크렌쇼는 1980년대에 오늘날 이 같은 생각을 요약하는 상호교차성intersectionality이라는 용어를 만들어냈다. 그녀는 〈주변부 지도 그리기Cartographie des marges〉(1991)라는 글에서 "유색인 여성들의 체험이 흔히 인종차별주의와 성차별주의 교차의 산물이며, 일반적으로 그들은 페미니즘적 담화보다는 반인종차별주의적 담화에 의해 더 많이 고려된다"는 사실을 보여준다. 크렌쇼는 일부 흑인 여성들이 당하는 가정폭력을 실례로 든다. 이 같은 폭력을 고발하는 것은 매우 민감한 문제다. 실제로 이런 식의 고발은 흑인 남성은 화를 잘 내고 폭력적이라는 고정관념을 유지시킬 위험이 있다. 이 여성들은 반인종차별주의와 페미니즘이라는 두 가지 문제에 직면해 있다. 여성과 유색인으로서 그들은 "일반적으로 이 같은 두 차원(젠더의 차원과 인종의 차원)의 한쪽에, 혹은 다른 하나에 대답하기 위해 만들어지는 담론 속에서 그들의 이익과 경험이 소외되는 것을 확인할 수 있을 뿐"이다.

상호교차성의 개념은 킴벌리 크렌쇼 스스로 깜짝 놀랄 정도로 급부상하게 된다. 이 개념은 오늘날 미국 진보주의의 전형이 되어 "우리들 각자의 가장 깊숙한 곳에 숨어 있는 이 압제자에 대해 정신을 집중하라"[31]고 권유하는 표현인 "당신의 특권을 점검하라check your privileges" 같은 표현을 통해 변형되어 대중문화 속에 녹아들었다. 상호교차성 분석은 어떻게 해서 일부 집단이 사회적 투쟁이나 권리에서 '눈에 안 보이게 되는지'를 이해하도록 해준다. 억압의 윤곽을 드러내는 이 같은 방식은 그 안에서 젠더와 '인종', 계급이 따로따로 분석되는 소위 '누적' 모델을 버린다. 반대로 상호교차성 분석은 뒤얽힘을 생각하려고 애쓴다. 즉 가난한 흑인 여성은 처음에는 젠더,

그다음에는 '인종', 그리고 그다음에는 계급의 고정관념과 대면하는 것이 아니라 이 세 가지가 복잡하게 뒤얽혀 있는 것과 만난다는 것이다. 예를 들어, 19세기에 여성성(젠더)은 흑인 하녀(계급과 '인종') 라는 인물과 대립하면서 구축되었다.[32]

상호교차성 분석은 이따금 기술記述의 영역을 떠나 "현실 정치로 변화한다."[33] 그것은 일부 집단이 지배의 충동을 더 잘 느낄 수 있다는 생각이다.[34] 블랙 페미니즘의 몇몇 여성 활동가들은 다른 "모든 억압 시스템의 파괴를 전제로 하는"[35] 전체적인 계획을 다른 인종의 여성보다 더 잘 표명할 수 있는 유색인종 여성에게 인식론적 특권을 부여한다. 그들은 제도의 내부에도 있고 동시에 그것의 가장자리에도 있기 때문에 더 큰 사회적 명철함을 발휘할 수 있을 것이다. 이 같은 관점을 이해하는 데에는 어느 정도 어려움이 따른다. 지배당하는 사람의 입장을 파악하는 것은 그만큼 복잡한 일이기 때문이다.

상호교차성은 식민 시대에 만들어진 상상적인 것의 망막에 남아 있는 잔광을 분석하려고 애쓰는 탈식민주의적 분석과 연관된다.[36] 프랑스에서 보통 '아프리카 페미니즘'이라고 말하는 이 같은 연구는 예로 이슬람교 여성들의 베일을 둘러싼 토론에서 격렬한 논쟁을 불러일으켰다. 종교가 남성 지배의 성격을 띠고 있다고 확신하는 일부 페미니스트들은 이 베일이 억압의 상징이라고 주장한다. 우리는 여기서 세속성과 공화주의 개념을 발견할 수 있다. 반대로 다른 여성 활동가들은 그들이 식민주의적 도식이라고 평가하는 것을 다시 만들어내지 않기 위해 이런 판단을 내리는 것을 거부한다. 그들은 서양 여성들이 서서히 해방되고 있다는 생각이 "인종적 경계선을 그리고 그 경계를 분명히 드러내는 데"[37] 사용될까봐 걱정한다. 더 광범위하게 말하자면, 프랑스에서 이루어지는 상호교차성에 대한 논쟁은 미국에서와는 다른 방식으로 해석된다. 몇 년 전부터 문화연구에서 영감을 얻은 프랑스의 소수 연구자들은 '인종'이나 '인종차별 체험 공동체racise.e.s[×]', '인종화' 같은 단어들을 사용한다. 물론 이 용어의 목표는 인종의 어떤 생물학적 정의를 복권시키는 것이 아니라 이렇게 사회 속에서 범주화되면서 나타나는 효과의 지속에 대해 생각하는 것이다. 그러나 일부 대학교수들은 이 단어를 그것이 공동체주의를 받아들일 만한 것으로 만들 수 있다는 점에서 비판한다.[38] 논쟁은 예를 들어 하나의 성으로 구성된 '인종차별 체험 공동체' 회합을 두고 벌어졌다. 이 같은 방법에 반대하는 사람들은 "뒤집혀진 인종차별주의"의 한 형태를 비난하는 반면 그것을 옹호하는 사람들은 사회로부터 소외된 사람들이 "선한 백인들을 괴롭힐지도 모른다는 두려움을 느끼지 않고", 그리고 지배자를 동경할 수 밖에 없는 억압받는 자들이 "그 때문에 본심과 다른 얘기를 하지 않고 자신의 의견을 표현할 수 있는" 공간을 마련해주어야 한다고 단언한다.[39]

×　어느 젠더나 계급에 귀속되느냐에 상관없이 인종차별적 지배를 체험한 공동체.

페미니즘의 현재 지형과
실천들

이미 세 개의 큰 경향이 페미니즘 운동의 발달에 깊은 영향을 미쳤다. 19세기에 시작된 첫 번째 경향은 시민의 권리들(그중에서 가장 상징적인 권리가 투표권이다)을 쟁취하는 것을 그 목적으로 한다. 두 번째 경향은 페미니스트들의 관심사를 사적 영역까지 넓혔다. 이 경향의 결정적인 순간은 피임의 합법화(프랑스의 경우에는 1967년)와 낙태의 합법화(1975년)다. 이 두 번째 경향은 급진적이며 유물론적인 페미니즘과 연관된다. 1990년대에 시작된 세 번째 경향은 퀴어 운동과 상호교차성 페미니즘을 포함한다.

이 같은 접근법들은 정체성을 약화시켰고, 그 때문에 '해방의 주체'라고 불리는 것의, 즉 그 이름으로 이런저런 요구들을 하게 될 집단의 성격을 규정하기가 어려워졌다. 정체성을 이용하지 않고 어떻게 정치를 할 수 있을까? 이 질문에 대한 가장 일반적인 대답은 전략적으로 화해하라는 것이다. 만일 범주들이 구성된다면 사회에 효과를 미쳐 투쟁을 촉발할 수 있다. 그것들의 우발적 특성을 잊지 않는 것이야말로 가장 중요하다. 정체성 정치의 함정을 피하기 위해서 킴벌리 크렌쇼는 정체성을 연합으로 생각하자고 제안한다. 이렇게 함으로써 반인종차별주의는 "남성과 유색인종 여성의 연합"이나 "이성애자와 유색인종 동성애자의 연합"이 된다.[40] 이 같은 진술은 페미니즘 운동에서 일부 사회집단을 잊어버리는 일(흑인 여성들은 오랫동안 페미니즘 운동에서 잊힌 존재들이었다)이 일어나지 않도록 해준다. 그러나 도널드 트럼프가 당선되고 나서 벌어진 시위가 보여주었듯이, 이 계획은 전혀 명확하지 않다. 2016년 미국 대통령 선거 당시, 2005년에 도널드 트럼프가 "나는 여자들을 내 맘대로 할 수 있다"라고 말했다는 사실이 공개되자 많은 여성들이 여성의 음부가 그려진 피켓을 들고 행진했는데, 트랜스젠더들은 이것을 차별적인 행위라고 생각했다.[41]

2000년대 중반부터 사람들은 소셜 네트워크의 비약적 발달과 연관된 페미니즘의 네 번째 경향에 대해 언급하기 시작했다. 소셜 네트워크는 눈에 띄지 않던 것을 눈에 띄도록 하거나(2017년 하비 와인스타인 사건 이후, 가해자를 향한 비난이 그런 경우다),[42] 성차별주의와 동성애 혐오, 인종차별주의 등을 보여준 개인이나 기업, 언론을 고발하도록 해주었다. 그렇지만 '콜아웃Call-out'이라고 불리는 이 같은 행위는 그것이 이념과 언어의 순수성을 겨루는 경쟁으로 변질될 것을 우려하는 사람들로부터 비판을 받았다. 인터넷상에서 여성 활동가들은 신체와 관련된 규범에 이의를 제기하기 위해 특히 광고의 근거에 관심을 집중하고 소셜 네트워크의 규범을 바꾸었다. 그들은 여성들이나 'LGBTQI+OC(레즈비언, 게이, 양성애자, 트랜스젠더, 유색인종Of Colours)'들의 생활에 구체적인 영향(가정폭력, 길거리 스토킹 등)을 미칠 수 있는 성차별주의적 편견과 가부장제의 지속성을 지적한다.

사람들은 언어에 특히 관심을 기울이고 있다. '언어는 사회와 사회가 세계를 생각하는 방식을 반영하기' 때문에, 많은 페미니스트들이 비성차별주의적인 언어를 옹호한다.[43] 프랑스 페미니스트들은 18세기에 프랑스어가 "남성이 여성보다 우월하기 때문에 남성형도 여성형보다 더 고상하다"라고 주장한 니콜라 보제(1717~1789) 같은 문법학자의 영향을 받아 여성형의 표지를 지우면서 체계화되었다는 사실을 상기시킨다. 그동안 생각되지 않던 것을 부각시키기 위한 신조어가 만들어졌는데, 예를 들면 맨스플레이닝mansplaining이나 맨터럽팅manterrupting 같은 단어가 그런 경우다. 첫 번째 단어는 어떤 여성이 무엇인가에 대해 자기보다 모른다고 추정한 남성이 그녀에게 그것을 설명하는 상황을 묘사한다. 두 번째 단어는 아무 이유 없이 한 여성의 말을 중단시키거나 그 여성의 생각을 다시 표현하여 그것을 자기 것으로 만드는 남성의 태도를 가리킨다.[44] 일반적으로 '자유로운 성을 지지하는' 것으로 간주되는 페미니즘은 여성들에게 남성의 쾌락에 집중된 정신의 틀에서 벗어나기 위해 그들의 몸을 탐색하라고 권유한다. 또한 이 페미니즘은 1970년대의 과중함과 결별하고 나서 이따금 직업적 성공[45]에 집중하고, 자기계발과 개인적 진취성에 더 높은 가치를 부여함으로써 사회적 결정 요소의 무게를 잊어버릴 수 있다. 이러한 이유로 더 급진적인 페미니스트들[46]은 도널드 트럼프의 당선과 '유해한 남성성'에 반발해 '이성애적 가부장제'에 대한 더 심오하고 덜 개인주의적인 비판을 다시 시작할 것을 제안한다.

페미니즘 윤리를 향한 '배려'란 무엇일까?

1982년에 미국 심리학자 캐럴 길리건은 《다른 목소리로*In a Different Voice*》를 펴냈다. 이 책에서 그녀는 여성들이 남성들과 똑같은 도덕적 수준에 오를 수 없을 것이라는 주장을 비판한다. 그녀는 특히 한 사고실험에 주어진 대답을 토대로 '도덕적 발달' 단계를 분류하는 심리학자 로런스 콜버그(1927~1987)의 연구를 겨냥한다. 그 사고실험의 내용은 이러하다. 하인츠의 아내는 암으로 죽어가고 있다. 그녀를 살릴 수 있는 약은 너무 비싸서 하인츠는 약국에서 약을 훔치기로 결심한다. 그는 그렇게 해야만 했는가?라고 제이크라는 소년과 에미라는 소녀에게 물어보았다. 제이크는 하인츠가 약을 훔친 것은 옳은 행동이라는 결론을 내렸다. 아내의 생명이 약사가 약을 팔아서 얻는 이익보다 더 중요하다는 것이다. 에미는 하인츠가 꼭 이 약을 훔쳐야만 했는지 확신하지 못한다. 약사와 타협을 할 수는 없었을까? 콜버그가 정의한 도덕적 발달 단계를 참조하자면, 제이크는 도덕적으로 에미보다 더 성숙하다. 즉 그는 추상의 수준에서 논리적으로 추리하고 권리들을 비교하고 검토하는 반면, 에미는 하인츠와 약사의 구체적인 사회적 관계를 고려했다는 것이다. 길리건은 이러한 관점을 뒤집는다. 그녀는 에미의 접근법도 똑같이 가치가 있으며, 단순히 추상적 원칙을 바탕에 둔 '정의의 윤리'에 비해 덜 평가받는 또 다른 형태의 윤리에 불과하다고 주장한다. 길리건은 '배려의 윤리'라고 불리는 것, 즉 개인 상호간의 관계에 토대를 두며 흔히 타인에게 마음을 쓰는 윤리에 새롭게 가치를 부여하고자 한다. 하지만 길리건의 제안은 본질주의적이라는 비난을 받았다. 여성들은 원래 남성들보다 더 세심하게 남들을 배려할까? 길리건을 옹호하는 사람들은 이 비판이 근거 없는 것이라고 주장한다. 이 또 다른 형태의 도덕성은 각 개인에게 존재한다는 것이다. 1990년대 초에 미국의 여성 정치학자 조앤 트론토는 '배려care'에 보다 정치적인 양상을 부여했다. 그녀는 개인주의와 추상적 평등에 토대를 두고 있는 세계의 자유주의적 조직을 재검토하기 위해 정치에 새로운 윤리적 토대를 마련하고자 한다. 프랑스에서 '배려'는 2010년에 '타인을 배려하는 사회'를 제안했던 사회주의자 마르틴 오브리와 결합되어 있다.

남권주의는 반페미니즘일까?

영화 〈매트릭스〉(1999)에서 해커인 네오는 반란군 우두머리인 모피어스가 자신에게 내미는 붉은색 알약을 삼키고 나서 자기가 가상의 세계에 살고 있다는 사실을 깨닫는다. 남권주의자들은 미국인 워런 패럴의 《남성 권력의 신화*The Myth of Male Power*》를 어떤 관점으로 읽었는지를 기술하기 위해 (선악의 열매에 대한 명백한 비유인)이 '붉은 알약'을 자주 인용한다. 1993년에 출판된 이 책은 저자의 개인적 분노뿐만 아니라 '남성들의 운동'이라 불리는 것에서도 전환점을 이룬다. 1970년대에 워런 패럴은 미국의 대규모 페미니스트 조직인 전국여성협회NOW의 멤버였다. 그는 여기서 페미니즘이 남성들에게 유리하다는 생각을 옹호했다. 즉 사회적 역할의 파괴는 남권주의의 속박에서 벗어나게 해준다는 것이다. 그럼에도 불구하고 이 같은 입장은 한 가지 어려움을 불러일으킨다. 도

대체 어떻게 남성들에게 가해지는 중압을 비난하면서 동시에 그들의 지배를 인정한단 말인가? 이 같은 갈등은 대칭의 담론(젠더라는 고정관념의 폭력은 남성과 여성 모두와 관련된다)을 경계하는 페미니스트들에 의해 금방 탐지되었다. 즉 여자들은 수학을 하고 싶은 마음을 숨긴 채 부엌에만 틀어박혀 있어야 하고, 남자들은 춤에 대한 사랑을 억누르고 엔지니어가 되는 공부에 매달려야 한다는 것이다. 그래서 워런 패럴은 남성의 지배를 묵과한다는 비난을 받았다. 1970년대 중반부터는 이 같은 긴장이 진정한 단층선斷層線이된다. 어떤 사람들은 페미니즘적 관점을 계속 옹호하는 반면 또 어떤 사람들은 남성들의 체험을 강조한다. 패럴의 입장이 이러한데, 그는 여성들이 이룩한 성과에 만족하려고 하지 말고 페미니즘을 넘어서야 한다고 주장한다. 그에 따르면 사회는 남성들의 고통과 희생에 대해 알지 못한다. 그는 심지어 남성의 상황을 소련이 붕괴되기 직전에 소련 국민이 처한 상황과 비교하면서 남성은 그들을 '강한 성, 즉 남성'으로 만드는 공식적 담론과 현실 간의 부조화를 막연하게 느낀다고 말한다. 그는 남성의 평균수명이 여성보다 7년 적고, 20세에서 24세 사이 남성 자살률은 같은 연령대 여성 자살률의 여섯 배에 달하며, 산재 사망자 94퍼센트가 남성이라는 통계를 제시한다. 따라서 "오직 하나의 진영만이 싸움터를 차지하는 전쟁"을 "두 성이 발언권을 갖는 대화"로 변화시켜야 한다는 것이다. 1970년대 말 미국에서는 전국남성연합NCFM의 후견으로 남권주의 단체들이 조직화되었다. 남권주의자들이 관심을 갖는 사안 중 육아는 특히 민감한 주제다. 사법부가 이혼 이후의 여성들에게 체계적으로 혜택을 주고 있다는 비난을 받고 있기 때문이다. 오늘날 남권주의라는 용어는 육아나 남성에 대한 폭력 등에 집중하는 단체, 그들의 열성 팬을 어떻게 '유혹'할 것인지 조언하는 '여자 낚기 기술자'들의 단체, MGTOWMen Going Their Own Way 운동(멤버들이 '매정한 여자들에게 무관심한 척하는 남성들'로 이루어짐), 인셀(Incels, '비자발적 독신자들') 운동 등을 포함하고 있다. 어떤 남권주의자들은 노골적으로 여성을 혐오하고 또 다른 남권주의자들은 어쨌든 공식적으로는 고정관념을 타파하려고 애쓴다. 남권주의는 '남성성의 위기'에 관한 담론과 완전히 혼동되지는 않는다. 프랑스의 경우, 수필가 에릭 젬무르가 들여온 이 남권주의는 남성들이 '남성성을 상실'했다고 아쉬워하면서 다시 전통적 역할을 맡아야 한다고 호소하는데, 페미니스트들은 이 담론을 지배자들의 특권을 재확인하려는 다분히 반동적인 시도로 간주한다.

여성들의 운명은 지구의 운명과 연관되어 있을까?

에코페미니즘이라는 용어는 1972년 여성들에 대한 억압과 인간의 자연에 대한 지배를 연관 지은 프랑스의 여성 작가 프랑수아즈 도본(1920~2005)이 만들었다. 그렇지만 프랑스에서는 에코페미니즘이 잘 드러나지 않은 상태로 남아 있었으며, 이는 영어권 세계에 뿌리를 내렸다. 미국 국방성의 포위라든가 핵미사일이 영국에 배치되는 것에 대한 반대 운동, 숲을 보존하기 위한 인도의 칩코 운동 등 1970년대에 활동가들이 벌인 여러 가지 투쟁이 에코페미니즘과 연관될 수 있다. 에코페미니즘에 영감을 불어넣은 여성 중에는 책《여성과 자연*Woman and Nature*》(1978)에서 어떻게 자연의 여성화가 그것의 개발을 정당화하는지를 보여주는 미국인 수전 그리핀과 《자연의 죽음*The Death of Nature*》에서 옛날에는 살아 있는 유기체에 비교되었던 자연이 그 뒤로는 기계에 비교된다는 사실을 보여줌으로써 이 같은 관계를 밝혀내려고 애쓰는 미국인 캐럴린 머천트가 있다. 자연이 젖을 먹이는 어머니와 연관된 모습일 때 어느 정도의 조화가 추구된다. 자본주의와 과학적 현대성이 전개되면서 자연은 여성과 마찬가지로 수동적인 것으로 간주되며, 더 이상 그 어떤 것도 자연 자원의 개발에 맞서지 않게 되는 것이다. 이렇게 해서 에코페미니스트들은 "자연의 파괴와 여성에 대한 억압의 결합은 뫼비우스의 띠와 흡사하다"는 사실을 보여준다. 그들에 따르면 "여성들은 자연의 일부이기 때문에 열등하고, 우리는 자연이 여성적이기 때문에 학대할 수 있다"는 것이다.[47] 파괴적이라고 판단되는 이 패러다임에서 벗어나기 위해서 에코페미니스트들은 자연/문화의 이원론을 문제시하거나 전략적 본질주의를 옹호한다. 즉 (여성이 자연에 더 가깝다고 생각할 위험을 무릅쓰고) 여성들이 그동안 과소평가되고 거부당한 것을 다시 가져야 한다는 것이다. 에코페미니즘은 탈식민주의적 경향과 유물론적 경향, 신비주의적 경향 등 여러 경향으로 굴절된다. 이 마지막 경향은 자연의 혼을 제거하는 것에 반대하기 위해 '마녀'라는 인물을 복원한 미국의 여성 작가 스타호크에 의해 구체화되었다.

10

플랫폼 자본주의

우버의 역사는 2008년에 우버의 공동 창업자들이 참석한 파리의 한 회의에서 시작되었다. 아직 유효한 이야기에 따르면, 그때 그들은 샌프란시스코에서처럼 파리에서도 택시를 잡는 게 어려웠다고 한다. 캘리포니아로 돌아온 그들은 스마트폰에 깔린 애플리케이션을 통해 택시 운전사들과 고객들을 맺어주는 우버캡UberCab을 시장에 내놓았다. 고객이 GPS를 통해 자신의 위치와 목적지에 관한 정보를 가르쳐주면 알고리듬이 가능한 한 가장 빠른 코스를 운전사에게 알려준다. 클릭 한 번이면 누구나, 원할 때 원하는 시간 만큼 운전사가 될 수 있는 우버X(유럽에서는 우버팝) 같은 다른 서비스가 여기에 덧붙여졌다. 반응이 빠르고 효율적이며 비용이 저렴한 이 애플리케이션은 미국에 이어 전 세계에서 엄청난 성공을 거뒀다. 2016년 말, 이 기업은 80개국 548개 도시에 자리 잡았으며 60억 달러가 넘는 수익을 올려 주식 가치가 690억 달러에 상응하는 것으로 평가받았다.

"우리는 정치적 전투를 시작했다. 우리의 적은 택시라고 불리는 명칭이다. 그 누구도 그를 좋아하지 않고 그 누구도 그가 하는 것을 좋아하지 않지만, 그가 정치기구에 너무나 깊이 연루되어 있어서 많은 사람들은 그에게 특혜를 베풀 수밖에 없다."[1] 2014년에 트래비스 캘러

닉은 이런 말로써 우버의 목표를 소개했다. 그 목표란 다름 아닌 옛 세계에 맞서는 새로운 세계, 정체의 힘에 맞서는 개혁, 부패에 맞서는 자유였다. 이 유명한 VTC(운전사가 딸린 수송용 차량) 플랫폼은 새로운 테크놀로지의 신생 제국을 완벽하게 상징하기 때문에 이 기업과 관련된 집단의 출현 및 그것이 불러온 결과를 '우버화'라는 신조어와 결합한다. 우버는 사람들이 플랫폼 자본주의라고 부르는 것의 선구자다. 플랫폼은 정보와 콘텐츠, 혹은 서비스를 교환하기 위해 사용자들(전문가이건 아니면 단순한 소비자이건 간에)이 접속하는 디지털 환경, 예를 들면 인터넷 사이트나 스마트폰용 애플리케이션이다. 우버와 이해당사자들의 경우에 이 플랫폼은 서비스를 교환하고 고객과 서비스업자 간에 상업적 관계를 만들어낸다. 이 경제적 인프라를 유지하기 위해 플랫폼은 실현된 거래에서 수수료를 공제한다. 이 플랫폼에 열광하는 사람들에게 그것은 협동경제나 공유경제의 동의어이며, 노동의 중요한 부분이 중개자가 덜 개입한 상태에서 디지털 수단을 통해 '도급으로' 이루어지는, 더욱 수평적인 사회를 예고한다. 미래에는 기업가들과 프리랜서들이 엄격한 임금제 밖에서 경제활동을 할 수 있게 될 것이다. 즉 공급과 수요를 즉시 연결하는 기술 덕분에 시장이 원활하게 돌아가는 것이다. 반면, 어떤 사람들은 호의적으로 보이는 이 외관 아래 악마가 숨어 있다고 생각한다. 그들은 디지털적인 것으로부터 만들어진 협동경제가 결국은 새로운 종류의 독점적이고 자본주의적이며 기생적인 플랫폼들에 의해 완전히 붕괴되어 사회적·정치적 재난을 불러올 것이라고 주장한다.

　나머지 것들의…… 공유경제에 온 것을 환영한다!

우버화란 용어는 어떻게 생긴 것일까? 우버화는 공유경제나 협업경제, P2P 경제, 임시경제, 혹은 요청에 의한 경제의 다른 이름이라고 말할 수 있다. 많은 동의어가 막연하게 같은 현상을 가리키는 것이다. 인터넷의 역사는 우리에게 무엇을 말해줄까? 처음에는 개인들이 시간과 공간에 의해 분리되어 있었지만(구세계), 그 이후로는 모두 인터넷이라는 인프라와 월드와이드웹www이라는 프로토콜로 서로 접속하게 되었다. 이 전대미문의 네트워크는 1990년대부터 점차 발달해, 복잡해지고 교환의 유형이 늘어났으며 전 지구적 규모로 대중화되었다. 경제 영역은 이 새로운 현상에 곧바로 관심을 나타냈지만, 2000년대 초에 대부분의 웹 기업은 웹을 그들의 상품이나 서비스를 위한 새로운 판매 미디어로 사용하는 매우 전통적인 판매 서비스 모델을 가지게 된다. 수평적인 P2P 관계는 냅스터 같은 초기 해킹 사이트와 좀 더 유사하다. 그것은 가상공간의 무정부 상태였고, 인터넷 사용자들은 지적재산권의 보호를 받는 영화와 음악을 자유롭게(그리고 대부분 불법적으로) 주고받았다. 그러나 2000년대 말에 새로운 전환점이 뚜렷하게 모습을 나타냈다. 즉 스마트폰이 일반 대중에게 소개된 이후로 이 같은 P2P 관계가 가치를 창출할 수 있다는 사실을 알게 된 것이다. 어떤 인터넷 사용자들은 여행 포럼에서 조언과 정보를 교환하고, 또 어떤 인터넷 사용자들은 자동차를 함께 이용하거나 '카우치서핑'이라는 비영리 사이트에서 여행자들에게 소파를 제공해주겠다고 제안한다. 돈은 비공식적인 방식으로 이 사람에서 저 사람에게로 전해진다. 그러면 새로운 관계자들이 나타나서 이 공간을 더 전문화·대중화해 더 간단하고 효과적으로 사용할 수 있도록 하고, 거기에 사람들의 신분이나 요금 지불과 관련한 안전장치를 덧붙이자고 제안한다. 그리고 서비스 제공자들은 그 보상으로 거래(그 뒤로는 형식을 갖추게 될)에 대한 수수료를 받는다. '공유경제'의 플랫폼이 탄생한 것이다.

이것은 엘도라도다. 즉 기술의 기여도가 크지 않고 모델이 매우 간단해서 쉽게 복제할 수 있으므로, 어떤 분야에 가장 먼저 진출해서 빨리 자신의 존재를 알리고 받아들여지기만 하면 된다. 일반적으로 두 사람을 위한 자리는 없다. 반드시 있어야 하는 새로운 중개자인 '미들맨'이 되어야 한다. 디지털적인 것이 '탈脫중개'라는 거대한 물결을 일으켰다. 즉 이전의 전통적인 중개자들(서점, 가두판매점, 음반점 등)이 사라지고 더 직접적이고 '해방된' 관계가 등장한 것이다. 실제로 그것은 우버 유형의 플랫폼을 포함한 대부분의 분야에서 일하는 관계자들을 중심으로 한 거대한 '재再중개' 운동이다. 우버의 승리는 곧 가치 창출 모델의 승리다. 즉 가치는 사용자들에 의해 플랫폼의 '담장' 안에서 창조된다. 기업은 플랫폼의 '운영자'에게 보수로 지급할 금액을 공제하는 것에 만족할 뿐 기업의 자본이나 서비스 측면에서 실제로 기여하는 바가 없다. 우버는 그 점을 분명히 한다. 즉 이 플랫폼은 운송업체가 아니라는 것이다. 에어비앤비Airbnb도 이와 마찬가지다. 이 기업은 호텔 인프라를 건설하지 않고, 개인들과 관계를 맺고 이 수평적 교환에서 가치를 공제하는 것으로 만족한다. 이것이 많은 관찰자들이 이러한 모델이 기본적으로 기생적이라고 말하는 이유다.

따라서 우버화된 사회는 여러 가지 사회활동이 이루어지는 디지털 영지領地와 흡사할 것이다. 여기서 사람들은 어떤 관계자(예를 들면 우버)가 후견인처럼 감시하는 가운데 재화와 서비스를 교환한다. 우버화의 정확한 정의를 내리는 것은 여전히 어렵다. 왜냐하면 같은 깃발 아래 전혀 다른 모델들을 모아놓았기 때문이다. 블라블라카BlaBlaCar는 시간이 맞으면 그들의 주행 코스를 최적화해 기타 소득을 올리라고 개인들에게 제안하는 반면 우버는 운전이 주된 활동인 진정한 운전사 군단을 만들었다. 그렇지만 블라블라카는 개인들에게 임시로 운전사가 되어 수입을 늘려보라고 제안하는 우버의 우버X 모델과 흡사하다. 딜리버루Deliveroo처럼 자전거를 이용한 배달 서비스들은 똑같은 논리를 빌려와 그들의 모델이 대학생들에게 경제적인 도움을 줄 수 있다고 주장한다. 에어비앤비에는 방학 동안에 그들의 아파트를 임대해주거나 수입이 적은 달에 집세를 낼 수 있는 수단으로 그들의 재산을 이용하는 사람들도 있지만 이 일을 거의 직업으로 삼는 사람들도 있다.

우버화는 여러 가지 모델을 포함하는 현상이다. 그렇지만 공통적인 구성 요소들이 발견된다. 그것은 무엇보다도 디지털 플랫폼 및 웹사이트와 스마트폰 애플리케이션에 등록함으로써 접근이 가능한 환경이라는 점이다. 이 모델은 또한 교환 및 경제적 가치를 창출하는 P2P 디지털 중개를 필요로 한다. 이 P2P 교환은 개인 간에 직접 이루어질 수도 있고(블라블라카의 카풀), 직업인과 개인들 간에 이루어질 수도 있지만(우버의 택시 운행), 서비스(서비스 제공자)와 고객, 지불수단은 반드시 있어야 한다. 따라서 이 서비스는 일시적으로 이루어질 수도 있고 (카풀에서 승객을 태우는 것), 아니면 주 수입원이 되어 지속적으로 이루어질 수도 있다(우버에서의 차량 운행). 기술적 프레임과 거래 규칙을 일방적으로 정하고 채굴 모델에서 수입(거래액에 대한 수수료)을 얻는[2] 기업이 교환을 감독한다. 그러니 이제 디지털 플랫폼 전체를 제외하는 엄격한 정의를 채택해보자. 즉 페이스북은 사람들 사이에 관계를 맺어주지만 수익은 주로 후원이나 광고에서 나온다. 구글은 정보를 가지고 사람들 간에 관계를 맺어주지만 수익은 대상이 한정된 광고에서 나온다. 또 틴더는 가입자들이 가치를 나누지 않는 남녀 만남 서비스를 제공한다. 그럼에도 불구하고 우버화라는 용어는 폭이 더 넓은 하나의 현상, 즉 거의 대부분이 미국계인 대기업 소유의 플랫폼을 통해 사회경제적 관계가 점진적으로 디지털화되는 현상을 규정하기 위해 일반적으로 사용된다. 그때 우버화는 단절, 즉 경제적 영역과 사회적 관습의 변화를 통해 사회 전체를 혼란스럽게 만드는 혁신의 형태에 관심을 가지게 된다.

유니콘의 나라에서
자유를 외치다

우버 모델을 무조건 옹호하는 사람들을 만나는 것은 쉬운 일이 아니다. 그렇지만 우버화 과정이나 부분적으로 우버화된 사회에 호의적인 논거들은 발견할 수 있다. 이 논거들은 개인의 자유와 경제적 성장을 찬양하는 자유주의적 이데올로기, 즉 기업을 운영할 수 있는 자유, 혁신을 할 수 있는 자유, 임금제와 온갖 종류의 규제로 구체화되는 사회적 국가의 엄격함에 대한 자유 속에 편입된다. 서비스업자들이 진정한 '접속된 노동자'가 되는 우버 같은 플랫폼의 경우에는 각 개인이 '평생 1인사업자'가 될 수 있어야 한다는 생각이 자리 잡고 있다. 노동자는 플랫폼에서 그의 서비스를 판매하고, 자기가 원하는 대로 자신의 일정을 관리하며, 자신의 노동시간과 여가 시간을 어떻게 분배할 것인지를 결정할 수 있다. 이것은 또한 다른 활동을 보완하거나 학비를 조달해주는 보충 노동이 될 수도 있다. 네트워크에 접속된 상태에서 하는 노동은 이처럼 고용주와 맺은 노동계약 및 그와의 역학관계를 극복하는 자유로 여겨질 것이다. 택시 운전사는 규제는 받지만 이따금은 (우버 CEO가 그랬던 것처럼)부패했다고 이야기되는 동업조합을 거쳐야만 일을 할 수 있다. 반면 인터넷에 접속되어 있는 노동자는 쉽게 일을 시작할 수 있다. 이렇게 되면 노동자는 더 많은 자유를 누릴 수 있고, 소비자는 더 많은 힘을 발휘할 수 있다. 개인들 간의 카풀은 요금을 인하시키고, 저소득층이 더 쉽게 여행을 할 수 있도록 해준다. 운전사가 포함된 차량 운행에 대한 실질적 규제 완화는 공급 부족으로 인한 문제를 해결함으로써 서비스 비용을 낮출 수 있다. 인터넷 사용자들이 작은 일을 할 수 있도록 하는 아마존 메카니컬 터크Mechanical Turk 같은 플랫폼의 경우에 기업들은 임금제와 좀처럼 양립할 수 없는 임시적이고 세분화된 작업을 위한 노동력을 동원할 수 있다. 중개자의 숫자가 줄어들면 가치가 연쇄의 처음과 끝에 있는 관계자들 간에 더 잘 순환되어 양면兩面 경제를 실현할 수 있게 된다. 이렇게 해서 우리는 '대중이 주도하는' 공동체적 자본주의를 향한다. 공동체적 자본주의라는 단어는 '이 같은 변화를 받아들이고자 하는' 뉴욕대학교 아룬 순다라라잔 교수에 의해 사용되었다. 이것은 더 수평적이고 보다 인간적이며 공생적인 자본주의다. "숙박업에서는 직원들이 호의적일 수도 있지만, 그것은 장삿속에서 비롯된 것이다. 반면에 에어비앤비에서는 주인과 손님이 친구가 될 수도 있다."[3]

플랫폼 그 자체는 혁신과 성장, 고용의 동인으로 경험된다. 우리의 경제를 위해 이 '유니콘들'에게 마구를 달아야 할 것이다. '유니콘'이란 주식시장에서 시가총액이 10억 달러를 넘는 스타트업을 가리키는 표현이다. 우버 같은 유니콘 플랫폼들은 네트워크에 연결된 노동자들에게는 경제활동을 할 수 있도록 해주고(우버), 개인들에게는 추가 수입을 얻을 수 있게 해준다(에어비앤비, 블라블라카). 이 플랫폼들이 주식시장에 미치는 영향력은 부를 창출할 수 있는 그들의 능력을 증명한다. 마지막으로 유니콘들의 모델과 R&D(연구개발) 분야에 대한 투자는 그들을 사회 전반에 대한 혁신의 모태로 만들 수 있을 것이다. 물론 이 플랫폼들은 예를 들면 숙박업이나 운송업 분야에서 일자리와 부를 없애겠지만, 장기적으로는 일자리와 부를 훨씬 더 많이 창출해낼 것이다. 이것은 오스트리아 출신의 미국 경제학자 조지프 슘페터(1883~1950)가 이론화한 창조적 파괴다. 이 과정은 경제의 발전과 성장을 주도하는 법칙으로 여겨진다. 모든 종류의 혁신은 전체 분야를 파괴한 다음 새로운 분야를 재창조하며, 노동자들은 직업교육을 받고 이 새로운 분야로 편입된다. 그러니 불안해할 필요는 전혀 없다. 태양 아래 새로운 건 아무것도 없으니 말이다. 그렇기는 해도 이 플랫폼들은 각자 나름의 방식으로 수많은 사회적·정치적·사법적 문제를 불러일으킨다.

프롤레타리아에서
프롤레타리아로

첫 번째로 확인된 사실은 '우버화'가 '임금제'와 합치되기 어렵다는 것이다. 자유로운 노동자라는 모습에 자기 자신에게 맡겨진 노동자의 모습이 겹쳐진다. 플랫폼 노동의 이론가인 미국 대학교수 트레버 숄츠는 이렇게 말한다. "기업가라는 수사와 유연성, 자율성, 선택이라는 미명 아래 노동자들은 실업이라든가 질병, 노화 같은 엄청난 위험의 무게를 등에 짊어진다."[4] 우리는 노동자와 고용주의 관계가 근본적으로 변화하는 것을 목격하고 있는데, 미국의 법과대학 교수이자 에세이스트인 프랭크 패스콸리는 이 같은 변화를 다음과 같이 요약한다. "전통적인 일자리가 장기적인 협업에 참여하는 두 당사자들의 결합이었던 바로 그곳에서, 네트워크에 연결된 노동력은 이제 원나이트스탠드의 연속에 불과해지게 된다."[5] 우버는 실제로 자신의 운전사들을 피고용자가 아닌 협력자로 간주한다. 그리하여 그들에게 임금노동자라는 안전한 지위를 부여하기를 거부하고 프리랜서라는 불안정한 지위로 밀어낸다. 같은 질문이 네트워크에 접속된 노동력을 창출하는 모든 플랫폼에 제기된다. 즉 오직 하나의 플랫폼만을 위해 풀타임으로 일하는 사람들에게 임금노동자의 지위를 부여하지 않아도 될까? 샌프란시스코(2015년)와 영국(2017년)의 사법부는 우버가 운전수들에게 피고용자의 지위를 인정하건 안 하건 상관없이 그들에게 고용주로서의 의무를 이행해야 한다고 결론지었다. 임금제가 보장하는 안전은 네트워크에 접속해 일하는 많은 노동자들이 환영할 만한 일이었다. 즉 이것은 1인기업의 CEO가 되고 싶다는 가상의 욕구를 자극하는 담론과 어울리는 현실이다. 운전사들의 수입은 처음에는 충분하지만, 운전사끼리의 운행 요금 경쟁과 20퍼센트에서 25퍼센트로 인상된 우버의 수수료는 그들의 취약한 상황을 더욱더 악화시킨다. 2015년 프린스턴대학교에서 미국의 20개 도시를 대상으로 실시한 연구에 따르면, 우버 운전사의 평균 급여는 법정최저임금보다 적었다.[6] 2016년 말에 프랑스에서 운전사와 플랫폼 간의 긴장을 완화하기 위해 정부가 지명한 중개인은 한 운전사가 '괜찮은 수준의 수입'을 얻으려면 (법정 휴가, 혹은 병에 걸리거나 사고가 났을 경우에 개인적 보호 조치를 취하는 것은 포함시키지 않고) 주당 60시간의 노동시간이 필요하다고 추산했다.[7] 게다가 고정자산(자전거, 자동차, 주택, 스마트폰, 장비 등)을 구입하는 데 드는 비용은 노동자가 부담해야 하므로 은행 대출을 받아야 할 수도 있다. 이 노동자들은 고용주에 대해서만 고립되어 있는 것이 아니라 그들끼리도 고립되어 있다. 중개자들의 해체는 집단조직의 형태들(예를 들면 조합)을 크게 약화시켰다. 네트워크에 연결된 노동자들은 공동 사무실을 갖지 못하고, 중개가 비물질화된 방식으로 이루어지며, P2P가 오직 서비스 제공자와 고객 간의 관계에만 집중되어 있어서 그들의 이익을 지켜내기 위한 조직을 결성하는 데 많은 어려움을 겪고 있다. 우버화된 분야의 1인사업자는 실제로 두 가지 측면을 가지고 있다. 한쪽에는 스타트업을 설립해 스스로 선택하고 스스로 CEO가 되어 혁신하는 활동적인 청년들이 있는데, 이들은 흔히 여러 가지 연구가 보여주듯 가장 높은 수준의 교육을 받고 경제적으로 가장 여유 있는 계급 출신이다.[8] 또 다른 한편에는 저임금을 받고, 제대로 권리를 보호받지 못하며, 거의 독점 상태에 있어서 게임의 규칙과 공제하려고 하는 수익의 몫을 일방적으로 결정하는 플랫폼에 속해 있는 노동자들이 있다. 퓨리서치센터는 아마존 '터커'들의 평균임금이 최저임금의 3분의 2에 불과한 시간당 5달러밖에 안 된다고 추정했다.[9] 네트워크에 연결된 이 노동자들은 일반적으로 서민 계급 출신인데, 다시 이 같은 상황에 놓이게 된다. 왜냐하면 그들에게는 다른 선택지가 거의 없기 때문이다.[10] 이 같은 상황은 영국인 가이 스탠딩이 만든 '프레카리아트'[11]라는 단어를 대중화했다. 이 경제학자는 다른 노동자들보다 권리도 덜 누리고 보호도 덜 받는 노동자들로 이루어져 있으며 훨씬 더 '유연한' 노동시장에 크게 의존하는 계급, 분열되어 있어서 뭉칠 수 없는 계급을 프레카리아트라고 부른다. 이 새로운 지배는 이 플랫폼들의 독점적 역학에 의해 강화되며, 그 결과 네트워크에 연결된 노동자들의 협상력이 축소된다. 플랫폼은 독점기업이 되는 데 큰 관심이 있다. 즉 멧커프의 법칙metcalfe's law[12]에 따르면, 네트워크의 가치는 그것이 연결하는 사용자들의 숫자에 달려 있다. 그리고 리드의 법칙Reed's law[13]에 따르면, 구성된 이 네트워크 내에서 협력하는 집단의 숫자가 많으면 많을수록 그 가치는 증가한다. 따라서 가치 창출을 극대화하기 위해서는 각 활동 분야나 서비스에 오직 하나의 플랫폼만 있는 것이 이상적이다.

법치국가에 저항하는 플랫폼

우버화된 플랫폼들은 법과 종종 충돌한다. 트레버 숄츠는 이 플랫폼들이 만들어낸 방법을 다음과 같이 요약한다. "첫 번째로 우버 같은 기업은 마니아 소비자들의 급증하는 요구를 이용해 법의 테두리를 넓히기 위해 여러 가지 법(예를 들면 고용차별금지법)을 위반한다." 이것을 '기정사실의 전략'이라고 부를 수 있다. 즉 플랫폼들은 서로 다른 분야에 대한 전통적 규제를 '방해하고' 뒤엎고 무력화하고 침해하는 쇄신으로 국가의 법체계를 어지럽힌 후, 혁신과 성장 및 고용을 내세우며 규정에 예외를 둘 것을 요구한다. 이 플랫폼들은 법의 중간지대를 파고든다. 즉 불법은 아니지만 제기되는 문제들에 대처하기 위해 법의 범위나 판례의 범위가 그에 맞춰질 수 있도록 행위와 수단을 발전시키는 것이다. 이 과정에는 시간과 수단, 지배력, 정치적 의지가 필요하다. 우버 운전사들을 단순한 협력자로 간주할 수 있는가? 에어비앤비를 무제한으로 이용할 수 있는가? 계약서를 쓰지 않는 노동자들이 실제로 최저임금도 못 받는다는 사실을 받아들일 수 있는가? 보호받는 동업조합과 자유롭게 경쟁할 수 있는가? 이런 의문은 얼마든지 생겨날 수 있다. 혁신의 시간은 짧지만 사법의 시간은 길다. 이 같은 실질적인 규제 완화는 이렇게 외부 제약 없이 활동할 수 있는 관계자들에게 매우 큰 이익이 된다. 이들은 (법적 처벌을) 지연시키기 위해 천문학적 액수의 돈으로 로비를 하는 한편, 벌금과 재판을 지연시키기 위해 가능한 모든 수단을 동원한다. 예를 들어 미국의 플랫폼들은 유럽인들을 그들이 살고 있는 나라의 법원이 아닌 미국 법원에 상소하도록 강제해 그들의 소송을 방해한다는 비난을 지속적으로 받고 있다.

우버화된 플랫폼들과 관련된 어려운 문제들 중 하나는 네트워크에 연결된 노동자의 지위 및 활동에 동반되는 안전 문제다. 예를 들어 우버 운전사는 평판 시스템을 따라야만 한다. 즉 운행 후에 승객이 그들에게 한 개에서 다섯 개까지 별점을 주게 되어 있는데, 만일 어떤 운전사의 평균 별점이 너무 낮으면 우버는 자신들의 입장을 더 이상 정당화하지 않고도 그 운전사와의 계약관계를 끝낼 수 있다. 문제는, 운전사의 고용 상태가 단순히 손님 마음에 따라 불안정해질 위험에 처해 있을 뿐만 아니라, 그것이 실제로는 계약서에 나와 있는 규정을 적용할 수 없이 계약 파기로 이어진다는 사실이다. 게다가 부당 행위나 차별의 수단이 될 수 있는 이 평판 시스템은 지적 재산권에 의해 보호받고 있으며, 쉽게 윤리적 평가의 대상이 될 수 없다. 즉 '블랙박스'다. 또 다른 문제는 플랫폼의 책임 문제다. P2P 서비스를 조직하는 중개자로서 플랫폼들은 그들이 져야 할 책임을 거부한다. 그들은 계약당사자가 아니고, 계약이 실현되도록 도와주고 수수료를 받을 뿐이라는 것이다. 설사 무슨 사고가 생기더라도 (카풀을 할 때 동승자에게 공격을 받는다거나, 운행 중에 사고가 나거나, 운전사가 비정상적인 상황에 있다거나, 임대된 아파트에서 사고가 생기거나 등등) 플랫폼은 일체의 책임을 지지 않는다. 고객은 실제 서비스 제공자보다는 플랫폼을 신뢰했다고 당연히 생각할 수 있을 텐데 말이다. 플랫폼은 여러 가지 법규를 위반함으로써 플랫폼이 그 원인일 수 있는 유해한 현상들(뉴욕에서는 VTC의 숫자가 폭발적으로 증가하면서 교통 체증이 일어났다. 그리고 리스본 같은 도시에서는 임대료가 급등하는 바람에 저소득 주민들은 살고 있던 집에서 나와 변두리로 밀려나야만 했다)에 대한 규제를 어렵게 만든다. 마지막으로 역시 중요한 사실 한 가지가 있다. 플랫폼은 세금 제도를 무력화하는 기술을 매우 능숙하게 발휘한다. 우버는 자금의 운용을 다양하게 조정하고 기업에 대한 과세가 유리한 곳에 본사를 두어 조세 제도를 경합시켜, 가치가 창출되는 나라에서 세금을 전혀 안 내거나 거의 안 낼 수 있다. 한편 1인 사업자인 운전사들에게는 정상적으로 세금이 부과된다.

우버 해킹
─ 새로운 가치 생산 모델

우버화를 무조건 옹호하는 사람은 몇몇 자유지상주의자와 파렴치한 기업가들뿐이다. 자유주의자에서 급진주의자에 이르기까지 수

많은 사람들이 우버화를 방해하고 견제하기 위해 많은 제안을 했다. 가장 일반적인 요구는 여전히 이 플랫폼들이 창출해내는 가치에 과세하는 것, 말하자면 본사가 있는 나라가 아니라 경제활동이 실제로 이루어지는 나라에서 과세하는 것이다. 입법 구조 역시 가장 직접적으로 관련된 기관의 권한을 강화하는 한편, 어느 국가나 시로 하여금 VTC 운전사의 숫자를 정하거나 어떤 부동산의 임대 기간을 제한하도록 바꿀 수 있다. 또한 '플랫폼의 공정함'에 대한 요구도 분출하고 있다. 즉 플랫폼은 자기가 하는 것을 말해야 하고 자기가 말하는 것을 해야 한다는 것이다. 모든 사용자는 자기가 어떤 플랫폼을 사용하면서 정확히 무엇에 동의하는지, 특히 자신의 개인 정보와 관련된 것에 대해 알 권리를 가지고 있다. 이러한 제안은 공동체에 그 조세 주권과 규범 권력˟을 돌려주는 것을 목표로 한다.

두 번째 행동 유형은 노동과 임금제 밖에서의 보호 조치에 대해 다시 생각하는 것이다. 또한 1인사업자와 전통적인 임금노동자 사이에서 적합한 지위를 만들어내야만 네트워크에 연결된 노동시간에 그 유명한 '유연안정성'˟˟이 실현될 수 있을 것이다. 한 걸음 더 나아가 몇 가지 사법적 결정은 운전사들에게 피고용자의 지위를 인정해주기도 하며, 이렇게 해서 운전사는 전통적인 사회보장제도의 혜택

˟ 행위자들에게 모범을 보임으로써 무엇이 정상적이고 규범적인지 정의하고 규정하는 권력.

˟˟ 기업에는 해고의 자유를 주고 해고된 노동자에게는 정부 지원과 재취업 기회 등 직업의 안정성을 제공하는 노동 제도.

을 받게 된다. 노동자들이 오직 하나의 플랫폼에만 종속되어 집중 현상이 일어나는 것을 막기 위해서는, 한 피고용자가 동시에 여러 플랫폼에서 일할 수 있어야 하고 동시에 그의 권리를 보장받는 한편 사회보장제도의 혜택을 받을 수 있어야 한다. 노동조합 가입도 이루어져야 한다. 노동력의 원자화와 분쟁의 개별화에 맞서 싸우기 위해서는 집단을 조직해야만 한다. 시애틀은 우버 운전사들에게 이러한 권리를 부여했다. 우버가 노동조합을 결성하는 것은 사법부에 의해 확정된 권리였지만, 우버는 시애틀의 결정을 무효화하려고 애썼다. 아마존 메카니컬 터크의 '터커들'도 이 거대한 온라인 판매 기업에 맞서 그들의 권리를 옹호하기 위해 자신들을 조직화했다.

점점 더 많은 사상가와 활동가들이 채택하는 보다 급진적인 접근법은 벨기에인 미셸 바우웬스와 그리스인 바실리스 코스타키스가 그들의 선언에서 제안하는 것처럼 '진정한 협업경제'를 발전시키는 것이다.[14] 그들에 따르면 두 가지 모델이 P2P를 놓고 근본적으로 서로 대립한다. 과격할 정도로 자본주의적인 한 가지 모델은 잉여 분배를 향하고, 후기자본주의적인 또 하나의 모델은 이익보다는 '공유'를 중심으로 돌아가는 진정으로 협업적인 경제를 지향한다. "만일 우리가 똑같은 기세로, 채굴하고 착취하는 세계자본주의 모델을 탈피하고 공유에 토대를 둔 가치 창조와 교환 시스템을 만들어낸다면, 우리 문명의 본질 자체가 크게 변화할 것이다."[15] 첫 번째 모델은 다른 사람이 만들어낸 가치를 채굴하고, 세 가지 가치(소유, 경쟁, 분열)에 부합하는 '자본주의적' 기업-플랫폼에 기반해 있다. 이것은 고도로 집중되어 있으며 매우 많은 가치를 채굴하는 '네트워크netarchique 자본주의'다. 개인들을 경쟁시키고 사회적 규범이나 정치적 규범을 붕괴시키는 혁신에 기초를 두는 소유자 플랫폼을 통해 가치가 채굴된다. 또 한편에는 가치를 생성하는 모델이 되고자 하는 두 번째 모델이 있다. 이 모델은 가치가 그것이 생성된 곳에서 유통되고 자유, 연대, 지속이라는 세 가지 신념에 부합하기를 원한다. 가치는 그 규약이 투명하고, 소유자가 없으며, 구성원들이 서로 협력하는 플랫폼에서 생성된다. "피어들 간에 이루어지는 생산에서 협력자들은 공개된 기여 시스템을 통해 가치를 공유한다. 피어들은 그들의 협업을 참여 방식으로써 관리한다. 그들은 공유된 자원을 만들어내고, 이 자원은 다른 목적에 다시 사용될 수 있다."[16] 자본의 축적에서 공유재의 축적으로 이행하기 위해서는 이 공개 플랫폼에 개입하도록 시민사회에 호소해야 하고, '윤리적'인 시장이 되도록 소비자들에게 압력을 가해야 하며, 실제로 협업경제에 필요한 일반 조건을 규정하도록 '파트너 국가'에 요청해야 한다.

그렇다면 관건은 독점적인 플랫폼을 금지하고 통제하는 것이라기보다는 실현 가능한 후기자본주의 모델을 만들어 독점적인 플랫폼에 맞서는 것이다. 미국의 트레버 숄츠 교수와 네이선 슈나이더 교수는 이렇게 '플랫폼 협동조합주의' 개념을 옹호한다. 그들에 따르면 우버화에 맞서 싸우는 가장 좋은 방법은 소유권 자체를 협동조합의 모델에 맞추어 재검토하는 것이다. 실제로 협동적인 플랫폼은 "우버를 해킹할 수도" 있을 것이다. 즉 이 플랫폼의 핵심 기술을 해킹해서 그 기술에 민주적 조직과 그 구성원들의 소유권 공유 조항을 삽입하면 될 것이다. 조합이나 시, 노동자들이나 사용자-생산자들의 협동조합이 이 플랫폼을 운영할 수도 있을 것이다. 어느 도시는 에어비앤비 방식의 자체 플랫폼을 운영해, 가격과 사용 가능성을 검토해 임대주택을 관리하고, 가능하다면 이 같은 거래에 세금을 부과해 부를 재분배할 수 있을 것이다. 노동자들은 자신들의 활동과 관련된 비용, 시간, 사회보장제도를 정하기 위해 자신들을 조직할 수 있을 것이다. 그때까지 주주들에 의해 채굴되었던 가치의 몫은 네트워크의 내부에 남아 있으면서 노동조건을 개선하거나 도구에 재투자할 수 있도록 해줄 것이다. 이러한 플랫폼 협동조합주의가 개시되도록 하기 위해서는, 이 같은 자주적 행동의 발전과 함께, 결과뿐만 아니라 자유롭고 국제적인 소프트웨어에서의 자금 조달과 기술적 환경에의 접근에서도 역시 그 고유의 생태계를 발전시켜야 할 것이다. "일반 대중의 인터넷이 가능하다!" 트레버 숄츠는 그의 저서에서 이렇게 외친다. "디자이너와 노동자, 예술가, 협동조합, 프로그래머, 창의적인 조합, 대표자의 연합은 각 개인이 그가 하는 노동의 결실을 얻을 수 있도록 구조를 바꿀 수 있다."[17]

어떤 플랫폼이 성공을 거두었나?

이미 거의 모든 분야에서 플랫폼을 볼 수 있다. 그중 몇 개만 인용해보자. 유럽에서 블라블라카는 승객 수송 분야에서 큰 비중을 차지한다. 이 프랑스 거대기업은 운전사들은 우버에게 맡겨두고 대신 개인들 간의 카풀 서비스를 제안한다. 모든 사람은 그가 이동하려고 하는 코스와 시간, 그리고 승객들이 대화와 음악, 혹은 흡연에 관해 준수해야 할 조건과 관련한 정보를 제공한다. 승객-사용자들은 운전사만 선택하면 된다. 임대 부동산업 분야에서는 에어비앤비라는 별이 경쟁자 없이 홀로 반짝인다. 전 세계 거의 모든 나라에 다 있는 이 플랫폼은 주식시장에서 시가총액이 300억 달러에 달한다. 이 플랫폼은 개인들에게 휴가를 떠날 때 다른 휴가 여행객들이 그들의 집을 쓸 수 있도록 그들의 집을 임대하라고 권유한다. 여행과 관련된 다른 서비스 역시 빠르게 성장하고 있다. 음식 배달 분야에서는 영국의 딜리버루 플랫폼과 베를린의 푸도라Foodora 플랫폼이 자전거를 이용한 신속 배달 망으로 식당과 고객을 연결해 이 분야의 선두를 차지하고 있다. 우버는 이 모델과 경쟁하기 위해 자동차로 음식을 배달하는 우버이츠UberEats를 개시한 반면, 아마존 플렉스Amazon Flex는 보다 더 일반적인 소포 배달에 관심을 두고 있다. 가구를 조립하고, 벽에 다시 페인트칠을 하고, 아파트를 청소하고, 개를 산책시켜야 하는가? 태스크래빗TaskRabbit 플랫폼은 수요자와 공급자를 연결시켜주겠다고 제안한다. 허드렛일에 대한 보수라는 같은 맥락에서 아마존의 메카니컬 터크와 크라우드플라워CrowdFlower는 모든 종류의 테스트를 하기 위해 기업과 임시 노동자를 연결시켜준다.

법은 가상공간에도 적용되는가?

우버화 플랫폼의 전략은 규제 완화와 계약을 찬양하는 자유지상주의적 담론 및 '코드가 법이다'라는 명제에 기초를 두고 있다. 이

'코드가 법이다'라는 표현은 1999년 미국 법학자 로런스 레시그에 의해 대중화되었다. "가상공간 세계에서의 삶이 어떻게 전개되는지를 결정하는 것은 이 세계의 법, 즉 그것의 코드다. 그리고 이 공간에 어떤 권리와 권력이 존재하는지를 결정하는 것도 미국이나 프랑스의 법이 아니라 바로 이 코드다."[18] 여기서 이 법학자가 비난하는 것은 법과 시장, 기술 사이의 전통적 위계가 전복되는 과정이다. 대중적 의지의 표현인 국가법은 시장의 법칙이나 기술의 상태, 즉 혁신을 능가했다. 그러나 지금은 기술의 법칙과 그것의 코드가 더 이상 국가의 법이 아니라 기업의 목표에 의해 결정된다. 프랑스 법학자 올리비에 이테아뉘는 이 문제를 다음과 같이 요약한다. "법은 공개적으로 토의되고 작성되지만, 코드는 그렇지 않다. 법은 그것을 만드는 사람들의 대표성에 의해 합법성을 갖지만 코드는 그렇지 않다. 법은 자연어로 쓰여서 모든 사람이 이해할 수 있지만, 코드는 그렇지 않다. 일단 가결되어 공포되면 법은 손을 댈 수가 없지만, 코드는 상황에 따라 순식간에 변경될 수 있다. 마지막으로 법은 대중적 의지의 표현이지만, 코드는 그렇지 않다."[19]

나가며

독자는 이 이론적 산책을 끝내고 약간의 현기증을 느낄 수도 있다. 우리는 이 책에서 잡다한 정치적 개념을 언급했다. 한편에는 페미니즘이나 탈성장 같은 진정한 사조, 나아가서는 사회운동과 그것의 역사, 그것의 학파, 그것의 조직이 있다. 다른 한편에는 매우 다양한 지적 장치 속에 결합될 수 있는 지역화폐나 추첨 제도처럼 대상이 더 한정된 사상들이 있다. 전통적 틀을 무너뜨린 소위 '물질적' 변화도 문제시된다. 즉 블록체인은 은행이나 국가처럼 신용할 수 있는 제삼자의 우위에 대해 질문을 던진다. 우버화는 임금제의 구조 및 그것에 결합된 사회보장제도를 해체한다. 트랜스휴머니즘은 인간 조건의 지평을 넓힌다. 이 과학적이거나 기술적인 장치들은 사람들이 흔히 생각하는 것처럼 중립적인 것이 아니라 이념적 전제들을 수반한다.

이 모든 사상들, 이 모든 사조들은 '제대로 식별되지 않는 정치적 주제들'이라고 부를 만한 것을 구성한다. 이 주제들은 여전히 형성 중이며, 아직도 분화와 통합이 이루어지고 있다. 우리가 이 책을 여러 장으로 나누어놓은 것을 보고 각 장이 따로따로 고려되어야 하며, 서로 뚜렷이 구분되는 변화를 따라간다고 생각할 수도 있을 것이다. 그때 모습을 드러내는 (역사와 정치에 대한 포스트모던적 관점과 일치하는)풍경은 전체적인 조망 없이(이것은 동물의 입장에 대해 자주 가해지는 비난이다) 제한적인 문제나 그 독자들에게 집중하는 이론적 제도諸島의 풍경이다. 이 이미지는 실제와 들어맞지 않는다. 우선, 이 주제들은 서로 관계를 유지한다. 우버화에 저항하려고 하는 지역화폐와 플랫폼 협동조합주의는 공유 이론의 구체적인 적용 사례로 간주될 수 있다. 그리고 앞에서 언급된 운동 중 몇 가지는 그들의 주제를 넘어서는 비판적 방법론을 발전시켰다. 페미니즘에 의해 이루어진 탈구축을 예로 생각하면 될 것이다. 젠더에서 시작된 이 탈구축은 다른 자기 정체성의 문제들('종', '계급' 등)로 확대되었다. 또한, 앞에서 다룬 개념들은 대부분 더 넓은 영역의 정치적 계획들과 연결된다. 만일 기본소득에 대해 어떤 정신을 부여하려고 하는지(자유주의적인지, 사회주의적인지, 아니면 케인즈주의적인지)를 명확히 하지 않으면 그것에 찬성한다고 주장하기 좀 곤란해진다. 탈성장이나 페미니즘 같은 사조에 대해서도 역시 의견을 명확히 해야 한다. 자주관리형 탈성장인가, 아니면 권위적인 탈성장인가? 우파 포퓰리스트인가, 아니면 좌파 포퓰리스트인가?

만일 주요한 정치철학이 계속해서 새로 이루어지는 논쟁에 형태를 부여한다면, 반대로 정치철학이 바로 이 논쟁으로 인해 새로운 모습을 갖출 수도 있을 것이다. 예를 들어 보수주의자들은 경제학 영역에서처럼 생명윤리 영역에서도 한계의 확인에 더 높은 가치를 부여하기 위해 탈성장에서 영감을 얻는다. 더 본질적으로 얘기하자면, 기술혁명이 이루어져 환경위기가 확산되면, 성장이라든가 기술과의 관계, 젠더의 문제 등 새로운 균열이 생겨난다. 옛날에는 이상하다고 판단되었던 결합이 이루어지고, 확실하다고 생각했던 다른 결합이 붕괴된다.

우리가 기술했던 정치적 주제들은 그 자체로 충분하지도 않고 옛날의 정치적 담론을 대신하지도 않는다. 낡은 세계도 없고 새로운 세계도 없다. 오직 기술적·경제적 변화가 부분적으로 결정하는 역사적 연속성만 존재한다. 우리가 경험하는 사건 역시 우리를 열광시킨다. 이 사건은 바로 옛날의 유토피아를 되살려내고, 이지러지는 달에 질문을 던지고, 새로운 미래를 그리는 것이다. 우리가 이 같은 쟁점들을 명확히 하고 내일의 세계에 대한 가장 훌륭한 관점을 독자들에게 제공했기를 바란다.

더 읽어보면 좋을 책

기본소득

《기본소득, 우리의 삶을 바꿔놓을 수 있는 생각*Le revenu de base, une idee qui pourrait changer nos vies*》(Actes Sud, 2017)에서 올리비에 르 네르와 클레망틴 르봉은 풍부한 자료를 바탕으로 기본소득의 원리와 이미 시행된 실험을 개괄적으로 소개한다. 호의적인 이 저널리즘적 접근은 마테오 알라루프와 다니엘 자모라의 지도 아래 '왜 일반소득에 절대 반대해야 하는지'를 논증하기 위해 사회학적·역사적 분석을 행한 집단선언이라 할 수 있는 《기본소득에 반대함*Contre l'allocation universelle*》(Lux, 2016)으로 보완될 수 있을 것이다. 이 같은 생각을 옹호하는 사람들 편에 선 경제학자 바티스트 밀롱도는 소득을 급진 좌파의 계획에 포함시킴으로써 여러 권의 저서에서 이 문제에 관심을 기울인다. 반면 이 주제에 관한 자유주의적 입장에 관심을 가지는 사람들은 가스파르 코에닉과 그의 싱크 탱크 제네라시옹리브르가 취하는 입장에 대해 알아볼 수 있을 것이다. 앙드레 고르츠의 저술 역시 이 문제에 관해 시금석 역할을 해내고 있다. 이 사상가는 이미 《노동의 변모*Les metamorphoses du travail*》(1988)에서 이 기본소득이라는 개념의 합당성에 관해 의문을 제기했다. 처음에는 적대적이었던 그는, 저서가 한 권 두 권 늘어날수록 더 완곡한 입장을 취한다. 그럼에도 불구하고 모두를 위한 노동시간의 단축을 중시한다.

공유

공유의 문제에 관한 탁월한 입문서는 미국의 활동가 데이비드 볼리어가 쓴《공유의 르네상스*La renaissance des communs*》(Charles Leopold Mayer, 2014)라는 책이다.《공유재산의 거버넌스*La gouvernance des biens communs*》(Commission Universite‐Palais, 2010, 1990년에 영어판 출간)는 엘리너 오스트롬의 연구를 종합한다. 치밀한 성격의 대학교수인 그녀는 공유가 정착하는 데 필요한 조건들을 상세하게 설명한다. 프랑스인 피에르 다르도와 크리스티앙 라발은 좀 더 철학적인 흐름에서 이 문제를 서양 지성사 속에 다시 위치시킨다. 탐사를 계속할 수 있도록 하는 여러 개의 길이 독자의 앞에 열려 있다. 역사적 접근을 위해서는 영국인 에드워드 P. 톰슨(1924~1993)의 저술들, 특히 인클로저 운동에 저항하는 내용을 다룬《숲의 전쟁*La guerre des forets*》(La ecouverte, 2014년에 프랑스어로 번역됨)을 반드시 읽어야 한다. 이 같은 저항은 또한 헝가리 인류학자 칼 폴라니가 1944년에 출간한《거대한 전환*La grande transformation*》(홍기빈 옮김, 길, 2009)에서도 역시 서술된다. 프랑스 학자 에르베 르 크로니에는《공유: 지식의 공유에 대한 입문*En communs : une introduction aux communs de la connaissance*》(C&F editions, 2015)에서 디지털에서의 공유 문제에 접근한다. 벨기에인 미셸 바우웬스는 여러 권의 책을 써서 그의 후기자본주의 모델을 발전시킨다(특히 바실리스 코스타키스와 함께 쓰고 2017년에 출간한《진정한 협업경제를 위한 선언*Manifeste pour une veritable economie collaborative*》이 그러하다). 마지막으로 경제학자 뱅자맹 코리아가 집필에 참여한《공유의 귀환*Le retour des communs*》(Les Liens qui Liberent, 2015),《공유재산 사전*Dictionnaire des biens communs*》(PUF, 2017)도 읽으면 좋다.

새로 출현하거나 다시 출현하는 민주주의 실천의 형태들을 살펴보기 전에, 우선 현재 우리가 속해 있는 제도를 잘 이해해야 한다. 베르나르 마넹의 저서《대의정부의 원칙 *Principes du gouvernement representatif*》(Calmann-Levy, 1995)은 이 분야에서 신기원을 이루는 책이다. 저자는 우리가 오늘날 알고 있는 민주주의 형태를 지배하는 원칙들에 대해 설명하지만, 또한 고대 그리스까지 거슬러 올라가 투표에 비해 추첨 제도가 어떻게 우월한지를 분석하기도 한다. 로익 블롱디오의 저서《참여민주주의의 새로운 정신 *Le nouvel esprit de la democratie participative*》(Le Seuil, 2008)은 참여민주주의의 출현이라는 문제에 대한 교육적 입문서다. 이 책의 독해는 이브 생토메르의 추첨에 관한 열정적인 연구로 보완되어야 하는데, 그의 아주 훌륭한 저서인《민주주의 실험의 간략한 역사: 추첨과 아테네에서 현재까지의 정치 *Petite histoire de l'experimentation democratique: Tirage au sort et politique d'Athenes a nos jours*》(La Decouverte, 2005)를 읽기 바란다. 생토메르는 1990년대의 포스트모던적 맥락에서 참여민주주의와 지역민주주의의 문제들을 다루는《포르투알레그리: 또 다른 민주주의의 희망 *Porto Alegre: l'espoir d'une autre democratie*》(La Decouverte, 2005)의 공저자이기도 하다.

동물의 권리

장바티스트 장젠 빌메르의《동물 윤리 *Ethique animale*》(PUF, 2008)는 동물의 입장에 대한 탁월한 입문서다. 더 상세히 알고 싶으면 피터 싱어의《동물 해방 *La liberation animale*》(김성한 옮김, 연암서가, 2012)과 톰 리건의

《동물 권리론*The Case for Animal Rights*》(University of California Press, 2004), 게리 프란치오네의 《동물의 권리: 동물학대철폐주의적 접근*Animal Rights: The Abolitionist Approach*》(Exempla Press, 2015) 등 세 명의 동물 윤리 사상가가 쓴 책을 읽으면 좋다. 캐나다인 윌 킴리카와 수 도널드슨이 쓴 《주폴리스》(Alma Editeur, 2016)을 통해 동물권이 인정되는 세계가 어떤 모습일지를 상상할 수도 있다. 윤리학 영역에는 동물 지능의 모든 측면을 밝혀내겠다는 목표를 가진 수많은 출판물이 있다. 그중에서도 네덜란드의 영장류학자인 프란스 드 발이 쓴 《동물의 생각에 관한 생각*Sommes - nous trop betes pour comprendre l'intelligence des animaux?*》(이충호 옮김, 세종서적, 2017) 같은 책을 인용할 수 있을 것이다. 역사학자 에릭 바라타이가 쓴 《동물의 관점: 역사의 또 다른 버전*Le Point de vue animal: Une autre version de l'histoire*》(Le Seuil, 2012)도 흥미로운 책이다. 《동물 혁명*Revolutions animales*》(Les Liens qui Liberent, 2016)은 이 사조를 대표하는 여러 훌륭한 저자들의 글을 모아놓았다. 프랑스에서는 《반종차별주의 연구*Cahiers antispecistes*》가 동물의 입장을 둘러싸고 벌어지는 이론적 논쟁에 대해 알 수 있는 흥미로운 참고문헌이다. 이 논쟁은 동물의 문제에 관해 우리가 획득한 지식 전체의 완벽한 종합이랄 수 있는 마티외 리카르의 《동물을 위한 변호*Plaidoyer pour les animaux*》(Allary Editions, 2014)가 출판되고 난 후 그 성격이 달라졌다.

트랜스휴머니즘

마크 오코널의 《트랜스휴머니스트들의 모험*Aventures chez les transhumanistes*》(L'Echappee, 2018)은 오늘날 실리콘밸리에서 트랜스휴머니즘을 열

렬히 옹호하고 있는 집단을 보여준다. 죽음의 종말에서 '보디 해킹'(《보디 해킹: 자신의 몸을 복제해 인간을 재정의하기*Body hacking: pirater son corps et redefinir l'humain*》를 읽어보라)을 거쳐 의식 다운로드에 이르기까지 트랜스휴머니즘의 여러 흐름에 관한 실험과 담론을 다룬 책들 역시 어렵지 않게 발견할 수 있다. 트랜스휴머니즘의 '좌파' 담론에 대해 알아보기 위해서는 디디에 쾨르넬과 마르크 루가 쓴 프랑스 트랜스휴머니즘협회 선언문인 《테크노프로그: 사회 발전에 도움이 되는 트랜스휴머니즘*Technoprog: le transhumanisme au service du progres social*》(Fyp, 2016)을 읽어보는 것이 가장 좋다. 트랜스휴머니즘이 야기하는 문제점과 이 사조의 뿌리에 대한 비판적·철학적 분석은 장미셸 베니에르가 쓴 매우 완벽한 《포스트휴먼: 미래는 여전히 우리를 필요로 하는가?*Demain les posthumains: le futur a-t-il encore besoin de nous?*》(Hachette, 2009)에 잘 나와 있다. 이 철학자는 또한 《로봇들도 사랑을 하는가?: 열두 가지 질문으로 정리한 트랜스휴머니즘*Les robots font-ils l'amour?: le transhumanisme en 12 questions*》(Dunod, 2016)도 썼는데, 로랑 알렉상드르와의 대담으로 이뤄진 이 책은 트랜스휴머니즘의 문제에 대한 아주 훌륭한 입문서다. 이 분야의 고전으로는 《인간의 구식화: 제2차 산업혁명시대의 영혼에 관하여*L'Obsolescence de l'homme: Sur l'ame a l'epoque de la deuxieme revolution industrielle*》(L'encyclopedie des nuisances, Ivrea, 2002년 재발행)가 있다. 독일인 귄터 안더스가 쓴 이 책은 트랜스휴머니즘에 대해 말하고 있지는 않지만 인간과 인류가 기술사회에서 어떻게 변화할 것인지에 대한 성찰의 기초를 마련했다.

대안 화폐

프랑스의 연구자 마리 파르의 《화폐를 다시 생각하다*Repenser la monnaie*》 (Charles Leopold Mayer, 2016)는 지역화폐에 관한 훌륭한 입문서다. 필리프 드뤼데르의 《지역보조화폐: 왜, 어떻게?*Les monnaies locales complementaires: pourquoi, comment?*》(Yves Michel, 2012)에서는 더욱 실천적인 관점을 엿볼 수 있다. 경제학자 베르나르 리에테르의 주장은 《지역화폐*Monnaies regionales*》(Charles Leopold Mayer, 2008, 마르그리 케네디와 공저)와 《화폐에 새로운 가치를 부여하자!*Reinventons la monnaie!*》(Yves Michel, 2016, 재키 던과 공저) 등 여러 권의 저서에서 전개된다. 블록체인과 암호화폐에 관해서는 매우 다양한 저서가 있지만, 그중에서도 저널리스트 스테판 로농이 쓴 《빅뱅 블록체인*Big Bang Blockchain*》(Tallandier, 2017)과 자크 파비에르, 아들리 탁칼 바타이유가 쓴 《비트코인, 머리가 없는 화폐*Bitcoin. La monnaie acephale*》(CNRS, 2017)가 가장 흥미롭다. 비트코인의 더욱 '구체적인' 역사에 대해서는 너새니얼 포퍼의 《디지털 골드*Digital Gold*》(Harper, 2015)를 참고할 수 있다.

포퓰리즘

《헤게모니와 사회주의 전략*Hegemonie et strategie socialiste*》(이승원 옮김, 후마니타스, 2012)은 에르네스토 라클라우와 샹탈 무페가 그들의 포퓰리즘 이론을 정립한 초석 같은 책이다. 우선 이 책을 읽은 후 라클라우가 명확히 그의 지도자 구현 이론을 전개하는 《포퓰리즘의 논거》(Le Seuil, 2008)와 무페의 갈등 이론을 이해하기 쉽게 쓴 《합의의 환상》(Albin Michel, 2016)에 접근하는 것이 좋다. 그녀의 주장이 어떤 식으로 유럽 지도자들의 정치적 사고에 영향을 미쳤는지를 알기 위해서는《왕좌의 게임의 정치적 교훈*Les Lecons politiques de Game of Thrones*》(Post-editions, 2015)과《포데모스, 우리는 분명히 할 수 있다!*Podemos, sur que nous pouvons!*》(Post-editions, 2015)에서 이 포데모스 운동 창시자들의 글을 읽어보기를 권한다. 포퓰리즘 전략을 비판하기 위해서는 일반적으로 정치학의 가장 전통적인 프리즘을 통해 포퓰리즘을 다루는 독일인 얀베르너 뮐러의《포퓰리즘이란 무엇인가?*Qu'est-ce que le populisme?*》(Premier Parallele, 2016)나 프랑스인 에릭 파생이 쓴《깊은 유감*Le grand ressentiment*》(Textuel, 2017)처럼 보다 분산된 문헌에 관심을 가져야 할 것이다. 라즈믹 쾨셰얀이 선정한 논문 선집인《운동의 전쟁, 입장의 전쟁*Guerre de mouvement et guerre de position*》(La Fabrique, 2012)은 그람시의 저술에 대한 매우 탁월한 입문서다.

탈성장

어떤 주제를 더 깊이 파고들기 위해서는 가장 먼저 용어들을 구분하고 이해해야만 한다.《탈성장, 새로운 시대를 위한 어휘*Decroissance, vocabulaire pour une nouvelle ere*》(Le passager clandestin, 2015)는 이 분야의 탁월한 입문서 역할을 해낸다. 탈성장을 대중화한 사람은 단연《검소한 풍요사회를 향해*Vers une societe d'abondance frugale*》(Fayard, 2011. 이해하기 쉬운 책이다)를 포함, 여러 권의 저서에서 탈성장의 문제를 연구하는 세르주 라투슈다. 밀항자*Le Passager clandestin* 출판사는 세르주 라투슈의 지도하에 '저성장의 선구자' 시리즈를 출판했고, 우리는 앙드레 고르츠나 코르넬리우스 카스토리아디스 같은 선도적 사상가들에 대한 소개 글과 디오게네스나 노자 같은 고대 사상가들을 통해 이 운동의 뿌리를 찾는 글을 읽을 수 있다. 이반 일리치의《공생*La convivialite*》(Le Seuil, 2014)은 탈성장 사회를 상상하기 위해 꼭 읽어야 할 책으로 인정받았다. 지금은 엔지니어인 필리프 비우익스가《로테크의 시대: 기술적으로 지탱할 수 있는 문명을 향해*L'Age des low tech: Vers une civilisation techniquement soutenable*》(Le Seuil, 2014)에서 대중화한 용어인 '로테크' 운동이 자연 자원과 에너지 소비의 감소를 권장하는 것으로써 탈성장 운동에 반응한다.

페미니즘

페미니즘의 문제에는 로르 베레니와 세바스티엥 쇼뱅, 알렉상드르 조네, 안느 르빌라르가 쓴《젠더 연구 입문*Introduction aux etudes sur le genre*》(De Boeck, 2012)과 엘자 도를랭의《성, 젠더, 섹슈얼리티*Sexe, genre et sexualite*》(PUF, 2008), 사회학자 마리 뒤뤼벨레가 쓴《젠더의 독재*La Tyrannie du genre*》(Presses de Sciences Po, 2017) 등 매우 잘 쓰인 입문서가 존재한다. 이 책들을 읽고 나면 난해한 페미니즘 관련 도서들을 더 쉽게 읽을 수 있다. 생물학과 관련된 문제들에 대해서는 미국인 앤 파우스토스털링의《다섯 개의 성*Les cinq sexes*》(Payot, 2013)과 역사학자 토마스 라쾨르의《성의 제조소*La Fabrique du sexe*》(Folio, 2013)를 읽으면 좋다. 유물론적 입장에 관해서는 크리스틴 델피의 글을 모아놓은 두 권짜리 훌륭한 입문서인《주적》(Syllepse, 2009)이 있다. 주디스 버틀러의《젠더 트러블》(조현준 옮김, 문학동네, 2008)과 이브 코소프스키 세지윅의《벽장의 인식론*L'epistemologie du placard*》(Amsterdam, 2008)은 퀴어 이론의 대표적인 저서다. 유럽에서는 삼 부르시에의《호모 통합: 삼각형과 폭발하는 유니콘*Homo incorporated: le triangle et la licorne qui pete*》(Cambourakis, 2017)을 비롯한 저서들을 읽을 수 있다. 블랙 페미니즘을 다룬 중요한 저서들 가운데는 벨 훅스의《난 여자가 아닌가?: 흑인여성들과 페미니즘*Ne suis-je pas une femme?: Femmes noires et feminisme*》(Cambourakis, 2015)과 앤절라 데이비스의《여성, 인종, 계급*Femmes, race et classe*》(Editions des Femmes, 2007)이 있다. 선집으로는 엘자 도를랭의《블랙 페미니즘: 아프리카-아메리카 페미니즘 선집*Black Feminism: Anthologie du feminisme africain-americain*》(L'Harmattan, 2008)과 에밀리 아슈의《되찾다: 에코페미니즘 선집*Reclaim: recueil de textes ecofeministes*》(Cambourakis, 2016)가 있다. 이 개략적인 참고문헌 목록은 페미니즘적 견해에 행해지는 비판, 예를 들면 철학자 베레니스 르베가《젠더 이론, 혹은 천사들이 꿈꾸는 세계》(Grasset, 2014)에서 행한 비판을 언급하지 않고는 완전해질 수 없을 것이다.

플랫폼 자본주의

우버화의 혼종적 특징은 그것의 정의를 내리기 어렵게 만든다. 이러한 이유로 우버화에 정면으로 접근하는 저술이 드문 것이다. 많은 저서의 제목이 이 우버화라는 단어를 사용하지만, 이 단어는 흔히 크게 변질되거나 그 폭이 더 넓고 역시 논쟁의 대상이 되는 현상인 '혼란*disruption*'이라는 단어와 혼동되어 쓰인다. 로랑 라느가 쓴《우버, 폭력조직의 포식*Uber la predation en bande organisee*》(Le Tiers Livre, 2015)은 우버의 전략 및 그것에서 파생된 다양한 결과를 다룬 훌륭한 입문서다. 카림 아멜랄은《종속의 혁명*La revolution de la servitude*》(2018)에서 우버화가 에어비앤비나 딜리버루 같은 소위 '협업'경제의 다른 관계자들에게 미치는 영향에 대한 분석을 확대했다. 이 현상에 대한 저항이나 대안적 모델에 관해서는 미셸 바우웬스와 바실리스 코스타키스가 쓴《진정한 협업경제를 위한 선언》이나 트레버 숄츠의《플랫폼 협동조합주의: 우버화와 공유경제 비즈니스에 반대하는 열 가지 원칙*Le cooperativisme de plateforme: 10 principes contre l'uberisation et le business de l'economie du partage*》(Fyp, 2017)에서 흥미로운 제안들을 발견할 수 있다.

주

01. 기본소득

1. 그는 1918년에 출판된 《자유로 가는 길: 사회주의, 무정부주의, 그리고 조합주의*Proposed Roads to Freedom: Socialism, Anarchism and Syndicalism*》에서 이 문제에 접근한다.

2. 쥘리앵 다몽Julien Damon, 〈보편적 소득: 알래스카의 사례Revenu universel:le cas de l'Alaska〉, *Revue de droit sanitaire et social*, n° 4, 2011, pp. 658~664.

3. 안느 에이두·라셀 실베라, 〈기본소득에서 육아보조금에 이르기까지, 취하지 말아야 할 조처는 오직 하나뿐이다De l'allocation universelle au salaire maternel, il n'y a qu'un pas à ne pas franchir〉, 《고용계약의 밝은 미래: 획일적 사고에서 벗어나기 위한 경제학자들의 호소 *Le bel avenir du contrat de travail: Appel des économistes pour sortir de la pensée unique*》, Paris, Syros, 2000.

4. 〈고용의 미래The Future of Employment〉. 2013년에 옥스퍼드대학교가 미국의 702가지 직업에 관해 행한 연구 결과다.

5. 경제학자 조지프 슘페터가 1940년대에 만들어낸 표현이다. 혁신은 가치의 파괴자인 동시에 성장의 동인인 '항구적 허리케인'을 만들어낸다. 기업 측면에서 보면, 독점이 이루어졌다가 더 혁신적인 새 참여자에 의해 파괴된다. 노동자 측면에서 보면, 그들은 재난을 당한 옛 산업 분야에서 새로운 산업 분야로 '흘러들어 가고', 재취업은 직업교육으로 가능해진다. 이 개념은 크게 비판받고 있다.

6. 예브게니 모로조프Evgeny Morozov, 〈실리콘밸리가 받는 보장소득의 유토피아L'utopie du revenu garanti recuperee par la Silicon Valley〉, *Le monde diplomatique*, blog Silicon Circus, 2016년 2월 26일 자.

7. 프랑스 경제학자 바티스트 밀롱도Baptiste Mylondo의 연구를 참조하라.

8. 올리비에 르 네르Olivier Le Naire와 클레망틴 르봉Clementine Lebon은 《기본소득*Revenu de base*》(Actes Sud, 2017)에서 이 주제에 관해 이루어진 여러 가지 과학적 연구가 가지는 명확한 한계에도 불구하고, "그중 어느 것도 무조건적인 소득이 정해진 기간 동안 어떤 공동체에 지불될 경우에 노동 의욕을 꺾는 효과가 나타나는지 나타나지 않는지를 분명히 밝혀낼 수 없었다"라고 말한다.

9. 그럼에도 불구하고 부유한 나라의 그것과 비교한 나미비아의 사회적·문화적·경제적 상황이 일체의 일반적 결론을 불가능하게 만든다는 사실에 유의하자.

10. 노동사회학자인 베르나르 프리오Bernard Friot가 사용한 표현으로, 그는 일자리의 '공용화'와 자본주의 제도에 대한 노동의 해방이라는 형태를 취하는 평생 급여를 제안한다.

11. 로돌프 크리스틴Rodolphe Christin, 《노동, 그리고 그 이후?*Le travail, et apres?*》, Ecosociete, 2017, p. 38.

12. 〈최저소득과 시민의 자격Revenu minimum et citoyennete〉. 앙드레 고르츠는 《최저소득RMG, *version allemande*》(Futuribles n° 188, juin 1994)에서도 여전히 이런 식으로 비판한다.

13. Transversales/Science - Culture n° 3, 3e trimestre 2002, http://www.societal.org/docs/55. htm.

14. 로베르 카스텔Robert Castel, 〈생존 급여 혹은 생존 소득, 앙드레 고르츠의 비판적 독해Salariat ou revenu d'existence, Lecture critique d'Andre Gorz〉, *La vie des idees*, 2013년 12월 6일 자.

15. 이 모든 비판은 마테오 알라루프Mateo Alaluf와 다니엘 자모라Daniel Zamora, 《기본소득에 반대함*Contre l'allocation universelle*》(Lux Editeur, 2016)에서 상세히 검토된다.

16. 알랭 카이에Alain Caille, 〈기본소득에 대한 노트Notes sur le revenu universel〉, *Les convivialistes*(lesconvivialistes.org), 2016년 11월 호.

17. 《복합적 재분배 시스템의 합리화: 프랑스의 일반소득 모델화*Rationalisation d'un systeme redistributif complexe: une modelisation de l'allocation universelle en France*》, these de Marc de Basquiat, 2011.

02. 공유

1. 이것은 이 주제로 피에르 다르도Pierre Dardot와 크리스티앙 라발Christian Laval이 쓴 저작의 부제다. 《공유: 21세기 혁명에 관하여*Commun: Essai sur la revolution au xxiesiecle*》, La Decouverte, 2014.

2. 프랑스 경제학자 자크 제네뢰Jacques Genereux가 《진짜 경제학 법칙*Les vraies lois de l'conomie*》(Seuil, 2001)에서 사용한 표현이다.

3. "개인의 악덕이 공공의 미덕을 만들어낸다"는 표현이 선호되기도 한다. 이 같은 생각은 버나드 맨더빌Bernard Mandeville, 《꿀벌의 우화*La fable des abeilles*》(최윤재 옮김, 문예출판사, 2010)에 나와 있다.

4. 개릿 하딘Garrett Hardin, 〈공유의 비극La tragedie des communs〉, *Science*, 1968.

5. 《이유 있는 배회: 개릿 하딘의 삶과 시간*Loitering with Intent: The Life and Times of Garrett Hardin*》, 1983년 오랜 시간 동안 진행된 개릿 하딘과의 대담. http://www.garretthardinsociety. org/gh/gh_oral_history_tape7.html에서 볼 수 있다.

6. 《정치학La Politique》, 2권 3장.

7. 개릿 하딘, 〈공유의 비극〉.

8. 파비앵 로셰르Fabien Locher, 〈냉전의 목초지: 개릿 하딘과 '공유의 비극'Les paturages de la Guerre Froide: Garrett Hardin et 'la Tragedie des communs'〉, *Revue d'histoire moderne & contemporaine*, 2013년 1월 호 (n°60 - 1), pp. 7~36.

9. 그녀는 미국 경제학자 올리버 E. 윌리엄슨Oliver E. Williamson과 이 상을 공동으로 수여했다.

10. 2009년 10월 12일 자 한림원 성명. https://www.nobelprize.org/nobel_prizes/economic-sciences/laureates/2009/press.html.

11. 엘리너 오스트롬Elinor Ostrom, 《공유의 비극을 넘어Governing the Commons》, De Boeck, 2010(1990), p. 43.

12. 이 같은 정의는 데이비드 볼리어David Bollier, 《공유인으로 사고하라Think Like a Commone: A Short Introduction to the Life of the Commons》(New Society Publishers, 2014)에서 제안되었다.

13. 2015년 10월 자 〈뤼89rue89〉 사이트에 인용된 글에서 니스대학교 에코머연구소 원장 파트리스 프랑쿠르Patrice Francour는 "좀 무질서한 이 어민들이 과연 우리가 소유권에 새로운 가치를 부여하도록 도와줄 것인가?"라고 묻는다.

14. 〈복합성의 변호Plaidoyer pour la complexite〉(엘리너 오스트롬과의 대담), *Ecologie et politique*, n° 41, 2011.

15. 프랑스 역사학자 야닉크 보스크Yannick Bosc의 표현. 2015년 10월 〈뤼89〉 사이트에 인용되어 있다.

16. 데이비드 볼리어, 《공유인으로 사고하라》, p. 13.

17. 데이비드 볼리어, 위의 책. p. 153.

18. 데이비드 볼리어, 위의 책. p. 31.

19. 필리프 애그랭Philippe Aigrain, 《공유의 원리: 공유재와 소유권 사이의 정보Cause commune : l'information entre bien commun et propriete》, Fayard, 2005.

20. 에드워드 P. 톰슨Edward P. Thompson, 《숲의 전쟁. 18세기 영국의 사회적 투쟁La guerre des forets. Luttes sociales dans l'Angleterre du xviiiesiecle》, La Decouverte, 2014(1975), p. 46.

21. 1990년대 말에 이 도시의 상수도는 한 미국 기업의 자회사에 일임되어 있었다. 수도 요금이 인상되자 시민들은 단합하여 도시를 봉쇄했다. 정부는 계엄령을 선포했다가 결국은 굴복했다. 이 사건 이후에 저수지와 운하를 건설하는 일을 하는 '물 위원회'가 설립되었다.

22. 우고 마테이Ugo Mattei, 《이탈리아에서의 '공유재'를 위한 투쟁. 현황과 전망La lutte pour les 'biens communs' en Italie. Bilan et perspectives》, sur raison - publique.fr : http://www.raison-publique.fr/article683.html.

23. 데이비드 볼리어, 《공유의 르네상스La renaissance des communs》, pp. 131~132.

24. 피에르 다르도·크리스티앙 라발, 《공유: 21세기 혁명에 관하여》, p. 496.

25. 《한계비용 제로 사회: 사물인터넷, 협업공유, 그리고 자본주의의 종말*The Zero Marginal Cost Society: The Internet of Things, The Collaborative Commons, and the Eclipse of Capitalism*》, St. Martin's Press, 2014.

26. 앨런 레인Allen Lane, 《후기자본주의. 우리의 미래 안내서*PostCapitalism. A Guide to our Future*》, 2015.

27. 미셸 바우웬스Michel Bauwens · 바실리스 코스타키스Vasilis Kostakis, 《진정한 협업경제를 위한 선언: 공유사회를 향하여*Manifeste pour une veritable economie collaborative: Vers une societe des communs*》, Charles Leopold Mayer, 2017.

28. 샤를 리브Charles Reeve, 《원시적 사회주의*Le socialisme sauvage*》, L'Echappee, 2018, p. 259.

29. 샤를 리브, 위의 책, p. 264.

30. 2015년 10월 〈뤼89〉에 실린 〈벨기에인들은 아주 작은 것으로 부동산 투기를 근절시킨다〉 라는 기사에서 인용되었다.

03. 21세기 민주주의

1. 몽테스키외Montesquieu, 〈공화정부 및 민주주의와 관련된 법Du gouvernement republicain, et des Lois relatives a la democratie〉, 《법의 정신*De l'esprit des lois*》, 1777.

2. 피에르 망데스 프랑스Pierre Mendes France, 《현대의 공화국*La republique moderne*》, Gallimard, 'Idees' 총서, 1962; 로익 블롱디오Loic Blondiaux가 쓴 《민주주의의 새로운 정신*Le nouvel esprit de la democratie*》(Le Seuil, 2008, p. 15)에서 인용함.

3. 벤자민 바버Benjamin Barber, 《강한 민주주의*Democratie forte*》, DDB, 1997(1984), p. 175.

4. 폴 다비도프Paul Davidoff · 토머스 A. 라이너Thomas A. Reiner, 〈도시계획 이론A Choice Theory of Planning〉, *Journal of the American Institute of Planners*, 1962.

5. 고정된 번역어는 없고, '능력 획득'이나 '자격 획득', '행동 능력', 혹은 '행동 역량' 등의 뜻으로 쓰인다.

6. 쥘리앵 탈팽Julien Talpin은 이 같은 정의를 〈서민 동네 주민들을 불러 모으기, 프랑스에서 본 지역사회 조직화의 미덕과 모호함Mobiliser les quartiers populaires, Vertus et ambiguites du community organizing vu de France〉(*La Vie des idees*, 2013년 11월 26일 자)에서 다시 인용한다.

7. 피에르 아스키Pierre Haski가 쓴 〈그르노블, 프랑스 좌파의 두 번째 실험실Grenoble, laboratoire de la gauche franc aise pour la seconde fois〉(*Rue89*, 2014년 3월 24일 자)에서 인용함.

8. 뤼도비크 라망Ludovic Lamant, 《권력을 무단점거하라, 반기를 든 스페인 도시들*Squatter le*

pouvoir, les mairies rebelles d'Espagne》(Lux, 2016)을 참조할 것.

9. 이브 생토메르Yves Sintomer · 카르스텐 헤르츠베르크Carsten Herzberg · 아니아 로케Anja Rocke, 《유럽의 참여 예산: 대중을 위한 공공 서비스*Les budgets participatifs en Europe: Des services publics au service du public*》, La Decouverte, 2008.

10. 로익 블롱디오,《참여민주주의의 새로운 정신*Le nouvel esprit de la democratie participative*》, Le Seuil, 2008.

11. 2만 7000이라는 숫자는 트레버 숄츠Trebor Scholz가 쓴《플랫폼의 협동조합주의: 우버화 와 공유경제 비즈니스에 반대하는 열 가지 원칙*Le cooperativisme de plateforme, 10 principes contre l'uberisation et le business de l' economie du partage*》(Fyp, 2017)에서 필리프 비옹뒤리가 번역·인용했다.

12. 이브 생토메르,《민주주의 실험의 간략한 역사: 추첨과 아테네에서 현재까지의 정치*Petite histoire de l'experimentation democratique. Tirage au sort et politique d'Athenes a nos jours*》, La Decouverte, Paris, 2011.

13. 이브 생토메르, 위의 책.

14. 선거 납입금을 낸다는 것은 봉건체제에서 세금을 낸다는 것을 의미했다. 납세 민주주의 는 보통선거보다 납세 선거를 중시했다. 어느 정도의 금액을 납부하는 시민들만 투표를 할 수 있었다. 그래서 1847년 프랑스에서는 유권자가 24만 6000명 밖에 되지 않았다.

15. 도미니크 부르Dominique Bourg(편),《생태적인 제6공화국을 위해*Pour une 6e Republique ecologique*》, Odile Jacob, 2011.

16. 자크 테타르Jacques Testart,《권력을 가진 인류, 위마니튀드는 어떻게 공익을 결정할 수 있는 가*L'humanitude au pouvoir, comment les citoyens peuvent decider du bien commun*》, Le Seuil, 2015. (위마니튀드는 인간존재가 자신이 완전히 별개의 구성원으로서 인간이라는 종에 속해 있다는 것을 의식할 수 있는 능력을 뜻한다. - 옮긴이)

17. 미셸 칼롱Michel Callon · 피에르 라쿰Pierre Lascoumes · 야니크 바르트Yannick Barthe,《불확실한 세계에서 행동하다: 기술 민주주의에 대한 시론*Agir dans un monde incertain: Essai sur la democratie technique*》, Le Seuil, 2001.

04. 동물의 권리

1. 《동물 윤리*Ethique animale*》, PUF, 2008. 프랑스 철학자 장바티스트 장젠 빌메르Jean-Baptiste Jeangene Vilmer는 그가 '배제 전략'이라고 부르는 것, 즉 동물 착취를 정당화하는 데 쓰 이는 알리바이들의 목록을 작성한다.

2. 〈창세기〉 9장 3절에서 발췌함.

3. 르네 데카르트Rene Descarte는 《방법서설 *Discours de la méthodes*》(1637)에서 이성과 말이 인간을 동물과 구분 짓는다고 강조한다.

4. 뤽 페리Luc Ferry, 《생태학적 신질서 *Le nouvel ordre écologique*》, Poche, Biblio essais, 2014(1992), p. 85.

5. 카린 루 마티뇽Karine Lou Matignon(편), 《동물 혁명: 동물들은 어떻게 지능을 갖추게 되었나 *Revolutions animales. Comment les animaux sont devenus intelligents*》, Les Liens qui Liberent, 2016, p. 85.

6. 엘리자베트 아르두앵퓌지에르Elisabeth Hardouin-Fugier·에스티바 뢰스Estiva Reus·다비드 올리비에David Olivier, 《뤽 페리 혹은 질서의 회복 *Luc Ferry ou le retablissement de l'ordre*》, Tahin Party, 2002, pp. 64~70.

7. 이것은 동물 윤리학 교수인 제임스 서펠James Serpell의 경우다. 그는 동물의 열등함이 "동물을 더 수월하게 착취하기 위해 선전하는 진정한 정치적 견해"라고 주장한다. 장바티스트 장젤 빌메르, 《동물 윤리》(PUF, 2008)에서 인용함.

8. 르낭 라루Renan Larue, 《채식주의와 그 적들. 25세기에 걸친 토론 *Le vegetarisme et ses ennemis. Vingt-cinq siecles de debats*》, PUF, 2015.

9. 《에세 *Essais*》, 1권 42장.

10. 1970년에 배포된 《종차별주의 *Speciesism*》 유인물에서 인용함.

11. 에므리크 카롱Aymeric Caron, 《반종차별주의 *Antispeciste*》, Don Quichotte, 2016, p. 29.

12. 보리스 시륄니크Boris Cyrulnik·엘리자베트 드 퐁트네Elisabeth de Fontenay·피터 싱어Peter Singer, 《동물들도 권리를 가지고 있다 *Les animaux aussi ont des droits*》 Seuil, 2015(2013), p. 55.

13. 피터 싱어, 《동물 해방 *La liberation animale*》, Payot & Rivages, 2012(1975), p. 375.

14. 보리스 시륄니크·엘리자베트 드 퐁트네·피터 싱어, 《동물들도 권리를 가지고 있다》, p. 17.

15. 미국의 로버트 힉스는 19세기의 노예제도 지지자들이 노예제도를 폐지하지 않기 위해 내세우는 전형적 논거의 목록을 만들었다.

16. 에므리크 카롱, 《반종차별주의》, p. 252.

17. 카린 루 마티뇽(편), 《동물 혁명: 동물들은 어떻게 지능을 갖추게 되었나》, 2016, p. 37.

18. 이 예들은 이브 크리스탱Yves Christen, 《동물은 하나의 인격인가? *L'animal est-il une personne?*》(Flammarion, 2011: 2009)에서 가져왔다.

19. 이브 크리스탱, 위의 책, p. 493.

20. 프란스 드 발Frans de Waal, 《동물의 생각에 관한 생각 *Sommes-nous trop betes pour comprendre l'intelligence des animaux?*》, 이충호 옮김, 세종서적, 2017.

21. 〈동물의 권리: 사회적 진보와 관련해 고려한 Animals' Rights: Considered in Relation to Social Progress〉.

22. 공리주의에 대한 비판은 바로 여기서 시작된다. 우리는 실제로 이익을 수치로 표시하고

'쾌락과 고통'을 계산할 수 있는가? 우리는 그렇게 하는 것이 최대다수의 행복을 증가시킬 것이라는 이유로 어떤 한 사람을 희생시킬 수 있는가? 왜 인간존재는 자신에게 불리한데도 불구하고 최대다수의 행복을 극대화할 행동을 하는 것일까?

23. 제레미 벤담Jeremy Bentham, 《도덕과 입법의 원칙 서론*An Introduction to the Principles of Morals and Legislation*》, 1789.

24. 프랑스 철학자 니콜라 말브랑슈Nicolas Malebranche는 《진리를 찾아서*De la recherche de la verite*》(1674~1675)에서 자신의 생각을 분명하게 표현한다.

25. 피터 싱어, 《인간들에게 설명하는 동물 평등*L'Egalite animale expliquee aux humain-e-s*》, Tahin Party, 2000.

26. 피터 싱어, 《동물 해방》, Payot & Rivages, 2012(1975), p. 72.

27. 피터 싱어, 위의 책, p. 94.

28. 피터 싱어, 위의 책, p. 93.

29. 피터 싱어, 위의 책, p. 93.

30. 톰 리건Tom Regan, 《동물 권리론》, University of California Press, 2004(1983), p. 243.

31. 톰 리건, 위의 책, p. 327.

32. 이것은 곧, 만일 인간을 구하기 위해 개를 희생시켜야만 한다면 리건은 그렇게 하는 것을 거부한다는 뜻일까? 아니다. 이 개가 내재적 가치와 강력한 권리를 가지고 있다는 사실에도 불구하고 인간의 생명이 우선시될 것이다. 실제로 죽음이 유발하는 고통은 그것이 가로막는 만족의 기회에 따라 그 정도가 달라지며, 리건에 따르면 개의 죽음은 인간의 죽음과 비교될 수 없다.

33. 윌 킴리카Will Kymlicka·수 도널드슨Sue Donaldson, 《주폴리스*Zoopolis*》, Alma editeur, 2016(2011).

34. 예를 들면 프랑스의 코린 펠뤼숑Corine Pelluchon이 옹호하며 '배려' 윤리에 가까운 또 다른 철학적 전통이 존재한다는 사실에 주목하자. 코린 펠뤼숑은 우리와 동물의 관계가 "폭력적인 문명의 반영"이며, "합리적 논거는 개인들이 그들의 생활양식을 바꾸도록 동기를 부여하기에 충분하지가 않다"라고 말한다.

35. 코린 펠뤼숑, 《동물주의 선언*Manifeste animaliste*》, Alma editeur, 2017, p. 104. (배지선 옮김, 책공장더불어, 2019)

36. 개리 L. 프란치오네Gary L. Francione·안나 찰튼Anna Charlton, 《동물의 권리: 동물학대철폐주의적 접근*Animal Rights. The Abolitionist Approach*》.

37. 마더 존스와의 인터뷰(2006).

38. 피터 싱어, 《동물 해방》, p. 325.

39. 개리 L. 프란치오네·안나 찰튼, 《동물의 권리: 동물학대철폐주의적 접근》.

40. 피터 싱어, 《곤충은 의식이 있는가*Are Insects Conscious?*》, The Project Syndicate, 2016. 싱어

는 2015년 연구 결과에 의거해 "곤충의 뇌는 주관적 체험의 기반이다"라고 주장한다.

41. 〈지각 능력Sentience〉, abolitionistapproach.com 참조.

42. 보리스 시륄니크, 엘리자베트 드 퐁트네이, 피터 싱어, 《동물들도 권리를 갖고 있다》, p. 48.

43. 〈목축의 큰 영향Livestock's Long Shadow〉, FAO, 2006. 보고서를 토대로 한 FAO의 쟁점

44. 조너선 사프란 포어Jonathan Safran Foer, 《동물을 먹어야 하는가Faut - il manger les animaux?》, Points Seuil, 2012(2009), p. 79.

45. 제인 구달Jane Goodall · 게일 허드슨Gail Hudson · 게리 매커보이Gary McAvoy, 《우리는 우리가 먹는 것이다Nous sommes ce que nous mangeons》, Actes Sud, 2011.

46. 조너선 사프란 포어, 《동물을 먹어야 하는가》.

47. 코린 펠리숑, 《동물의 권리는 인간의 권리다La cause animale est la cause de l'humanite》, Liberation, janvier, 2017.

48. 조슬린 포르셰르Jocelyne Porcher, 《동물과 같이 살기Vivre avec les animaux》, La Dcouverte, 2011.

49. 조슬린 포르쉐르, 위의 책.

50. 조슬린 포르쉐르, 〈동물들을 해방시키지 마세요Ne liberez pas les animaux!〉, Revue du MAUSS, n°29, 2007.

51. 프랑시스 볼프Francis Wolff, 《현대의 세 유토피아Trois utopies contemporaines》, Fayard, 2017.

52. 프랑시스 볼프, 《투우를 옹호해야 할 오십 가지 이유50 raisons de defendre la corrida》, Fayard/Mille et une nuits, 2010.

53. 다른 한편으로, 몇몇 동물주의 활동가들은 포식 동물들에게 비건 음식을 줄 것을 고려한다. 토마 르펠티에Thomas Lepeltier, 〈사자로부터 영양을 구해야 하는가Faut -il sauver la gazelle du lion?〉, La revolution antispeciste, PUF, 2018.

54. 개리 프란치오네는 흔히 인종차별주의를 고발하는 보다 큰 폭의 운동에 위치한다. "종차별주의에 대한 반대는 오직 모든 형태의 차별에 대한 전반적인 반대의 일부로서만 의미를 가진다."

05. 트랜스휴머니즘

1. 니콜라 르 데베덱Nicolas Le Devedec, 〈휴머니즘에서 포스트휴머니즘으로De l'humanisme au post -humanisme〉, La critique du Transhumanisme, p. 13, 2008년 12월 21일 자. (iatranshumanisme.com).

2. 맨프레드 E. 클라인즈Manfred E. Clynes · 네이선 S. 클라인Nathan S. Kline, 〈사이보그와 우주공간Cyborg and Space〉, Astronautics, 1960년 9월 호.

3. 나타샤 비타모어Natasha Vita-More, http://www.natasha.cc/paper.html에 실린 기사 〈*The New (human) Genre Primo (first) Posthuman*〉(2004)에서 인용함.

4. 디디에 쾨르넬Didier Coeurnelle, 마르크 루Marc Roux, 《테크노프로그*Technoprog*》, Fyp, 2016, p. 156. 확신에 찬 기술혁신주의자인 마르크 루는 프랑스 트랜스휴머니스트 협회 회장이다.

5. 시릴 피에베Cyril Fievet, 《보디 해킹: 자신의 몸을 복제해 인간을 재정의하기*Body Hacking : pirater son corps et redefinir l'humain*》, Fyp, 2012, p. 8.

6. 시릴 피에베, 위의 책, p. 106.

7. 프란시스 후쿠야마Francis Fukuyama, 《우리의 포스트휴먼 미래: 생명공학 혁명의 결과*Our Posthuman Future: Consequences of the Biotechnology Revolution*》, New York, Farrar Straus&Giroux, 2002, p. 26.

8. 귄터 안더스Gunther Anders, 《인간의 구식화: 제2차 산업혁명시대의 영혼에 관하여*L'Obsolescence de l'homme, Sur l'ame a l'epoque de la deuxieme revolution industrielle*》, l'encyclopedie des nuisances, Ivrea, Paris, 2002 (독일에서는 1956년에 처음으로 출판되었다). 뒤의 인용문은 1장, 〈프로메테우스의 부끄러움에 관하여Sur la honte prometheenne〉에서 발췌했다.

9. 알랭 에렌베르그Alain Ehrenberg, 《자기 자신이 된다는 것의 피곤함: 우울증과 사회*La Fatigue d'etre soi: Depression et societe*》, Odile Jacob, 1998, p. 200.

10. 디디에 쾨르넬, 마르크 루, 《테크노프로그》, Fyp, 2016.

06. 대안 화폐

1. 많은 경제학 서적에서 인용되는 이 문장은 1937년에 있었던 한 토론에서 포드에 대해 설명한 어느 국회의원의 입에서 나온 듯하다.

2. 프리드리히 하이에크Friedrich Hayek, 《진정한 통화경쟁을 위해*Pour une vraie concurrence des monnaies*》, PUF, 2015(1976).

3. 이 '화폐'라는 명칭은 끝없이 논란을 불러일으킨다. 어떤 사람들은 합법적으로 통용되는 국가 화폐를 가리킬 때 이 용어를 사용하고, 또 어떤 사람들은 가치 저장과 지불수단, 교환수단이라는 화폐의 전통적인 세 가지 기능을 동시에 가지는 도구를 가리킬 때 이 용어를 쓴다.

4. 제임스 스토더James Stodder. 〈보완적 융자 네트워크와 거시경제의 안정성: 스위스 경제Complementary credit networks and macroeconomic stability: Switzerland's Wirtschaftsring〉, *Journal of Economic Behavior & Organization*, 2009.

5. 마리 파르Marie Fare, 《화폐를 다시 생각하다*Repenser la monnaie*》, Charles Leopold Mayer, 2016. 그녀는 또한 디지털적·생태학적 관심과 연관된 네 번째 단계에 대해서도 언급한다.

6. 필리프 드뤼데르hilippe Derudder, 《지역보조화폐: 왜, 어떻게?*Les monnaies locales complemen-taires : pourquoi, comment?*》, Yves Michel, 2014, p. 117.

7. 데이빗 보일David Boyle와 앤드류 심스Andrew Simms가 쓴 《새로운 경제: 더 큰 그림*The New Economics: A Bigger Picture*》(Earthscan, 2009)에서 인용함.

8. 이것은 또한 교환과 계산의 매개 단위로도 쓰인다.

9. 베르나르 리에테르Bernard Lietaer · 재키 던Jacqui Dunne, 《화폐를 다시 발명하자*Reinventons la monnaie*》, Yves Michel, 2016, p. 86.

10. 베르나르 리에테르 · 마르그리 케네디Margrit Kennedy, 《지역화폐*Monnaies regionales*》, Charles Leopold Mayer, 2008, 1장.

11. 머리 로스바드Murray Rothbard, 《새로운 자유를 위하여: 자유주의 선언*For a New Liberty: The Libertarian Manifesto*》, Ludwig von Mises Institute, p. 27.

12. 너새니얼 포퍼Nathaniel Popper, 《디지털 골드: 비트코인과 화폐를 다시 발명하려고 하는 문제아와 백만장자들의 비화*Digital Gold : Bitcoin and the Inside Story of the Misfits and Millionaires Trying to Reinvent Money*》, Penguin UK, 2016.

13. 필리프 에를렝Philippe Herlin, 《은행의 종말*La Fin des banques*》, Eyrolles, 2015, p. 73. 저자는 자신을 '자유주의적 보수주의자'로 정의한다.

14. 비트코인은 생산을 위한 생산의 논리, 즉 무한을 자본주의 세계 속에 도입하는 논리를 구현하는 신용화폐와 반대된다. 아들리 탁칼 바타이유Adli Takkal Bataille · 자크 파비에르Jacques Favier, 《비트코인. 머리가 없는 화폐*bitcoin. La monnaie acephale*》, CNRS, 2017, p. 85.

15. 팀 메이Tim May, 〈크립토아나키즘 선언The Crypto Anarchist Manifesto〉, 1992(https://www.activism.net/cypherpunk/crypto-anarchy.html).

16. 스테판 로뇽Stephane Loignon, 《빅뱅 블록체인*Big Bang Blockchain*》, Tallandier, 2017, p. 26.

17. 〈블록체인: 기술주의의 꿈에서 해방의 도구로?Blockchain: du reve technocratique a l'outil emancipateur?〉, 2016년에 있었던 미셸 바우웬스의 대담(http://blogfr.p2pfoundation.net/2016/04/28/blockchain-reve-technocratique-a-loutil-emancipateur).

07. 포퓰리즘

1. 피에르앙드레 타기에프Pierre-Andre Taguieff, 〈포퓰리즘과 정치과학: 개념의 신기루에서 진정한 문제들로Le populisme et la science politique. Du mirage conceptuel aux vrais problemes〉, *Vingtieme Siecle. Revue d'histoire*, n° 56, 1997년 10–12월 호, p. 25.

2. 에르네스토 라클라우Ernesto Laclau, 《포퓰리즘의 논거*La raison populiste*》(Le Seuil, 2008, p. 234)에서 인용된 인민당 플랫폼.

3. 얀베르너 뮐러Jan-Werner Muller, 《포퓰리즘이란 무엇인가?*Qu'est-ce que le populisme?*》, Premier parallele, 2016, p. 5

4. 디아나 콰트로치와이쏭Diana Quattrocchi-Woisson, 〈라틴아메리카의 포퓰리즘Les populismes latino-americains〉, 장피에르 리우Jean-Pierre Rioux(편), 《포퓰리즘》, Perrin, 2007, p. 269.

5. 피에르 멜랑드리Pierre Melandri, 《미국에서의 포퓰리즘적 수사*La rhetorique populiste aux Etats-Unis*》, 장피에르 리우(편), 《포퓰리즘》, Perrin, 2007, p. 305.

6. 앙리 들리어스니데르Henri Deleersnijder, 《포퓰리즘: 낡은 실천, 새로운 얼굴*Populisme: vieilles pratiques, nouveaux visages*》, Luc Pire Editions, 2006.

7. 마거릿 카노반Margaret Canovan, 《포퓰리즘*Populism*》, Harcourt Brace Jovanovich, 1981.

8. 피에르앙드레 타기에프, 〈포퓰리즘과 정치과학: 개념의 신기루에서 진정한 문제들로〉, *Vingtieme siecle. Revue d'histoire*, n° 56, 1997년 10-12월호, p. 10.

9. 앙리 들리어스니데르, 《포퓰리즘: 낡은 실천, 새로운 얼굴》.

10. 얀베르너 뮐러, 《포퓰리즘이란 무엇인가?》, Premier parallele, 2016.

11. 자크 랑시에르Jacques Ranciere, 《민주주의는 왜 증오의 대상인가*La haine de la democratie*》, 허경 옮김, 인간사랑, 2011.

12. 이 문장은 미국과 아시아, 유럽의 엘리트들을 위한 일종의 성찰 그룹인 트릴라테랄의 보고서에 언급된다. 민주주의의 위기라는 제목이 붙은 이 보고서는 1975년에 출판되었다. 이 보고서는 여기서 펼쳐진 주장을 지지하는 프랑스 정치학자 안니 콜로발드Annie Collovald에 의해 인용되었다.

13. 이 유형론은 플로랑 게나르Florent Guenard, 〈아직도 대중이 존재하는가?Existe-t-il encore un peuple?〉, 《대중과 포퓰리즘*Peuples et populisme*》(PUF, 2014)에서 인용했다.

14. 다른 자유주의적 전통은 오히려 평등한 시민 사이에서 벌어지는 높은 수준의 토의를 높이 평가하지만(토의의 관점), 실제로 사람들은 민주주의의 경제적 개념을 더 선호한다. 즉 유권자들은 기업가들(위정자들)의 프로그램을 사는 소비자처럼 행동하는 것이다(선택의 관점).

15. 카트린 콜리오텔렌Catherine Colliot-Thelene, 《대중과 포퓰리즘》, PUF, 2014, p. 18.

16. 장뤼크 멜랑숑Jean-Luc Melenchon, 〈내가 포퓰리스트라고요? 맞아요, 난 포퓰리스트입니다!Populiste, moi? J'assume!〉, *L'Express*, 2010년 9월 16일 자.

17. 제도와 이데올로기뿐만 아니라 문화(상부구조)도 생산 영역(하부구조)을 동요시키는 긴장의 반영이다.

18. 카롤리나 베스칸사Carolina Bescansa·이니고 에레혼Inigo Errejon·파블로 이글레시아스Pablo Iglesias·후안 카를로스 모노데로Juan Carlos Monodero, 《포데모스, 우리는 분명히 할 수 있다!*Podemos, sur que nous pouvons!*》, Indigene, 2015.

19. 이 가운데는 '유기적 지식인'이라든가 '개량주의', '문화투쟁' 같은 개념이 있다.

20. 카롤리나 베스칸사·이니고 에레혼·파블로 이글레시아스·후안 카를로스 모노데로, 위의

책에서 인용함.

21. 〈포데모스는 무엇을 생각하는가Que pense Podemos?〉(*Ballast*, 2015)에서 인용함.

22. 에르네스토 라클라우, 《포퓰리즘의 논거》, pp.116~140. 말보로의 예는 라클라우와 슬라보 예 지젝Slavoj Žižek에게서 빌려왔다.

23. 이 같은 '불가지론적' 개념은 평등의 이름으로 자유를 소멸시키겠다고 위협하지 않을까? 이 같은 불안을 해소하기 위해 무페는 차라리 자유와 평등의 원칙이 실제로 적용되도록 싸 워야 한다고 되풀이해 말한다. 그녀의 저서를 읽어보면 위험은 오히려 '합의의 환상' 속에 존재한다. 체제와의 대립이 정신적으로 거부되거나 불법화되면 그것은 폭력적인 형태로 통합된다.

24. 샹탈 무페·이니고 에레혼, 《대중을 만들다*Construire un peuple*》, Editions du Cerf, 2017.

25. 이 같은 '좌파' 쪽으로의 정착은 포데모스가 주장하기보다는 불굴의 프랑스 내부에서 논 란이 되었다. 그만큼 이 단어는 유권자들 사이에서 과소평가된 것이다. 게다가 에르네스토 라클라우의 포퓰리즘에 대한 설명 역시 이런 운동들이 우파나 중도파 쪽에 위치해 있다고 서술하거나 생각하게 만드는 데 일조했을 수 있다. 프랑스에서는 에마뉘엘 마크롱이 승리 를 거두고 난 이후에 그의 '극중도파 포퓰리즘'에 대한 논평들이 이따금 나오곤 했다.

26. 파블로 이글레시아스, 《월가에 맞선 민주주의*La Democratie face a Wall Street*》, 2015.

27. 이것은 장뤼크 멜랑숑의 표현이다.

28. 샹탈 무페·이니고 에레혼, 《대중을 만들다》.

29. 장뤼크 멜랑숑은 베네수엘라에서 이 같은 변모를 확인한다. 즉 '대중'은 프롤레타리아나 노동자 계급처럼 받아들이기 어려운 단어를 좀 더 부드럽게 만든 단어가 아니다. 우리는 임금노동자들(다른 위성 범주들을 포함한)이 혁명을 일으킨다고는 말할 수 없다. 아니, 그렇 지 않다. 그들은 자기들 자신을 임금노동자가 아닌 대중으로 이해한다. 《불복종의 선택*Le choix de l'insoumission*》, Seuil, 2016.

30. 에릭 파생Eric Fassin, 《깊은 유감*Le grand ressentiment*》, Textuel, 2017.

31. 에르네스토 라클라우, 《포퓰리즘의 논거》, p. 253.

32. 샹탈 무페, 《합의의 환상*L'Illusion du consensus*》, Albin Michel, 2016.

33. 샹탈 무페, 위의 책.

34. 2015년 《발라스트》에서 던진 질문, 포데모스는 무엇을 생각하는가?

35. 포데모스Podemos, 〈포퓰리즘적 가설의 종말La fin de l'hypothese populiste?〉, *Le vent se leve*, lvsl.fr, 2017.

36. 〈알트라이트란 무엇인가*Qu'est-ce que l'alt-right*〉, 스테판 프랑수아Stephane Francois가 장 조 레스 재단la Fondation Jean-Jaures을 위해 2017년에 작성한 주석.

08. 탈성장

1. 지오르코스 칼리스Giorgos Kallis · 페데리코 드마리아Federico Demaria · 자코모 달리사Giacomo D'Alisa, 《탈성장, 새로운 시대를 위한 어휘Decroissance, vocabulaire pour une nouvelle ere》, Le passager clandestin, 2015, p. 30.
2. 산업이 화석연료의 대량소비에 기대고 있는 현대문명을 가리키는 신조어다.
3. 알베도는 어떤 표면의 반사력이다. 흰색인 극지의 빙하는 많은 양의 열을 반사하는 반면, 육지는 빙하가 녹고 난 뒤 훨씬 더 많은 열을 흡수해 온난화를 가속화한다.
4. 부의 성장곡선과 물질의 소비 및 성장곡선을 분리한다는 생각은 디지털 경제나 비물질화 된 경제를 지지하는 사람들에 의해 옹호되었다. 그렇지만 수많은 연구는 이 같은 긍정적 담론이 전 세계적 단계에서 디지털적인 것을 지탱하는 에너지 생산과 광석 채굴, 세계화된 조립라인, 재활용의 어려움 등 물질적 구조를 무시한다는 이유로 더욱 이 같은 분리를 문 제시한다.
5. 세르주 라투슈Serge Latouche, 《검소한 풍요사회를 향해Vers une societe d'abondance frugale》, Fayard/Mille et une nuits, 2011, p. 42.
6. 기욤 피트론Guillaume Pitron, 《희귀광물 전쟁La guerre des metaux rares》, Les Liens qui Liberent, 2018.
7. 폴 아리에스Paul Aries, 《탈성장 혹은 야만Decroissance ou barbarie》, Villeurbanne, Golias, 2005, p. 27.
8. 젬므 상프룅Jaime Semprun, 《심연에 다시 사람이 산다L'abime se repeuple》, Encyclopedie des Nuisances, 1997, p. 20.
9. 코르넬리우스 카스토리아디스Cornelius Castoriadis, 〈시장에 반대하는 생태학L'ecologie contre les marches〉, Une societe a la derive, Paris, Le Seuil, 2005, p. 237.
10. 보이콧boycott의 반대되는 개념으로, 어떤 물건을 사는 것을 권장하는 행동을 말한다.
11. 위장환경주의Greenwashing란 책임을 지고 환경을 중시한다는 이미지를 자신에게 부여하는 것이 목적인 마케팅 기술이다.
12. 위장공정주의Fairwashing란 사회적으로 책임을 지고 존경할 만한 상표라는 이미지를 자신 에게 부여하는 것이 목적인 마케팅 기술이다.
13. 앙드레 고르츠, 〈자본주의로부터의 탈출은 이미 시작되었다La sortie du capitalisme a deja commence〉, EcoRev° n° 28, 2007년 가을 호. 그의 사후 선집에 포함됨. Ecologica, Galilee, 2008, pp. 29~30.
14. 코르넬리우스 카스토리다아스, 《하찮음의 증대La montee de l'insignifiance》, Le Seuil, 2007, p. 96.
15. 이반 일리치는 이 같은 주장을 그의 저서 《공생La convivialite》(Le Seuil, 1973)에서 전개한

다. 예를 들어 도로망과 항공기, 노천광산은 비공생적인 도구로 이해되는 반면 전화와 자전거, 재봉 프레임은 공생적 도구로 이해된다.

16. 알랭 카이에,《공리주의적 논거에 대한 비판. MAUSS 선언*Critique de la raison utilitaire. Manifeste du MAUSS*》, La Decouverte, 1989, p. 13.

17. 코르넬리우스 카스토리아디스,《표류하는 사회*Une societe a la derive*》, p. 246.

18. 코르넬리우스 카스토리아디스, 〈사회와 종교 제도Institution de la societe et religion〉,《인간의 영역*Domaines de l'homme*》, Le Seuil, 1999, p. 479.

19. 필리프 비우익스Philippe Bihouix,《로테크의 시대*L'Age des low tech*》, Seuil, 2014. 벨기에인 크리스 드 덱케르Kris De Decker의 블로그 〈로테크 매거진Low Tech Magazine〉 참고.

09. 페미니즘

1. 다른 한편으로 그녀는 "테스토스테론이 남성들을 경쟁적이고 공격적으로 만드는 반면 에스트로겐은 여성들을 감정적이고 사교적으로 만든다"고 주장하는 "지나치게 단순한 관점"을 비난한다.《뇌, 호르몬, 그리고 성*Cerveau, hormones et sexe*》, Les editions du remue-menage, 2012.

2. 마거릿 미드Margaret Mead,《오세아니아의 풍습과 성*Mœurs et sexualite en Oceanie*》, Terre humaine, 1963.《사모아의 성인식*Coming of Age in Samoa*》, 1928;《세 부족 사회의 성과 기질*Sex and Temperament in Three Primitive Societies*》, 1935.

3. 실제로 존 머니John Money는 할례가 실패하는 바람에 페니스를 잃어버린 한 소년에게 성을 다시 부여하려고 시도했던 것으로 알려졌다. 사춘기가 되자 이 소년은 질膣 성형을 거부하고 자신의 남성 정체성을 되찾은 다음 원래 모습으로 돌아가려고 애썼다. 그는 2004년에 스스로 목숨을 끊었고, 그의 자살은 "개인의 완전한 가소성可塑性"이 얼마나 환상인가를 아주 잘 보여준다. '젠더 이론'에 대한 비판은 이 일화를 일부러 자세하게 다룬다.

4. 젠더를 만들어내고, 해부학적 성을 '사회적 행동에 적합한 구분'으로 만드는 것은 억압이다.

5. 크리스틴 델피Christine Delphy,《주적*L'Ennemi principal*》, Syllepse, 2013, p. 17.

6. 그것은 4세기의 에메세 주교인 네메시우스다. 토마스 라쿼Thomas Laqueur,《성의 제조소*La fabrique du sexe*》, Folio-Gallimard, 2013(1992), p. 30.

7. 비록 성별화된 특징이 종종 분명하지 않고, 성을 해부학적인 것으로 간주하느냐 호르몬에 의한 것으로 간주하느냐 혹은 유전적인 것으로 간주하느냐에 따라 사람들 간에 매우 큰 다양성과 복합성이 존재하지만, 사회는 과학과 마찬가지로 확실하게 젠더화된 육체들을 만들어내려고 애쓴다. 마리 뒤리벨라Marie Duru-Bellat,《젠더의 독재*La tyrannie du genre*》,

Presse de Sciences Po, 2017, p. 149.

8. 《르 몽드Le Monde》에 따르면, 2017년 11월, 브라질의 상파울로에서 교권지상주의를 신봉하는 신부들이 극단적 보수주의자들과 함께 벌인 시위에서 이런 일이 일어났다.

9. 〈젠더 이론Theorie du genre: 주디스 버틀러, 자신을 중상모략하는 자들에게 대답하다〉, *Le Nouvel Observateur*, 2013년 12월호.

10. 이 용어는 분석철학에서, 특히 영국 철학자 존 L. 오스틴에게서 빌려왔다. "말한다는 것, 그것은 곧 행한다는 것"일 때 우리는 그것을 '수행적 발화'라고 한다. 시장이 "저는 당신 두 사람을 남편과 아내로 선언합니다"라고 말할 때, 이 문장도 수행적이다.

11. 엘자 도를랭Elsa Dorlin, 《성, 젠더, 섹슈얼리티*Sexe, genre et sexualites*》, PUF, 2008, pp. 120~126.

12. 주디스 버틀러, 《젠더 트러블*Trouble dans le genre*》, 조현준 옮김, 문학동네, 2008.

13. 마리엘렌 부르시에Marie-Helene Bourcier, 〈퀴어 운/동*ueer Move/ments*〉, *Mouvements*, 2002.

14. 퀴어 운동에 영감을 불어넣은 사람들 가운데는 주디스 버틀러 외에도 이브 세지윅Eve Kosofsky Sedgwick, 데이빗 할프린David Halperin, 혹은 테레사 드 로레티스Teresa de Lauretis 등이 있다.

15. 파스칼 몰리니에르Pascale Molinier가 쓴 서문, 앤 파우스토스털링Anne Fausto-Sterling, 《다섯 개의 성*Les cinq sexes*》, Petite Bibliotheque Payot, 2013, p. 19.

16. 시스젠더는 그 젠더 정체성이 태어날 때 부여받은 성과 일치하는 사람을 가리킨다.

17. 남자와 여자에 대한 고정관념을 타파하는 것을 목적으로 하는 교육적 수단을 말한다.

18. 사라 가르바뇰리Sara Garbagnoli·마시모 프레아로Massimo Prearo, 《반젠더 운동*La croisade anti-genre*》, Textuel, 2017, pp. 18~19.

19. 〈페미니즘의 문제들Questions feministes〉, 크리스틴 바르Christine Bard(편), 《페미니스트들의 사전*Dictionnaire des feministes*》, PUF, 2017.

20. 베레니스 르베Berenice Levet, 《젠더 이론, 혹은 천사들이 꿈꾸는 세계*La Theorie du genre ou Le Monde reve des anges*》, Grasset, 2014, p. 194.

21. 베레니스 르베, 위의 책, p. 35.

22. 베레니스 르베, 위의 책, p. 215.

23. 게일 루빈Gayle Rubin, 《성의 정치경제학: 여성의 거래와 성/젠더 시스템*L'economie politique du sexe : transactions sur les femmes et systemes de sexe/genre*》, Cahiers du CEDREF, 1998.

24. '성/젠더 시스템'이란 '성과 생식의 생물학적 자연물이 인간과 사회의 개입에 의해 만들어지고 관습에 따라 충족되는 장치 전체(그 장치들 중 어떤 것은 이상하게 보일 수도 있겠지만)'다. 그녀는 또한 섹슈얼리티는 '식이요법이나 운송수단'과 마찬가지로 '인간의 산물'이라고 쓸 것이다.

25. 모니크 위티그Monique Wittig, 《스트레이트 마인드*La Pensee straight*》, Amsterdam,

2007(1992). (《모니크 위티그의 스트레이트 마인드》, 허윤 옮김, 행성B, 2020).

26. 모니크 위티그는 일반적으로 페미니즘은 중립적이고 보편적이라고 가정되는 학문 내부에서 젠더의 전제들이 어떻게 작용하는지를 보여주기 위해 인식론에 의지했다.

27. 우리는 콜레트 기요맹Colette Guillaumin의 '성의 사회적 관계'를 다시 발견한다. 가부장제는 여성들을 억압할 뿐만 아니라 농노제나 노예제에서처럼 그들의 몸을 소유하기도 한다.

28. 버지니 데팡트Virginie Despentes, 《킹콩 이론*King Kong Theorie*》, Grasset, 2006, p. 75. 우리는 인류학자 파올라 타베Paola Tabet가 정의를 내린 '경제와 성의 연속체'를 생각하게 된다. 즉 남성들의 지배가 깊은 영향을 미치는 사회에서 성관계는 상호적 교환이 아니라 지불의 한 형태(결혼의 의미에서든, 아니면 성매매의 범위 내에서든)라는 것이다.

29. 이 운동은 결국 멕시코계 미국 여성들과 아메리카 인디언 여성들, 중국계 미국인 여성들 등을 폭넓게 가리키게 되었다.

30. 1977년 미국에서, 2006년 프랑스에서 발표된 '컴바히강 집단 선언Declaration du Combahee River Collective'.

31. 오드리 로드Audre Lorde, 《시스터 아웃사이더*Sister Outsider*》, 주해연·박미선 옮김, 후마니타스, 2018.

32. 엘사 도를랭, 《인종의 모태*La matrice de la race*》, La Decouverte, 2009.

33. 세바스티앵 쇼뱅Sebastien Chauvin·알렉상드르 조네Alexandre Jaunait, 〈교차주의 대 교차*L'intersectionnalite contre l'intersection*〉, *Raisons politiques*, 2015.

34. 여기서 우리는 입장 표명에 관한 인식론의 원칙을 다시 발견하게 된다. 즉 그 어떤 담론도 중립적이지 않으며, 항상 어떤 특이한 체험과 이해관계를 토대로 진술된다는 것이다.

35. 1977년 미국에서, 2006년 프랑스에서 발표된 '컴바히강 집단 선언Declaration du Combahee River Collective'.

36. 이 연구의 주요 인물은 인도의 가야트리 차크라보르티 스피박Gayatri Chakravorty Spivak으로, 그녀는 페미니즘의 유럽 중심적 시각을 비판한다.

37. 릴라 벨카셈Lila Belkacem·아멜리 르 르나르Amelie Le Renard·미리암 파리Myriam Paris, 〈인종Race〉 항목, 쥘리에트 렌느Juliette Rennes(편), 《젠더 비판 사전: 육체, 섹슈얼리티, 사회적 관계*Encyclopedie critique du genre: Corps, sexualite, rapports sociaux*》, La Decouverte, 2017.

38. 로랑 부베Laurent Bouvet, 《문화적 불안정*L'Insecurite culturelle*》, Fayard, 2015. 그녀는 특히 '탈식민주의적'이라고 말해지는 운동을 겨냥한다.

39. 크리스틴 델피, 〈비남녀혼성: 정치적 필요La non-mixite: une necessite politique〉(2017), *Les mots sont importants(lmsi.net)*.

40. 킴벌리 윌리엄스 크렌쇼Kimberle Williams Crenshaw, 〈주변부 지도 그리기: 상호교차성, 자기 정체성의 정치와 유색인종 여성들에 대한 폭력Cartographies des marges: intersectionnalite, politique de l'identite et violences contre les femmes de couleur〉, 《페미

니즘(들)*Feminisme(s)*》, L'Harmattan, *Cahiers du genre*, 2005.

41. 크렌쇼의 주장에 따르면, 만일 '여성들의 행진'이 '시스젠더 여성들의 행진'처럼 진행되었다면 이 같은 실수는 피할 수 있었다는 것이다.

42. 이때부터 '미투'와 '돼지를 고발하라' 해시태그 캠페인이 전개되기 시작했다.

43. 언어에서 그것의 성차별주의적 편견을 비워낸다는 것은 여성들도 남성들과 마찬가지로 '포함되도록soient inclus·e·s' 하기 위하여 가운뎃점을 사용, 여성형을 구조적으로 언급한다는 것을 전제 조건으로 한다. 프랑스어에서는 직업명('여성 오케스트라 악장', '여성 엔지니어', '여성 변호사' 등)을 구조적으로 부여하고, 사람들이 흔히 입에 올리는 '남자가 여자보다 우월하다'라는 말보다 근접의 규칙('남성들과 여성들은 아름답다')이나 다수의 규칙('이 여성들과 남성들은 아름답다')을 우선시함으로써 여성들을 더 이상 '눈에 안 보이게 하지 않는 것'을 선호한다. 여성형과 남성형을 압축하기 위해서는 슬래시(대립을 암시하는)나 대문자 E(여성들을 구별하는), 혹은 괄호(여성들을 낮추어 보는)보다는 가운뎃점이 더 낫다. 아카데미 프랑세즈는 남성형은 중립적이며, "철자와 구문의 증가"는 "읽을 수 없게 되어버리는 혼란"에 이르게 된다는 논리를 내세워 이 같은 용법에 반대한다. 자주 등장하는 또 다른 논리는 '과거의 흉터'라는 논리, 즉 언어의 성차별주의적 찌꺼기를 없애버리면 결국은 역사를 청소하는 결과를 낳는다는 것이다.

44. 리베카 솔닛Rebecca Solnit, 《남자들은 자꾸 나를 가르치려 든다*Men Explain Things to Me*》, 김명남 옮김, 창비, 2015.

45. 이것은 페이스북 최고운영책임자인 셰릴 샌드버그Sheryl Sandberg가 《린 인*Lean-In*》(안기순 옮김, 와이즈베리, 2013)에서 하는 말이다.

46. 《그래서 나는 페미니스트가 아니다*Why I am not a feminist*》(유지윤 옮김, 북인더갭, 2018)를 쓴 제사 크리스핀Jessa Crispin은 안드레아 드워킨 같은 페미니스트의 급진성을 되찾아야 한다고 호소한다. "현대의 페미니즘은 여성들은 '힘을 부여받아야 한다'라든가 '걸 파워' 등 흔히 '힘'의 언어를 사용한다. 이 힘이 어디에 쓰일 수 있는지에 대해서는 거의 얘기하지 않는다. 왜냐하면 그것은 자명하다고 가정되기 때문이다. 즉 여성들이 원하는 것은 오직 힘뿐이라는 것이다. 그러나 여성들은 돈에 의해 성공을 평가하고, 소비지상주의와 경쟁에 높은 가치를 부여하며, 연민과 공동체정신을 과소평가하는 제도 속에서 성장했다(저자가 번역함)."

47. 에밀 아슈Emilie Hache, 〈에코페미니스트들은 자연의 파괴와 여성들에 대한 억압이 연관되어 있다고 주장한다Pour les ecofeministes, destruction de la nature et oppression des femmes sont liees〉, *Reporterre*(웹사이트), 2016년 10월.

10. 플랫폼 자본주의

1. 제롬 마랭Jerome Marin, 〈트레비스 캘러닉, 택시 산업을 죽이려고 하는 남자Travis Kalanick, l'homme qui veut tuer l'industrie du taxi〉, 그의 블로그 〈실리콘Silicon 2.0〉, 2014년 6월 9일 업로드.

2. 2016년 말, 차량 운행에 대한 우버의 수수료는 25퍼센트였다. 이 기업은 운전사들과 아무 상의 없이 일방적으로 수수료를 여러 차례나 인상했고, 협상이 끝난 뒤에도 인하를 거부 했다.

3. 아멜리아 돌라Amelia Dollah 〈대중이 주도하는 시대로 오신 것을 환영합니다Bienvenue dans l'ere du crowd‒based〉, *Society‒Magazine.fr*, 2016년 3월 3일 자.

4. 트레버 숄츠Trebor Scholz, 《플랫폼 협동조합주의: 우버화와 공유경제 비즈니스에 반대하는 열 가지 원칙*Le cooperativisme de plateforme, 10 principes contre l'uberisation et le business de l'economie du partage*》, Fyp, 2017(필리프 비옹뒤리가 영어판에서 번역함).

5. 트레버 숄츠의 《플랫폼 협동조합주의: 우버화와 공유경제 비즈니스에 반대하는 열 가지 원칙》에서 인용함.

6. 세스 D. 해리스Seth D. Harris·알란 B. 크뢰거Alan B. Krueger, 〈21세기의 노동에 맞게 노동법을 현대화하자는 제안: 독립노동자A Proposal for Modernizing Labor Laws for 21st‒Century Work: The Independent Worker〉, *The Hamilton Project*, 2015년 12월.

7. 〈운전사가 정말로 버는 것Ce que gagne vraiment un chauffeur〉, *Le Figaro.fr avec AFP*, 2017년 4월 28일 자, VTC.

8. 에이미 그로스Aimee Groth, 〈기업가들이 위험을 이겨낼 수 있는 특별한 유전자를 갖고 태어나는 것은 아니다: 돈 있는 집 출신이기 때문이다Entrepreneurs don't have a special gene for risk: they come from families with money〉, *Quartx*, 2015년 7월 17일 자; 장로랑 카셀리Jean‒Laurent Cassely, 〈스타트업: 프랑스 부르주아는 어떻게 디지털로의 이행을 따라잡았는가Start-ups: comment la bourgeoisie francaise a rattrape la transition numerique〉, *Slate.rf*, 2016년 4월 16일 자.

9. 파트리스 플리쉬Patrice Flichy, 《디지털 시대의 새로운 노동의 경계*Les nouvelles frontieres du travail a l'ere numerique*》(Seuil, 2017, p. 374)에서 인용함.

10. 〈우버 운전사들은 어떤 사람들인가?Qui sont les chauffeurs Uber?〉, *Le Monde.fr*, 2017년 1월 1일 자.

11. 불안정한 고용과 노동 상황에 놓인 비정규직과 파견직, 실업자, 노숙자들을 총칭하여 부르는 단어다.

12. 이 법칙의 발명자이자 미국의 엔지니어, 이더넷 기술의 공동 발명자이기도 한 로버트 멧커프Robert Metcalfe의 이름을 땄다.

13. 이 법칙의 발명자이며 인터넷 규약 TCP/IP의 발달에 기여한 것으로도 알려진 미국의 과학자 데이빗 패트릭 리드David Patrick Reed의 이름을 땄다.

14. 미셸 바우웬스·바실리스 코스타키스, 《진정한 협업경제를 위한 선언: 공유사회를 향하여Manifeste pour une veritable economie collaborative: Vers une societe des communs》, Charles Leopold Mayer, 2017.

15. 미셸 바우웬스·바실리스 코스타키스, 위의 책, p. 22.

16. 미셸 바우웬스·바실리스 코스타키스, 위의 책, p. 27.

17. 트레버 숄츠, 《플랫폼 협동조합주의》.

18. 올리비에 이테아뉘, 《디지털이 법치국가에 도전할 때Quand le digital defie l'Etat de droit》, Eyrolles, 2016, p. 147.

19. 올리비에 이테아뉘, 《디지털이 법치국가에 도전할 때》.

뉴노멀 교양수업
10년 후 정치·경제를 바꿀 10가지 핵심 개념

1판 1쇄 발행 2020년 10월 8일
1판 3쇄 발행 2021년 9월 1일

지은이 필리프 비옹뒤리 · 레미 노용 │ **옮긴이** 이재형
펴낸곳 (주)문예출판사 │ **펴낸이** 전준배

책임편집 전민지 │ **편집** 고우리 이효미 │ **디자인** 이수빈
영업·마케팅 김영수 │ **경영관리** 강단아 김영순

출판등록 2004. 02. 12. 제 2013−000360호 (1966. 12. 2. 제 1−134호)
주소 03992 서울시 마포구 월드컵북로 6길 30
전화 393−5681 │ **팩스** 393−5685
홈페이지 www.moonye.com │ **블로그** blog.naver.com/imoonye
페이스북 www.facebook.com/moonyepublishing │ **이메일** info@moonye.com

ISBN 978−89−310−2130−1 03300

• 이 도서의 국립중앙도서관 출판시도서목록(CIP)은 서지정보유통지원시스템
 (http://seoji.nl.go.kr)과 국가자료공동목록시스템(http://www.nl.go.kr/kolisnet)에서
 이용하실 수 있습니다. (CIP제어번호 CIP2020039946)
• 잘못 만든 책은 구입하신 서점에서 바꿔드립니다.

☆문예출판사® 상표등록 제 40−0833187호, 제 41−0200044호